물류계약의 핸드북

성장 분야에 대한 실용 가이드

The Handbook of Logistics Contracts: A Practical Guide to a Growing Field

Juan Jané · Alfonso de Ochoa | 지음
김천수 | 옮김

아웃소싱 계약: 물류서비스의 아웃소싱
물류 서비스를 제공하는 계약: 일반적인 개관
물류 서비스 공급 계약: 물건의 운송

도서출판 그린

The Handbook of Logistics Contracts
: A Practical Guide to a Growing Field

Joan Jané and Alfonso de Ochoa

ISBN : 9781403998682

Translated Edition ISBN : 9788957272091

Publication Date in Korea : 2014. 2. 28

Translated by Green Publishing Co.
Printed in Korea

"위 저서는 2013년도 법학연구소 연구비(인하대학교) 재원으로 법학연구소의 지원을 받아 출판되었음."

머리말

오늘날 물류활동은 새삼 언급할 필요가 없을 정도로 그 중요성이 부각되고 있다.

동북아 물류허브를 떠올릴 필요도 없이 '통일은 대박'이라는 화두가 온통 언론을 장식하고 있는 지금 우리가 내다보고 있는 통일한국과 대륙 진출의 청사진에 물류활동은 빠질 수 없는 부분이자, 국내 유수 기업들 역시 Logistics와 SCM을 위한 물류활동에 많은 관심을 집중하고 있다.

그러나, 물류활동은 그 어떤 것도 법적인 접근이 없이는 그 성공을 담보하기 어렵다. 물류활동이 추구하고자 하는 체계성(systematic approach)으로 인하여 물류활동은 그 어떤 활동 보다 다양하고도 포괄적인 이해관계가 개입되게 되므로 법적인 접근은 그 이해관계를 조절하기 위한 관문이자 최후의 장치가 되기 때문이다.

이러한 물류활동에 관한 법적인 연구는 다양한 각도로 진행되어야 할 것이나, 물류가 경영상의 개념으로 이윤을 추구하기 위한 과정에서 발전되어 왔다는 것을 고려하면 물류활동에 관여하는 주체들 사이의 관계인 물류계약에 관한 연구가 가장 선행되어야 할 분야 중 하나이다. 즉, 전통적인 계약법리가 물류계약에 그대로 적용가능한 부분과 수정되어야 할 부분, 적용이 불가능한 부분을 규명하여 수정법리 또는 새로운 법리를 찾아내어 물류활동 주체들의 이해관계를 보호하고 거래의 안전을 도모하여야 한다.

그러함에도, 물류활동의 법적인 접근에 관한 국내의 연구는 거의 전무하고, 국외의 자료도 많지 아니한 가운데 뉴욕에서 출간된 물류계약에 관하여 접근한 책을 접하고 국내에 소개하기로 하였다.

이 책의 원제는 'The Handbook of Logistics Contracts'로 'A Practical Guide to a Growing Field'라는 부제가 달려 있다. 물류계약을 할 때 항상 지니고 참고하여야 할 실용적인 내용을 담고 있다는 의미와 함께 물류는 성장 분야로서 아직 연구가 진행 중이라는 것을 암시하고 있는바, 서문은 다음과 같이 밝히고 있다.

'물류에 관한 많은 책들은 주로 물류활동의 기술적, 경영적 이슈에 집중하여 왔는데, 이는 물류계약의 내용을 연구하는 책들에 대한 필요로 귀결된다.

전문변호사 뿐 아니라 모든 물류전문가, 물류서비스 제공자와 그들의 고객 그리고 물류계약에 관하여 배우고자 관심을 갖고 있는 실무가 또는 연구자들 모두에게 도움이 되고자 하는 것이 책이 달성하고자 하는 목적이다. 이 책을 통하여 기술적인 관점이 아닌 법적·경제적인 관점에서 물류계약에 관련된 모든 이슈들의 일반적이지만 포괄적인 개관을 제공하자고 하였다.

독자들의 다양성 때문에, 가능한 한 복잡하고 혼동되는 법적 용어의 사용을 피하였다. 이 책과 이 책에 담겨 있는 견해가 세계적으로 적용될 수 있도록, 특정한 나라의 법률시스템의 언급을 피하기 위하여 노력하였고, 대신 일반적인 법률원칙을 적용하는 일반적인 법적 접근을 시도하였다. 그러므로 이 책과 이 책에 담겨 있는 견해는 유럽시장 뿐 아니라 미국과 그 밖의 세계에서도 적용될 수 있을 것이다.

이 책의 원제와 서문을 통하여 알 수 있듯이 이 책의 내용은 물류계약에 관한 연구가 전무한 국내 상황에서 아주 적절한 책이라고 생각된다. 물류전문변호사를 꿈꾸는 법률가들에게는 물류계약에 관한 법적인식을 열어줄 단초를 제공하여 줄 것이고, 실제 물류활동을 담당하고 있는 물류전문가들에게는 물류계약에 관한 유일한 법적인 어드바이스가 될 것이기 때문이다.

다만, 비영어권의 비즈니스 스쿨의 교수인 저자가 영어로 쓴 법률전문서인 까닭에 번역함에 있어 2중의 어려움이 있었다. 그 하나는 저자의 영어 구사의 한계성과 또 하나는 법률 전문가가 아닌 저자가 일상적인 용어로 법적인 개념을 설명하는데서 오는 모호함과 불명확성이다.

이로 인하여 의역하는 경우 저자의 뜻을 왜곡할 우려가 적지 아니하여 뜻이 전달되는 한 가능하면 직역을 하려고 하였으니, 독자의 양해를 구한다.

아울러, 저자가 2006년에 이 책을 출간한 관계로 해상운송 부분에 있어 그 후 성립된 로테르담 협약에 관한 언급이 없음을 밝혀둔다.

이 책이 번역되기까지 물심양면으로 지원을 아끼지 아니한 인하대학교 법학연구소에 감사드리고, 또한 역자의 짧은 영어실력으로 인한 부족한 번역을 훌륭한 문장으로 감수하여 주신 법무법인 도담의 김익태 미국변호사에게 깊은 감사를 드린다.

물류에 관심을 갖고 있는 모든 이들에게 작은 결실을 바친다.

인하대학교 법학전문대학원

교수 김 천 수

추천사

물류학계와 물류업계는 역자가 물류법의 새로운 지평을 열어주기를 매우 절실하게 기대하고 있다.

물류를 법적인 관점에서 접근하는 연구자나 그 전문가가 많지 아니할 뿐 아니라 더욱이 물류를 이해하고 있는 법률전문가를 찾기 쉽지 아니한 국내의 현실에서, 역자는 물류와 법을 모두 아우르는 법조인이자 법학전문대학원의 교수이기 때문이다.

법조인으로서 외길을 걸어온 역자가 물류와 인연을 맺게 된 것은 인천지방법원 부장판사로 재직하던 2005년 친구인 본인의 권유로 다니게 된 인하대학교 물류전문대학원과 무역협회가 공동주관하는 물류 최고 경영자과정(CLMP)에서 비롯되었다.

물류의 중요성에 눈을 뜨게 된 역자는 그 이듬해인 2006년 물류전문인력을 양성하기 위한 일환으로 국내 최초로 국고에 의하여 개설된 인하대학교 물류전문대학원의 물류 MBA(Master of Global Logistics Management)과정을 시작하여 현재 같은 대학원의 물류박사과정을 수료하고 박사논문을 준비 중이고, 2010년부터는 명실상부한 국내 제1호 물류전문변호사로 활동하다가 2012년부터는 물류법 특성화를 내세운 인하대학교 법학전문대학원에 물류법 전담 교수로서 재직하고 있다.

역자가 물류법을 정착시키기 위한 노력의 일환으로서 물류계약에 관한 영어 원서를 번역한 것은 매우 의미 있는 작업이다. 모든 물류 활동은 물류계약을 통하여 이루어지고 또한 물류는 그 국제적인 성격에 의하여 영미, 유럽의 물류계약에 관한 법리를 이해하고 연구하는 것이 그 첫 번째 발걸음일 것이기 때문이다.

이 책은 물류 전문 변호사가 되고자 하는 이들이 반드시 알아야 할 필독서이자, 실제 물류업계에서 활동하는 물류전문가에게도 매우 유용한 참고서이고, 나아가 물류활동을 법적인 관점에서 접근한 국내에서 출간된 유일한 전문서이다.

물류법의 정착을 위하여 부단히 노력하고 있는 역자의 다음 연구가 벌써부터 기대된다.

인하대학교 물류전문대학원

원장 하 헌 구

목 차

제2장 물류 서비스를 제공하는 계약 : 일반적인 개관

제3장 물류 서비스 공급 계약 : 물건의 운송

제4장 물류 서비스 공급 계약 : 창고보관과 자원

제 1 장

아웃소싱 계약

: 물류 서비스의 아웃소싱

01 아웃소싱 계약 : 물류 서비스의 아웃소싱

1. 도입

빠르게 또는 천천히, 글로벌하게(globally) 또는 지역적으로(locally), 아웃소싱은 비즈니스와 밸류체인(value chain)의 모든 영역에 관통하고 있다. 아웃소싱은 지난 수십 년 동안 가장 일반적으로 사용된 관리 기법이었고, 아웃소싱 비즈니스는 모든 밸류체인에 걸쳐 의미 있게 성장하고 확대되어 오고 있다. 그러나 아직 아웃소싱에 대한 이해와 그 함축에 대한 컨센서스(consensus)를 가지고 있지 못하다. 보다 정확하게 말하면, 전반적으로는 아웃소싱 계약에 대하여 그리고 구체적으로는 아웃소싱 계약의 법적 본질에 대해 혼란이 있다. 그러므로 물류 아웃소싱 계약을 다루기에 앞서 아웃소싱 용어와 아웃소싱 계약에 대한 검토를 하는 것이 최선의 방법이다.

물류계약은 아웃소싱을 위한 기초로 사용되어 지고, 아웃소싱으로 다양한 활동이 수행되어지기 때문에, 물류계약에서 발생하는 문제는 아웃소싱 계약에서 발생하는 문제와 유사하다. 다양한 잠재적인 정의 중에서, 물류계약은 상사 계약(commercial contract) – 제3자 물류(3PL) 프로바이더(provider)라고 알려진 일방 당사자가 경제적인 대가로 고객에게 물류적인 서비스를 제공하는 - 이라고 정의될 수 있다. EU 입법부는 아직까지 물류계약에 대한 구체적인 규정을 제공하고 있지 못하고 있다. 그 결과, 그 법적 본질과 프레임웍(framework)에 대한 깊은 검토가 순서이다.

3PL 비즈니스는 지난 십년동안 1년에 20% 이상의 비율로 성장해오고 있고, 발전된 물류 서비스에 대한 수요의 확대에 따라 성장해오고 있다. 상이한 영역에서의 새로운 3PL 플레이어들은 시장에 진입하여 전통적인 운송과 창고회사들과 경쟁하고 있다. 동시에, 시장은 매우 적은 수의 3PL 물류 플레이어들이 글로벌 시장을 컨트롤함에 따라 고도로 분화된 상태에서 보다 집중되는 상태로 진화하고 있다. 그럼에도 불구하고, 유럽 국가들에서 그들의 서비스를 제공하기 위하여서는 약간의 일반적인 요구들이 모든 3PL 프로바이더에 의하여 이행되어져야 한다.

이 장의 목적은 성장하고 발전하는 물류 산업의 맥락에서 물류계약의 관계에 대한 개관을 제공하는 것이다. 첫 번째 부분에서 전체적으로 아웃소싱 전략과 아웃소싱 계약에서의 기본적인 이슈들을 검토할 것이다. 두 번째 부분에서, 3PL 비즈니스(business)와 물류계약의 법적 본질과 프레임웍을 검토할 것이다. 마지막으로, 유럽에서 3PL 서비스에 충족되어야 할 일반적인 요구를 자세하게 검토할 것이다.

2. 아웃소싱 계약

1) 아웃소싱의 정의, 역사와 발전

1.1 아웃소싱 용어

물류아웃소싱의 실무와 경향에 대한 깊은 분석을 시작하기 전에 먼저 일반적인 용어로 아웃소싱과 계약을 체결하는 것의 공식적인 정의를 제공하는 것이 중요하다. 계약을 체결하는 것(contracting)[1]은 구매자와 공급자 사이에 계약적 관계의 설계와 실행과 관련이 있다. 아웃소싱[2]은 전통적으로 사내에서 수행되어진 활동들이 외부 공급자에게 계약되어지는 프로세스와 관련이 있다.[3]

계약행위는 종종 포괄적인 의미에서 아웃소싱의 프로세스 뿐 아니라 이러한 활동들을 지원하기(support) 위하여 요구되어지는 계약적인 관계를 마무리하는 프로세스와 방법들을 묘사하는 용어로 사용된다.

그러므로, 용어의 이러한 두 가지 이해를 결합함으로써, 구입자와 공급자 사이의 프로세스의 관계와 공급자에 의하여 외부적으로 서비스를 제공하는 행위를 규정짓는 상호합의로써 아웃소싱계약을 정의할 수 있다.

Carlos Betrán(1998)에 의하여 표현되어진 것처럼, 아웃소싱은 '회사의 내부구조와는 다른 자산들을 고용하는 것에 의하여, 하나의 또는 수 개의 외부의 공급자 회사가 전에는 그 회사의 내부부서에 의하여 수행되어진 서비스를 제공하는 계약행위'로 정의될 수 있다.

'계약행위(contracting)'라는 용어는 또한 조직이 입찰을 요구하고 내부

---

1) 계약(Contract) : 계약을 체결하거나 맺는 것. 라틴어 *contractus*에서 비롯된 것으로, *contrahere*의 과거분사, 함께 결론을 도출해 낸 것, 합의를 하거나 체결하는 것: *com*, 함께 + *trahere*, 결론을 도출하는 것(*Webster 's English Dictionary*).

2) 아웃소스(Outsource) : 계약(일)의 청부(*Concise Oxford Dictionary*). 아웃소싱의 정확한 정의는 없다; 그러나 학설은 일련의 정의를 만들어냈는데, Potnis(1995)는 '이전에 내부적으로 수행된 서비스를 구입하는 것'으로 정의하고; Lacity와 Hirschheim(1993, 34p)은 '자산 또는 이전에 내부적으로 생산된 서비스를 구입하는 것'으로서 정의하고; Fiebig(1996)은 '외부 공급자에게 회사의 공급체인 하에서 이전에 그 회사에 의하여 내부적으로 공급되거나 생산된 서비스 또는 상품을 공급할 것을 계약하는 것'이라고 정의한다.

3) 비록 '아웃소싱(outsourcing)'과 '하청계약(subcontracting)'의 두 용어 사이에 일반적인 혼동이 있지만, 그것들은 비슷하지 않고, 사실 둘 사이에는 큰 차이가 있다. '아웃소싱' 또는 '외주화(外注化)'는 이전에 존재하였던 작업 또는 내부적으로 행하여졌던 작업을 외부에 계약하는 절차에 관한 것이고, '하청계약'은 단지 활동이나 기능에 대한 공급자에 의한 제공을 의미하거나 내포하는 것뿐이다. 법적 의미 보다는 경제적인 관점에서, 두 개념 사이의 주요 차이는 아웃소서(outsourcer)는 그들이 수행하는 일체의 활동에 관한 결과에 대하여 위험과 책임을 공유하고, 그래서 고객은 '매우 적극적인(pro-active)' 자세를 취하게 되고, 반면에 하청계약자(subcontractor)는 고객의 지시와 통제 하에서, 결과에 대하여 어떤 위험이나 책임을 상정하거나 공유하지 않은 채 작업과 서비스의 공급으로 자신을 한정하게 된다.

서비스 제공자가 입찰할 수 있는 상황을 묘사하는데 종종 사용되어 진다. 만일 사내 팀이 경쟁력 있는 입찰을 따내면 우리는 엄밀히 말하여 '계약 외주(contracting out)'의 경우라고 말할 수 없다. 그러나 고객과 제공사 사이의 관계는 설사 법적 효력을 갖지 못하는 합의라고 하더라도 내부 합의를 통하여 명확해지기 때문에, 이것 역시 여전히 계약의 형태로 생각되어질 수 있다. 비록 내부의 제조자와 서비스 공급자들로서 일련의 합의를 실행할 수 있다고 하더라도, 조직은 법적으로 스스로 계약을 강제할 수 없다. 이러한 의미에서, 계약행위의 주요 장점은 경쟁요소를 도입함으로써 부과되는 규율과 수행 관리 결과의 의미로 볼 수 있다.

1.2 아웃소싱의 역사적 관점

유럽에서 시행된 아웃소싱의 첫 번째 일반적인 사례들을 찾기 위하여서는 18세기와 19세기로 돌아가야 한다. 민간 영역(private sector)에서 사례를 찾기 위하여서는, 19세기 영국에 금속제조의 특별한 영역에 대한 아웃소싱 계약의 역사적 사례에 대하여 잘 기록되어져 있다.[4)]

아웃소싱은 전에는 회사자체에 의하여 수행되어진 특정한 활동을 외부조직이 수행하도록 계약하는 것과 연관되어 있다. 이러한 활동들은 급여지급 프로세스(payroll processing) 또는 보안경비의 제공들과 같은 행정적인 서비스들로부터 정보기술, 회계, 주문관리, 고객관리, 물류(logistics), 계약 제조(contract manufacturing)와 심지어는 디자인 같은 활동의 전 분야(entire field)에 까지 다양하다. 전략, 조직과 노동력에 있어 종종 근본적인 변화와 관련되어 있기 때문에 재구성의 형태가 된다. 아웃소싱의 개념은 새롭지 않지

4) 공적인 부문(public sector)에서, 아웃소싱의 사례는 감옥관리, 도로유지와 공공수입의 징수와 쓰레기수거에서 찾을 수 있다. 18세기까지는, 영국에서 계약에 의하여 가로등이 제작, 설치, 청소 그리고 점등되었다, 민간 계약자는 또한 1787년에 Portsmouth를 떠난 초기 재소자 함대를 관리하였다. 유사하게, 19세기 초 프랑스에서는, 철도를 건설하고 운영할 권리, 저수(貯水)와 배분 시설은 경쟁적인 입찰에 의하여 경매되었다. 산업위원회, 1996, Domberger에 의하여 재검토된(1998).

만, 회사들이 아웃소싱 하는 방법들과 비즈니스에 있어 아웃소싱의 전략적 중요성은 최근에 발달했다. 전문화된 서비스 회사들은 회사의 메인스트림(main stream) 비즈니스와는 다른 일련의 기술들을 요구하는 활동들의 경우에 있어서는 더 나은 서비스를 제공할 수 있다고 설명하여 왔다.

조직이론은 관리자와 기업가들이 외부 시장 거래와 내부 생산과 사이에 선택할 때 고려할 필요가 있는 다른 요소들에 대한 설명을 시도하여 왔다. 이미 1937년에, Ronald Coase는 큰 규모와 연관되어 있는 비효율성을 '규모의 불경제(diseconomies of scale)'라고 명명하였다. Oliber Williamson이 1985년에 '거래 비용 경제(transaction cost economics)'라는 개념을 제시하였을 때, 기업들과 시장들 모두 조직 유형으로서 보다 효과적일 수 있는 조건들을 이해하려는 시도들에 많은 관심이 주어졌다. 1980년대 초반까지 많은 학자들과 매니지먼트 권위자들은 수직통합 형태와 대기업의 다각화를 옹호하여 왔다. 논쟁은 그들이 규모의 경제와 기업시너지의 관점에서 효율성을 생산한다는 것이다. 그때부터 '자기 일에 전념하기(stick to the knitting)'(Peters and Waterman, 1982)와 '핵심 비즈니스(core business)'로 돌아가는 것으로 개념이 완전히 변했다.

오늘날, 아웃소싱은 모든 비즈니스 활동과 산업을 관통하는 비즈니스 관행이다. 실로, Peter Drucker는 이미 1995년에 거슬러 올라가 대부분의 소식들이 어떤 형태로든 아웃소싱계약으로 들어갈 것을 예견하였다. '10년 내지 15년 안에 수익창출(revenue-producing) 이라기보다는 "지원(support)"인 모든 일을 아웃소싱 할 수 있다. 많은 조직에서 대부분의 사람들은 아웃소싱 계약의 피용자들일 수도 있다.'(Drucker, 1995)

1.3 아웃소싱에 있어서의 경향들

1980년대 후반에, 학자들은 '삼엽 조직(三葉組織, shamrock organisation)'과 '버추얼 코퍼레이션(virtual corporation)'(Domberger, 1998)와 같은 새로운

비즈니스 조직의 개념들을 발전시키기 시작하였다. Charles Handy(1989)는 그의 삼엽 조직을 '외부계약자(outside contractor)와 임시 근로자(part time help)에 의해 지원되는 핵심 필수 집행인원과 근로자를 근간으로 하는 조직의 형태'로 정의한다. 이것은 '별개의 회사로서는 보다 적게 나타나고 거대구조의 관계 가운데에서 항상 변화하는 공통된 활동들의 집합에서 더 많이 나타날 것'이라는 Davidow와 Malone(1992)의 버추얼 코퍼레이션의 정의와 매우 유사하다. 버추얼 조직은 핵심 활동은 언제나 상시 근로자들(full time employee)에 의하여 사내(in-house)에서 수행되어지고, 그 밖의 활동들은 외부조직과 개인들에게 계약되어지는 조직 형태로 묘사된다. 이탈리아 의류회사인 Benetton은 종종 버추얼 조직의 고전적인 사례로 인용되어진다.

전략적 네트워크(strategic network)와 제휴들(alliances)은 현대 조직 구조의 대중적인 변형이 되어 왔다. 현장의 연구(research in the field)는 이러한 경향을 반영한다:

'전략적 네트워크는 계약행위의 효율성 이익을 달성할 수 있는데, 한편으로는 수직 통합의 정보제공과 기술적 장점을 보유하고 있다고 주장되었다' (Domberger, 1998). '이러한 회사들은 거대 통합회사로서 행동하는 동시에 오직 소수 활동에만 집중하면서 나머지는 하청을 주는 회사로서 행동 한다'(Jarrillo, 1993). 네트워크의 부분을 형성하는 이러한 계약자들 사이에 높은 수준의 협력이 있다. 이들 네트워크 계약자들은 또한 '비지니스 파트너들(business partners)' 또는 공동의 목적을 위해 일하는 팀 멤버들(team members)로 불린다. 어느 정도까지는 전략적 네트워크와 전략적 제휴는 차이가 없고, 후자는 '시장거래에서 가능한 것 보다 더 많은 가치(또는 비용감소)를 만들기 위해 협력하는 회사들 사이의 관계로 정의된다. 그 가치를 창조하기 위하여, 그들은 그 가치가 무엇인지에 대하여, 그리고 서로 각자가 달성하고자 하는 것들과 수익을 공유하는 것들에 대하여 의견이 일치하여야 한다'(Lewis, 1995). '파트너링 계약(partnering contracts)'의 현대적 현상은 계약당사자들 사이에서 빈번한 소통과 공동의 목표를 위해 함께 일하고 정보를 공유함으로써 신뢰감을 창출해내는 것에 관련되어 있다. 파트너링 관계는 신뢰와 협동정신으로 함께 일하는 것에 동의함으로써 달성되어진다. 그러나 파트너링은 거래에서 당사자들을 법적으로 구속하는 전통적인 계약을 대체하지 않는다. 파트너들이 협동관계를 유지하면서 서로 부응해서 행동하는 한, 공식적 계약을 적용할 필요는 없다.

도요타(Toyota)는 종종 공급자들과의 관계를 구축하는 그들만의 특별한 방식에 기초한 전략적 네트워크의 최선의 사례를 제공하는 것으로 설명된다. 사례를 더 들어본다면, Marks & Spencer는 거의 50년 동안 그들의 공급자들과의 협력적 관계와 관련된 조직적 네트워크를 만들어 왔다.

1.4 핵심 능력(Core competence)

아웃소싱이 논의될 때마다, 언제나 회사들이 보유하기로 결정하는 핵심능력에 대한 은밀한 계산이 있다. 기업은 핵심 활동과 제3자에게 아웃소싱 될 수 있는 나머지 활동들을 구분할 수 있어야 한다. 그러나 많은 회사중역들은 핵심 능력 개념이 실질적으로 의미하는 것에 대하여 아직 혼동이 있다. 최근에, 매니지먼트 이론가들은 계약행위에 대한 결정은 핵심 능력을 정의하고 확보하는 작업과 연관되어 있고, 그래서 조직의 전략을 형성하는 필수적인 부분을 구성한다는 사실을 설명하기 위해 '전략적 소싱(strategic sourcing)'이라는 개념을 도입했다. 핵심 능력은 '조직에서의 집단적인 학습, 특히 다양한 생산기술들을 어떻게 협동하도록 할 것인가 그리고 기술의 여러 흐름들을 어떻게 통합할 것인가에 대한 집단적 학습'으로 정의된다(Prahalad and Hamel, 1990). 이론가들은 핵심 능력을 '현재와 미래에 다른 제품들을 생산할 수 있는 기업기술들'로 정의한다. Prahalad와 Hamel은 컴포넌트와 AV 제품들을 소형화할 수 있는 소니의 능력과 필립스의 광학 미디어 전문기술과 그 애플리케이션(application)을 핵심능력의 사례로 언급한다. Prahalad와 Hamel

은 대부분의 회사들은 현실적으로 5개 내지 6개 이상의 핵심 능력을 찾아낼 수 없고, 그래서 어떤 활동을 아웃소싱 하기 전에 신중한 평가가 요구된다고 결론짓는다.

아웃소싱의 이익은 필수적으로 성공적인 계약적 관계를 통하여 전략적 네트웍을 만들어 낼 수 있는 방법으로 시장을 이용하여 얻어내야 한다. 회사들은 그들의 핵심 능력에 집중하고 전략적으로 아웃소싱 하도록 결정하는데, 그 이유는 이러한 방법으로 그들은 탄력성, 비용절감, 전문화 그리고 시장규율과 같은 부가적인 이익을 얻을 수 있기 때문이다. 이러한 방법으로 회사들은 대부분의 그들의 시간과 자원을 행정적 사안 보다는 비즈니스 전략과 전술에 초점을 맞출 수 있다.

1.5 아웃소싱의 이익과 비용

아웃소싱은 종종 기업전략에 의해 지휘되고 추진된다. 그러나 회사는 아웃소싱 전략의 시행이 발생시키는 이익과 비용을 반드시 평가해야한다는 것을 언급할 필요가 있다(Domberger, 1998). 아웃소싱의 주요 이익은 탄력성, 전문화, 시장거래, 재무수익, 원가구조와 비용 절감이다.

탄력성은 상・하방 활동의 규모와 범위를 조정하는 능력으로 이해된다. 아웃소싱 공급자를 갖춘 네트웍 조직은 통합조직에 비하여 보다 빨리 적은 비용으로 수요에 대한 변화에 조정할 수 있다. 그래서 버추얼 코퍼레이션(virtual corporation)은 시장변동에 보다 잘 탄력적으로 대응할 수 있다.

공급자로 전문화된 아웃소싱 분야는 경제적 이익을 생산한다. 공급자는 규모의 경제의 원칙(economies of scale)을 이용할 수 있고 결과적으로 효율적인 부가가치 서비스를 계약조직에게 제공한다. 계약조직들은 아웃소싱 공급자들에 의하여 제공된 기술과 전문기술에 의존한다.

시장거래는 구매자와 공급자 사이에 공식적 계약 거래의 존재와 관련이 있다. 이는 구매자로 하여금 투입, 공급자들 사이의 경쟁, 구매자들에 의한 선택들과 혁신적인 작업 실무들 보다 산출에 집중할 수 있도록 한다. 계약하는 조직들(contracting organization)에게는 이러한 이익은 보통 중장기적인 열매를 맺게 하고, 그 후 아웃소싱 거래가 끝나고 성공적인 변화 관리로 대체된다.

재무수익은 회사의 재무효율성을 나타내는 총자산 이익률(returns on assets, ROA)과 연계된다. 아웃소싱 전략들은 회사의 일부자산과 기반시설을 해체하고 매각되도록 할 수 있는데, 이들은 아웃소싱 공급자들에 의하여 발생하는 여러 비용으로 대체될 것이다. 설사 회사 이익은 약간 줄어든다고 하더라도, 관리자는 회사효율성(ROA)이 의미 있게 향상될 것이라고 기대할 것이다.

아웃소싱의 보다 의미 있는 혜택은 원가 구조에 있다. 왜냐하면, 회사에게는 고정된 일부 비용들이 변동비용으로 대체되기 때문이다. 이것은 아웃소싱이 자리하고 나서의 회사의 새로운 원가구조는 수입의 발생과 수요의 변동에 보다 밀접하게 연동될 것이라는 것을 의미한다. 이러한 의미에서 이것은 보다 적은 수요기간에 보다 높은 고정비용을 갖고 있는 위험을 줄여줄 것이다.

마지막으로, 앞서의 아웃소싱 이익에 덧붙여, 국제적 연구는 아웃소싱은 보통 비용절감을 초래한다는 것을 지적한다. 그러나 비용절감은 많은 경우 특정 산업 그리고 아웃소싱 활동의 타입과 계약조직의 최초의 원가구조에 달려 있다. 그럼에도 불구하고, 효율성의 획득이 반드시 질의 저하로 이어지지는 않는다는 것을 이해하는 것이 중요하다.

다른 한편, 거래와 모니터링 비용들, 통제력의 손실, 사내기술, 회사 지식과 혁신능력의 손실과 같은 반드시 고려하여야 할 아웃소싱으로부터 발생하는 여러 비용들이 있다.

거래비용들은 계약자 선택을 위한 탐색비용, 계약 문서비용과 협상 비용들이 해당된다. 계약은 모든 가능한 만일의 사태를 예측할 수 없으므로 자원들은 절충(negotiation)을 위해 예정되어져야 한다. 게다가, 계약에서 벗어나거나 대체하는 것과 연관되어 있는 암시적인 또는 명시적인 비용들이 있을 수 있다.

조직들은 계약으로부터 최선의 금전적 가치를 확실하게 하기 위하여 계약자를 감독하는 자원들을 사용하여야만 할 것이다. 그리하여, 감독비용은 아웃소싱 비용의 의미 있는 부분을 형성한다.

사내 활동을 아웃소싱 할 때 매니지먼트에 의하여 경험되는 통제력의 상실의 의미는 사내기술의 상실과 직접적으로 연결되는 아웃소싱 비용이다. 그러나 조직에 의하여 당면하는 진정한 도전은 현명한 구매자가 되거나 비즈니스 파트너의 전략적 네트워을 관리함에 있어 탁월하게 되는 능력을 상실하는 것이 아니라 예를 들어 Benetton, M&S, Virgin 또는 HP처럼 매우 '탄력적인(hollow)' 많은 성공한 조직들에 의해 현재 행하고 있는 것과 같은 방식의 경우와 많이 일치한다.

기업지식의 상실 위험은 조직 내에서의 집단적 지식은 아웃소싱으로 인하여 사라질 수 있다는 사실로 이야기된다. 특별히 계약이 오로지 최저가 입찰에 기초되어 있을 때, 계약자는 혁신에 대하여 보상받지 않기 때문에 혁신능력을 상실하고 장기적으로 기술진보가 위태롭게 된다는 것을 알게 될 위험이 있다.

마지막으로 낮은 신뢰도와 자신감에 기초한 계약관계는 깨지고 실패하기 쉽다는 것을 언급해 둘 필요가 있다. 계약 당사자들 사이의 신뢰의 중요성은 거래와 감독비용과 같은 아웃소싱 비용이 최소화되는 파트너링 계약의 개념에 대한 동기를 부여한다.

1.6 아웃소싱 계약의 위험 통제

개념으로서의 위험은 멸실, 손상 또는 피해를 발생시키는 부정적인 산출의 가능성을 말한다. 아웃소싱은 활동과 관계된 투입에 대한 통제가 프로바이더에게 이전되기 때문에 종종 보다 높은 위험이 있는 것으로 받아들여진다. 아웃소싱계약에서 가장 큰 위험은 성과가 없는 것이다(Domberger, 1998).

보통 받아들일 수 있는 한계 내에서 실적을 보유하는 것을 확실하게 할 수 있는 준비되어 있는 계약적 장치가 있다: 우수한 실적에 대한 보상과 저조한 실적에 대한 제재. 보상과 제재는 실적에서 벗어나는지를 찾아내기 위하여 고안된 실적 모니터링 시스템과 함께 고객조직을 위해 위험을 최소화하는 것을 도와줄 주 있다. 그러나 실적 위험이 전적으로 공급자 측에 기인하다고 가정하는 것은 실수일 것이다. 고객이 어떻게 행동하는 지가 계약자가 실적을 내는지 여부에 대한 결정적인 영향력을 가질 수 있다. 계약자에 대한 이러한 위험을 최소화하기 위하여, 계약은 보통 최소한의 분량 또는 고객에 의해 발생하는 수요변동과 같은 요소를 특정 하는 약간의 안전장치를 포함한다.

각 고객은 그들의 계약에 위험을 최소화하는데 가장 적절하다고 여기는 안전장치들을 넣을 것이다. 이 주제는 보상이 제재 보다 더 효과적인지 또는 그 반대인지에 대하여 실무가들 사이에서 폭넓은 논쟁을 촉발시켰다. 결정분석의 한 개척자에 따르면, '주요 동인은 손실회피다. 사람은 불확실성을 싫어하는 경우는 많지 않고, 오히려 그들은 손실을 싫어한다. 사람들은 적극적인 자극보다 부정적인 자극에 훨씬 더 민감하다'(Versky, 1990). 이 진술에서 보상보다 제재가 보다 효과적일 것 같다는 결론을 지을 수도 있다. 그러나 사실은 보상과 제재 사이의 절적한 균형은 계약형태와 당사자들 사이의 신뢰에 의해 정해진다.

2) 아웃소싱 계약의 법적 본질

약간의 아웃소싱의 정의를 내린 위 1.2.1.1 섹션에서 언급한 것처럼, 여기에서는 구체적 계약형태 보다는 관리기술을 언급할 것이다. 그러므로 구체적 분류에 따른 그러한 아웃소싱 계약은 존재하지 않는다고 말할 수 있다. 포괄적인 용어인 '아웃소싱 계약'이 망라하는 것 같은 변화 많고 다양한 형태와 구조의 합의와 계약은 하나의 단일한 법적 제도에 해당하지 않는다. 이러한 고도의 다양성 때문에 우리는 추상적 의미에서라도 어떠한 표준적인 관계를 만들고 싶어 하게 된다. 따라서 우리가 아웃소싱 계약을 말할 때, 그것은 구체적 계약의 형태가 아니라, 오히려 매니지먼트 기술로서 아웃소싱을 실질적으로 적용할 때 발생하는 법적 문제를 언급하기 위하여 사용할 것이다.

이러한 기초에서, 아웃소싱 계약의 법적 분석은 다음을 강조할 것이다.

- 의무는 고객에게 서비스를 제공하기 위하여 공급자 측에 존재한다.
- 근본적으로 자산의 이전과 인력의 할당과 관계된 아웃소싱 서비스 규정에 특별히 부가된 추가적 합의가 보통 존재한다.

아웃소싱 계약의 법적 본질을 설정하기 위하여서는, 제공되는 서비스에 관련하여 공급자와의 소통의 즉각적 목표를 먼저 결정하는 것이 필요하다. 그 이유는 공급자가 이 목표에 기초하여 각각 서비스의 특별한 요소 또는 작업 대여계약을 결정하여, 서비스 그 자체 또는 그 서비스의 결과를 공급할 의무를 갖기 때문이다. 이러한 이슈가 결정되면, 미리 (작업들 또는 서비스를) 설정된 입법 유형 내에서 계약을 유지할 가치가 있는지를 결정하기 위하여 부가 합의의 계약의 필수불가결한 본질을 다룰 필요가 있다.

공급자의 의무가 결과의 공급이라고 생각된다면, 그 때는 공급자는 만일 그 결과의 공급에 실패한다면(그 결과가 무엇인지와 관계없이) 클라이언트에게 책임이 있을 것이고, 반면에 만일 의무가 서비스의 공급이라면 공급자는 전념하여 온 일을 수행할 책임이 있다(결과와 관계없이). 그러므로 계약에 적용 가능한 법적 제도와 나아가 당사자들 사이에서 발생할 수 있는 여하한 갈등을 해결하기 위한 적용 가능한 규정을 설정하기 위하여, 계약의 형태를 결정하는 것이 의의가 있다.

만일 계약의 목적을 고려한다면, 공급자의 의무는 서비스를 제공하는 것이지 작업을 수행하는 것이 아니라는 것은 원칙적으로 명백해 보인다. 그러므로 공급자가 제공하도록 의무 지어진 것은 공급의 결과가 어떻게 될 것인지와 관계없이 실질적인 공급 그 자체이다. 그럼에도 이러한 서비스의 공급에 있어 공급에게 요구되는 서비스의 수준과 질의 표준을 설정하는 규정의 범위에 관한 의문들이 떠오를 수 있다.

우리가 이해하는 범위에서, 계약이 최소한의 수준을 설정한 사실이 공급자가 특정한 결과를 생산해낼 의무가 있다는 것을 함축하지 않는다. 오히려, 계약적 용어에서 의무에 따른 정도를 측정하는 객관적 기준을 받아들이는 방식이다(즉, 서비스를 제공하는 것). 그래서 예를 들어, 아웃소싱 계약이 매일 진행되어야 할 최소한의 숫자의 데이터나 손실의 최대한의 수용가능 한 퍼센티지를 설정하는 때에, 이것의 실질적인 의미는 공급자는 이러한 최소한의 수준을 확보하지 못하면 의무 위반이 될 것이라는 합의이다. 그러나 이것은 고정된 결과가 합의되었다는 것을 의미하지 않는다(데이터의 숫자나 손실의 퍼센티지는 최소한도를 넘어서면 다양할 것이다). 또한 최소한의 수준을 충족시키는 것이 공급자가 의무에 따른 것도 아니다(이것은 그 자체로 서비스의 공급이다).

공급자의 의무는 클라이언트에게 서비스를 공급하는 것이지 결과를 제공해야 하는 것이 아니라는 사실은 아웃소싱 계약에서 서비스의 임대차계약의 특별한 요소들의 존재를 인식하게 한다. 이것은 일방당사자가 다른 당사자에게 특정한 서비스를 제공하여야 하는 계약으로 정의된다. 임대인이 서비스를 공급하도록 되어 있고 최초에는 그 공급으로 발생하는 결과가 아닌 서비스 그 자체를 공급하도록 되어 있는 반면에, 고용계약에서는 이러한 결과를 만들어 내는 일을 고려하지 않고 그 결과를 공급하도록 되어 있다는 점에서 이것은 고용계약과 구별될 수 있다.

서비스의 임대계약의 요소의 존재가 정의되어지면, 계약의 본질의 관점에서 이러한 종류의 계약이 필수적으로 담고 있는 것들에 부가적인 합의가 존재하는지 여부에 대하여 분석하여야 한다. 그러한 경우에 다른 종류의 계약의 요소들 사이에서 관계가 관여하는 바에 따라 섞여 있고 연결되거나 복잡한 계약이 우리와 함께 하고 있음을 발견할 것이다. 그 대신에 이 필수요소는 영향을 받지 않는다(이 경우에, 우리는 전형적인 서비스 임대계약을 갖게 될 것이다).

위에서 언급한 대로, 추상적인 용어로 일반적인 대응을 제공하는 것은 가능하지 않다. 오히려 각 계약은 그것의 법적 본질을 결정하기 위하여 개별적으로 분석되어져야 한다. 이것은 왜냐하면 구조의 다양성은 하나의 단일한 법적 형태에 해당하지 않고 오히려 여러 형태에 해당하는 아웃소싱 계약이라는 일반적인 용어에서 기인하기 때문이다. 이러한 법적 형태들은 전형적인 서비스 임대계약(자산의 어떠한 이전도 포함하지 않는 단순한 아웃소싱의 경우처럼)부터 연결 계약(예를 들어, 서비스의 공급에 부가하여, 클라이언트에 대한 서비스에 사용되지 않는 자산의 이전에 관련된 합의를 포함한 계약, 서비스 임대계약과 판매계약이 나란히 있는 경우) 또는 복합 계약(획득한 자산이 클라이언트에 대한 서비스의 공급에 사용되어 지는 경우)까지를 아우른다. 계약은 또한 2 종류 이상의 계약적 요소를 포함할 수 있다(예를 들어, 일부는 소유되어지고 다른 일부는 빌려지는, 자산의 이전이 붙어 있는 아웃소싱계약의 경우, 서비스 임대계약에 부가하여 판매와 임대를 취급하는 다른 특별한 요소가 있다).

판매와 임대에 관계된 여기에서 언급한 이러한 계약에 부가하여, 회사 계약(예를 들어, 회사와 합작투자를 다루는 계약)과 보관 및 운반 계약(물류 아웃소싱계약을 위해서는 상품은 공급자에 의하여 소유되어지는 점포에 보관되어지고, 그에 따라 공급자 자신에 의하여 분배되어져야 한다)에 특별한 아웃소싱 계약이 빈번하다. 구조들과 서비스들의 다양성이 주어져 다른 본질의 합의가 배제될 수 없다.

어떠한 경우에도, Garcia Villaverde(1990)가 지적한 바와 같이, 여기에서 제기하는 것은 작동할 수 있는 기준들을 제대로 배치시키려는 시도라는 사실을 잊어서는 안 된다. 이것들이 혼합된 계약의 형태로 나타난다면(즉, 다른 본질의 전형 계약 하에서 제공된 규정의 통합에 의해 형성된 계약), Garcia Villaverde는 이 목적을 달성하기 위하여 '전체적으로 같은 내용으로 새로운 계약에 의하여 선언된 의도와 연결된, 새로운 계약으로 당사자들에 의하여 모색되는 언급(reference)과 기능(function)의 최종 포인트로서' 용도가 만들어져야 한다는 것을 제안한다. 계약들의 통일의 경우(달리 말하면, 단일계약을 형성할 때 나타나는 정도가 아닌 특정한 결과를 얻으려는 독립적 규정들을 가진 계약), 다음에 고려되어야 할 것은 목적의 통합이다.

3. 물류계약

1) 물류의 정의와 발전

종종 마구잡이로 사용되는[5], 용어로서의 물류는 20세기 말까지는 언어에서 거의 일반적인 표현이 되었다. 단순한 운송과 창고의 보급을 넘어서는 서비스를 언급하는데 사용되는, 그 용어는 생산과 분배의 과정을 이루어는 모든 단계를 커버한다.

오늘날, 물류는 '주문의 비용-효과적인(cost-effective) 이행을 통하여 현재와 미래의 이익을 최대화하는 방법으로 조직과 그 시장 채널을 통하여 재료와 부품, 완성된 재고의 보급, 이동과 지장을 전략적으로 관리하는(관련정보가 흘러가는) 프로세스'로 정의된다.

물류 위원회(The Council of Logistics Management, CLM) 입장에서는 물류를 다음과 같이 정의했다.

---

5) Arthur Bryant 경에 의하여 서양에서의 승리(*Triumpf in the West*)에서 서술된 다음 문장은 이것을 아주 생생하게 요약한다.

Mr Churchill은...모든 사람들이 사용하고 자신은 그 의미를 이해하지 못하는 새로운 단어의 사용에 대하여 불평하였다. 이 단어는 '물류(logistics)이었는데, 그가 공급(supply)에 대하여 이야기하기를 선호하였음에도 불구하고, 그 협회의 이사는 물류라는 용어는 단순한 공급이라는 용어보다 더 광범한데 그 이유는 물류는 무엇이 필요한지, 언제 그리고 어디에서 그것을 가질 수 있는지 그리고 그것을 어떻게 이동시킬 수 있는지를 계획하는 것을 내포하기 때문이라고 주장하였다(Bryant, 1959, Budgen에 의하여 인용된, 1999).

고객의 기대를 충족시키려는 목적으로, 출발지와 소비지 사이에서 효과적이고 효율적으로 계획, 실행, 감독, 보관 그리고 재화, 서비스 그리고 그에 관계된 모든 정보의 선 흐름, 역 흐름에 관한 공급 망 관리 프로세스 부분

물류 용어의 넓은 의미에서, 물류 협회(the Institute of Logistics)는 '자원을 배치하는 것에 관한 시간' 또는 단순히 '서플라이 체인의 효율적인 관리'로 정의했다.[6)]

그러나 물류는 끊임없이 변화하고 발전하는 활동이어서 정의를 내리면 곧 구식으로 되어 더 이상 쓸모가 없는 것이 되어 버리기 때문에 그 용어의 명확한 정의를 설정하는 것이 어렵다고 결론지을 수 있다.[7)]

공급 망 관리(supply chain management)는 매니저들이 최종적인 비용절감의 경계영역으로서 물류의 중요성을 점증적으로 인식하게 됨에 따라 상당한 지원을 얻어 오게 된 개념이다. 무엇보다도 세계화, 리드타임(lead time) 절감, 고객중심 그리고 아웃소싱과 같은 주요한 변화들이 물류에 대하여 관심을 갖도록 기여하였다. 공급 망(supply chain)은 업 스트림(up stream)과 다운 스트림(down stream)의 연결을 통하여, 최종 고객의 손에 제품과 서비스의 형태로 가치를 생산하는 다른 프로세스들과 활동이 관여하는 조직들의 네트워크를 반영한다. 공급 망(supply chain)을 통합하는 것은 다른 산업들이

---

6) 서플라이 체인은 '업 스트림(up stream)과 다운 스트림(down stream)의 연결을 통하여, 최종 고객의 손에 제품과 서비스의 형태로 가치를 생산하는 다른 프로세스들과 활동이 관여하는 조직들의 네트웍'으로 정의되어 왔다(Christopher, 1998). 서플라이 체인의 더 나아간 정의는 '고객의 수요를 만족키여야 하고 원재료, 분배, 제조품을 획득하고 운반과 보관의 다른 프로세스를 포함하는 글로벌 프로세스'라고 정의된다(Budgen, 1999).

7) 새로운 *물류 수단*의 끊임없는 출현과 발달은 현대물류와는 많이 다르나 이전 시대에 물류라고 불리운 개념을 수정시킨다. 그래서 '물류관리는... 전통적으로 받아들여진 고객에게 적절한 양을 제 때에 도달하게 하기 위하여 회사에 의하여 관리되는 제품흐름의 관리 개념을 넘어 선다.' 또한 '총비용으로 최고 수준의 서비스를 확보하기 위하여 원재료의 공급부터 최종 고객에게 도달할 때까지... 글로벌 규모로 서플라이 체인을 바라본다. 이는 서플라이 체인 내에서 우리의 공급자로서의 공급자와 우리의 고객으로의 고객을 염두에 두는 것을 의미 한다'(Cuartero, 1999).

경쟁력 있는 어드밴티지를 얻는 핵심 수단이 되어 왔다.

공급 망 관리(supply chain management)는 '공급자로부터 최종 사용자에까지 재화와 서비스의 흐름을 통제, 관리하고 개선하기 위하여 상호적이고 서로 협력적으로 함께 일하는 연결되고 독립적인 조직들의 네트워크'라고 보다 엄밀하게 정의될 수 있다(Akiten, 1998, Christopher에서 인용, 1998).

세계 공급 망 포럼(Global Supply Chain Forum)의 멤버들은 1998년에 공급 망 관리(supply chain management)를 '고객과 다른 이해당사자들을 위하여 가치를 부가하는 제품, 서비스 그리고 정보를 생산하는 원래의 공급자를 통한 최종 사용자로부터 핵심 사업 프로세스의 통합'이라고 정의하였다(Lambert 외, 1998).

공급 망 관리(supply chain management)의 개념은 다음 2가지 중요한 아이디어를 포함한다.

1. 생산 사이클에서 많은 당사자들과 프로세스들을 묶는 공동의 노력이다.
2. 공급 망은 원재료의 도입에서부터 소비자가 그 제품을 구입할 때까지, 전체의 생산 사이클을 커버할 수 있다는 것을 보여 준다.

공급 망 관리(supply chain management)는 고객에서 시작하여 고객으로 끝나는 순환을 형성할 수 있다. 이 순환을 통하여 모든 재료와 완제품, 모든 정보 심지어는 모든 거래들이 흘러간다.

많은 회사들이 공급 망 관리(supply chain management) 전략에 뛰어 들고 있음에 따라, 그들은 부분적으로 또는 완전히 3PL 프로바이더에 해당하는 회사들에게 물류 활동의 아웃소싱을 결정한다. 다음 장에서는 물류계약의 법적 본질의 개관을 제공하고, 1.3.3장에서는 3PL 프로바이더 사업의 발전과 3PL 프로바이더와 그들의 고객과 파트너들 사이에 설정될 수 있는 관계와 계약적 합의의 유형을 서술할 것이다.

2) 물류계약의 법적 본질

법적인 관점에서 물류 개념에 대하여 언급할 때마다 직면하는 문제는, 그 개념이 포괄적인 관점에서 이해되어실 때 다시 말하면 매우 다양한 본질의 일련의 활동들을 통합하는 작업의 관점 자체의 법적 규정의 부존재에 직면한다는 것이다.

'물류'라는 용어를 명확히 언급하는 규정은 드물다. 그리고 아직, 물류활동은 세기의 전환기에 의심 없이 산업과 서비스 회사의 기초적인 기둥이다.[8)]

법에서 물류의 개념을 정의하는 것은 어렵다. 그 개념은 군대와 경제 분야에서 보다 더 많이 부상해왔고, 제공되어진 법적 개념은(만일 배타적으로 법적 개념이 제공될 수 있다면)경제 현상으로부터 기인한 단순한 발전이었다.[9)]

어원적인 의미로, 그 용어는 프랑스 단어 'logistique'에서 유래하고, 전장(戰場)에서 군대의 보급과 이동을 맡은 단위부대로부터 기원을 둔다.

'물류'라는 용어의 법적 정의가 없기 때문에, 유럽 물류 협회(European Logistics Association[10)])은 그것을 다음과 같이 정의했다.

최소비용과 자본으로 시장의 수요를 만족시키기 위하여 최종 소비자의 수중에 이를 때까지, 생산과 분배를 통한 개발과 구입으로부터 재화의 흐름의 조직, 계획, 모니터링 그리고 실행

---

8) 스페인 입법에서는, 물류 활동에 대하여 명확하게 언급하지 않지만, '창고 소유자-디스트리뷰터(warehouse owner-distributer)'는 '...다른 사람의 상품 또는 물건에 대한 보관을 인수(그들의 창고 또는 부지에)하여, 그것들을 저장, 분할 또는 필요할 수 있는 다른 보충적인 서비스를 수행하고, 위탁자의 지시에 따라 그것들의 유통을 실행하거나 관리하는 자연인 또는 법인'이라고 정의하는 *Ordenación de los Transportes Terrestres*(LOTT)[내륙 운송법, Inland Transport Law]의 법 제 16/1987의 125.1조에서 간접적인 정의를 발견할 수 있다(우리 생각에는 전적으로 부적절하지만).

9) Navas Navarro(1999)가 지적하였듯이, 물류 계약으로 언급되는 것은 실질적으로, 비즈니스 조직의 분야에서 점증적으로 공통되고 중요한 관리기술의 법적인 범위인데, 그것은 특정한 서비스의 외주로 구성된다.

10) 물류에서의 용어(1991), Paul Budgen에 의하여 인용된(1999).

물류 서비스를 제공하는 계약은 회사가 3PL 프로바이더로부터 물류기능을 고용한다는 것을 필수적으로 상정한다. 달리 말하면, 그 자신이 그가 보유하는 수단들을 통하여 물류활동을 수행하는 회사라면, 물류활동을 자가 계약(self-contract) 하지 않고 이러한 활동(부지의 임대, IT 계약 등)을 이용하는 경향이 있는 특정한 재화와 서비스를 공급하는 제3자들에게 틀림없이 의지할 것이다.

그러므로, '고용된 또는 공공 물류'라고 부르는 것으로 이동하는데, 이는 전문적인 3PL 프로바이더가 제3자가 계약한 상품에 관해서 수행하는 것이다. 대조적으로, '독립적인 또는 사적 물류'는 회사의 주요 활동(예를 들어 제조)에 대해 필요한 보완으로 회사 그 자체에 의해 수행되는 것이고, 논리적으로 물류 서비스를 제공하는 계약이 없다.

3PL 프로바이더에 의한 제3자에 대한 물류의 공급은 이러한 제3자의 요구(needs)에 적합하여야 한다. 물류활동을 형성하는 요소들의 다양성은 물류계약(agreement)의 적절한 형태를 만들기 어렵게 한다는 것을 이 섹션의 시작부분에서 이미 언급하였다.[11] 분명한 것은, 물류 서비스를 필요로 하는 모든 주체가 같은 공급을 필요로 하지는 않는다는 점이다; 마찬가지로 예를 들어, 유(乳)제품과 완성차(車)에 대한 물류취급이 크게 다르기 때문에, 각기 다른 물건에 주어진 취급은 크게 다르다. 덧붙여, 또한 취급 방법들도 각 제품의 형태에 따라 달라야만 한다.

물류 서비스를 공급하는 계약은 상사 계약이다. 그것은 아주 힘든, 양자의 그리고 상호적인, 일련의 복잡한 상환(redemption)이다. 비록 공식화되는 것이 많은 장점이 있다고 하더라도, 문서화될 필요는 없다.

개념적으로, 3PL 프로바이더라고 불리는 일방 당사자가 경제적 대가의 지급과 교환으로 타 당사자가[12] 필요로 하는 물류적 성격의 서비스를 제공하기

11) Verharr(1998)이 지적하듯이, 로지스틱스 계약의 형태는 매우 다양하다.
12) '사용자(user)'로서 언급되는 사람. 로지스틱스 서비스 오퍼레이터의 상대방을 정의하는데 종종 사용되는 다른 명칭(title)은 '고객(customer)' 또는 '의뢰인(client)'이다(Burnet,

에 앞서 체결 하는 계약으로 정의될 수 있다. 수반될 수 있는 작업의 수가 많고 서비스가 요구될지도 모르는 상품의 범위가 넓으며 '물류'라는 용어 그 자체의 느슨한 본질 때문에, 이러한 넓은 정의를 유지하는 것이 중요하다.

복잡성에도 불구하고, 물류 서비스를 공급하는 계약은 다음 카테고리로 그룹 지을 수 있다:13)

- 상품의 운송 계약14)
- 보관 계약(창고)
- 다른 부가적 계약 형태

어느 정도까지는, 물류 서비스를 공급하는 각 계약은 사용자의 요구(needs)에 '맞춤(tailor made)'이다. 그렇지만, 각 사용자의 특정한 니즈와 계약의 국내 또는 국제적 환경을 고려할 때에도, 물류 서비스 계약에서 가장 빈번하게 규정된 일반적인 합의의 형태를 여전히 설정할 수 있다.

3) 제3자 물류 아웃소싱

3PL 프로바이더 비즈니스는 선진 물류 서비스에 대한 수요가 등장한 결과로서 발전하고 있다. 다른 분야의 새로운 기업들이 시장에 진입해서 전통적인 운송과 창고업들과 경쟁하고 있다.

더 나아가, 모든 산업분야에서 물류 활동들을 보다 많이 아웃소싱 하는 경

1998)

13) 뒤에서 살펴 볼, 로지스틱스 서비스를 공급하는 법적 관계에서 다른 계약적 형태가 있다: 위임(commission), 대리(agency), 지명(appointment), 물건의 임대, 작업과 서비스, IT 등

14) 상품의 운송은 탁월한 로지스틱스 케이스로서, 몇 저자들이 주요 활동으로서 운송의 공급이 제시될 때, 그리고 보관 또는 창고에서의 보존, 포장, 상태조절, 상표부착, 통관절차, 수량과 품질 관리와 같은 다른 부차적인 공급에 의하여 동반될 때만, '법적인 로지스틱스'에 대하여 이야기할 필요가 있다고 생각할 정도이다.

향이 있다. 이 경향의 핵심 동인은:

- 3PL 프로바이더는 물류의 전문가적 경향이 있고, 그래서 그 기능을 아웃소싱하는 것은 조직이 그의 핵심역량에의 집중을 점증(漸增)하게 해줄 수 있다.
- 3PL 프로바이더는 그들의 노동력, 창고와 운송 니즈들을 고객의 요구와 시장 변화의 기초 위에서 크기를 조정할 수 있다.
- 고객은 리드타임(lead time), 이행 비율, 이월 주문, 재고와 인건비에 있어 개선을 기대할 수 있다.
- 3PL 프로바이더는 또한 지연생산, 통합수송, 발주점 통합관리, 회수물류와 다른 부가가치 서비스에 있어 개선된 능력을 가능하게 한다.

물류 아웃소싱은 전에는 회사에 의하여 수행된 물류 서비스의 전부 또는 부분을 3PL 프로바이더에게 위임하는 것을 내포한다. 달리 말하면, 다음 주요 목적을 위하여, 제품의 공급 망(supply chain)에 있어 3PL 프로바이더의 참여를 내포한다:

- 회사를 위하여 물류비용을 낮추는 것, 그 결과 제품의 가격을 낮추고 시장에서 그 제품을 보다 더 경쟁적으로 만들면서 사용자의 이득이 되도록 한다. 게다가, 회사는 회사 자신의 활동의 확장 또는 개선을 위해, 그 때까지 물류 서비스를 위하여 사용되어진 자원을 다른 용도로 변경할 수 있다.
- 공급 망(supply chain)을 최적화하고 개선하는 것, 왜냐하면 이러한 활동들이 그들의 목적이 정확하게 이러한 서비스들을 제공하고자 하는데 있는 주체(entity)에게 맡겨지기 때문이다. 이는 일반적으로 제품의 품질의 증가와 가격의 하락을 상정할 수 있는데, 최종 소비자에게 보다 많은 이득을 제공한다.

물류 서비스의 아웃소싱은 제품의 더 나은 가격, 더 나은 서비스와 더 나은 품질로 해석될 것인데, 이는 최종소비자의 이득으로 되고 시장에서 회사의 경쟁력의 개선을 의미한다.

우리가 아는 것처럼, 현재 경제의 전문화와 경쟁력은 그 주요 목표가 생산, 제조와 분배인 회사들에 의하여 물류 아웃소싱 서비스에서 중요한 성장을 창출하여 왔다. 짧게 말하면, 이러한 회사들은, 물류관리에 있어 일어나고 있는 중요하고도 빠른 진전으로부터는 일정한 거리를 둔 채, 3PL 프로바이더의 사용을 통하여 그들의 모든 자산과 노력을 그들 자신들이 절대적인 지식을 보유한 활동에만 집중할 수 있게 된다는 것이다.

최근에, 물류 아웃소싱은 물류학자로부터 엄청난 관심을 받아 왔다. 연구자들은 여러 다른 관점에서 물류 아웃소싱에 관해 보고하여 왔다.(Boyson 등, 1999; Lieb 등, 1996; Murphy and Sheng, 1998).

3PL 프로바이더는 고객을 위하여 물류활동을 관리하고 통제하며 공급하는 외부 공급자이다. 현대 3PL 프로바이더는 1990년대의 고객의 핵심역량의 강조와 함께 1980년대의 운송규제완화의 결과로서 등장하였다. 여러 연구들에 따르면, 지난 십년에 3PL 비즈니스는 1년에 20% 이상의 비율로 성장하여 왔다. 최근의 연구들은 또한 2000년에는 대용량 화주의 37%가 운송을 아웃소싱 하였지만 2006년까지는 82%가 아웃소스 할 것으로 예측한다.

3PL 프로바이더에게 아웃소싱 된 전형적인 서비스는 운송, 창고, 재고 관리, 부가가치 서비스, 정보서비스와 디자인 그리고 서플라이 체인의 리엔지니어링이다. 물류 서비스를 3PL 프로바이더에게 아웃소싱 하는 회사들은 여러 가지 다른 물류 아웃소싱 모델을 응용할 수 있다(Gould, 2003):

1. 전통적인 화주로서 활동하고 모든 관점의 물류 디자인과 매니지먼트의 내부 통제를 유지하는 것
2. 서플라이 체인의 특정한 물류 기능의 작업적 통제를 아웃소싱 하는 것
3. 서플라이 체인의 전 부분의 매니지먼트와 실행을 아웃소싱 하는 것; 솔

루션/시스템 디자인, 정보통합과 모든 서플라이 체인 전략의 통제는 남겨두는 것

4. 서플라이 체인 매니지먼트, 실행과 정보통합을 아웃소싱 하는 것; 솔루션/시스템 디자인과 모든 서플라이 체인 전략의 통제는 남겨두는 것
5. 모든 서플라이 체인 전략을 창출하는 것; 서플라이 체인의 모든 다른 면을 아웃소싱 하는 것
6. 일괄해결을 채택하는 것, 물류 파트너는 고객의 서플라이 체인의 모든 면을 관리(manage)한다.

개별 사례에 따라서, 고객과 3PL 프로바이더의 관계는 공식적일수도 있고 비공식적일 수도 있다. 그러나 관계는 시간에 따라 변해 왔는데, 오로지 계약에 집중하는 것에서 보다 전략적이고 파트너십에 기초하는 것으로 움직여 왔다. 게다가, 많은 경우에 있어 3PL과 고객 사이에서 전략적 제휴가 만들어 졌다. 그러나 당사자들 사이에서 전략적 제휴가 만들어진 경우에 있어서도 보통은 그들 사이의 관계를 지원하고 규제하는 계약이 있다.

연구에서 3PL 프로바이더는 고객에 대한 제휴의 타입에 따라 분류되어 왔는데, 예를 들어 파트너십, 디자인과 매니지먼트의 범위, 고객화(customisation)와 전념의 정도, 화주와 공급자의 지식수준 그리고 재화흐름의 성격(material flow characteristics)이다. 3PL 프로바이더를 구분하는 더 깊은 방법은 그들이 어떤 물류 서비스를 아웃소싱 하는지 그 정도를 분석해보는 것이다.

물류 제휴는 보통은 3PL 프로바이더가 운송, 창고, 재고관리, 유통(distribution) 그리고 다른 부가가치 활동을 포함하여 넓은 영역의 물류 서비스를 제공하는 화주인 고객기업과 3PL 프로바이더의 장기적인 파트너십 합의로 정의될 수 있다(Bachi와 Virum, 1996). 물류 제휴에 있어, 당사자들은 서로를 파트너로서 이상적으로 여길 것이고, 그들의 협력은 이해와 고객의 물류니즈를 정의한 것에 기초하고 있다. 다양한 연구들에 따르면(Anderson,

1995) 물류 제휴의 주요 이익은 규모와 범위의 경제, 효과적인 작업수행, 협상력, 서비스의 범위, 보다 빠른 학습, 다른 프로바이더와의 네트워크, 다양한 종류에 대한 지식, 새로운 시스템에 대한 빠른 실행, 시장접근, 서플라이 체인의 재구축, 투자절감기반과 탄력생산(smoother production)의 개선이다.

섹션 1.3.4에서 물류 관계의 미래 경향과 3PL 비즈니스의 발달의 개요를 서술한다.

4) 발달과 미래 전망

3PL 비즈니스의 역사적 발달을 검토하면 3PL 프로바이더는 시간의 흐름에 따라 지식과 기술이 발전하여 왔다는 것을 알 수 있다. 3PL 비즈니스의 성장의 첫 번째 흐름은 전통적인 운송기업들이 3PL 프로바이더로 발전해 간 1980년대에 일어났다. 두 번째 흐름 기간 동안인 1990년대부터 계속하여, 포장서비스로부터 온 기업들이 3PL 총괄책임자(integrator)가 되었다.

가장 최근의 흐름에서, 3PL 비즈니스에 진입한 플레이어들은 자문, 금융, 제조 또는 IT 매니지먼트 기업들이다. 동시에 우리가 살고 있는 시대는 물류산업의 대량 통합을 목격하고 있다. 지난 3년 동안 초대형 합병(mega-merger)을 보아 왔다: Deutsche Post-AEI-Danzas-DHL-Exel, Kuhen&Nagel-USCO, UPS-Fritz and Exel-T&B-MSAS-Mark Ⅶ. 그러나 물류시장에 대한 최근 연구들(Armstrong & Associates, BG Strategic Advisors Analysis, 2003)은 물류 산업에 작은 3PL 프로바이더를 위한 의미 있는 획득 가능한 시장 점유율과 함께 아직은 대규모의 세분화가 있다는 것을 보여준다. 어떤 물류 활동, 예를 들어 부가가치 창고, 운송주선과 전적인 계약 운송(dedicated carriage contract)을 위한 획득가능한 시장점유율은 30에서 80%에 걸쳐 있다. 이러한 물류활동들이 연간 15~25% 비율로 성장하고 있다는 사실에서, 빠른 성장과 대규모의 세분화의 조합은 물류 산업의 합병(consolidation)을 성숙하게 한다고 예측할 수 있다(Gorden, 2003). 성장하는 시장은 확장 지향적인 구매자들을 잡아 당기는 넓은 범위의 성공한 회사들을 지원할 수 있다. 동시에 세분화는 보다 큰 회사들에게 다수의 소규모 인수 기회로 전환된다. 나아가, 시장이 불가피하게 성숙함에 따라 20% 이상 성장에 익숙해진 비즈니스는 그들의 유기적 오퍼레이션을 인수합병으로 보충할 공산이 있다.

강력한 합병(consolidation)의 3가지 주요 근원적인 이유가 있다.

1. 선두 물류 프로바이더(lead logistics provider, LLP)라고 불리는 새로운 타입의 물류 매니지먼트 회사의 발달
2. 오로지 강한 3PL 프로바이더가 감당할 수 있는 새롭고, 세련된 비싼 기술적 해결법의 발달
3. 물류 타깃과 인수를 모색하는 현금이 풍부한(cash-rich) 구매자들의 등장

LLP는 하나의 계약(또한 원스톱 쇼핑이라고 이름 붙여진)으로 넓은 범위의 아웃소싱 서비스를 화주에게 제공한다. 그들은 세련된 기술 능력을 제공할 뿐만 아니라 또한 넓은 지역을 담당한다. 전형적으로, LLP는 이러한 서비스들을 수행하기 위하여 작은 3PL 하수급인의 네트워크에 의존한다.

LLP를 사용하는 선구자들은 General Motors와 Nortel인데, 그들 둘 다 2001년까지 물류비용으로 수십만 달러를 아웃소스하기로 결정하였다. General Motors는 딜러의 주문 입력 사이클을 60일에서 15일로 낮추는 기술능력을 갖춘 LLP를 찾았다. 이 LLP는 General Motors와 Menlo Logistics 양쪽 회사가 이사회와 주식지분을 공동으로 보유하는 합작을 통하여 만들어 졌다. 반면에, Nortel은 가동 자본과 재고에서 수백만 달러를 해소하는 것을 도와 줄 물류 파트너를 찾았다.

LLP의 넓은 능력 범위를 실질적으로 충족시킬 수 있는 회사는 거의 없는데(Gorden, 2003), 그 범위는 다음을 포함한다.

- 전세화물, 혼적화물운송, 통합운송, 항공, 해상과 창고 서비스에 있어서 복합운송 전문가
- 고객의 공급 망(supply chain)에 관련 있는 모든 위치를 커버하는 세계적 지역 범위
- LLP가 다른 작은 3PL 프로바이더들을 하청관계로 매니지하는 '마스터 계약(master contract)'해법을 수행하는 종합 매니지먼트 스킬
- 부가가치를 위한 아웃소싱의 기회를 찾아내는 사려 깊은 전략주도 접근으로 화주에게 제공하는 분석적 노하우
- 데이터의 대량 흐름을 매니지하고, 그 데이터들을 의미 있는 정보로 종합하며 행동방침을 추천하는 파워풀한 기술 시스템
- 위험에 뛰어드는 자발성과 이익을 공유하는 계약과 결합하여, 화주의 물류 부서의 선 구매(upfront purchase)와 같은 해법을 제공하는 금융자원

전자산업과 첨단산업에서는, 최근에 주요 계약 제조(contract manufacturing, CM)와 LLP가 결합된 역할을 제공할 수 있는 아웃소싱 파트너를 찾기 시작한 주요 주문자상표 제품생산자(original equipment manufacturers, OEMs)가 있다. 그 결과, 3PL 프로바이더는 전자산업과 첨단산업 고객들에게 보다 선진 기술서비스를 제공할 것을 요구받고 있고, 위탁제조자는 그들의 물류 서비스를 증가시키고 있어, 이들 두 타입의 서비스 공급자들의 경계가 더욱 불분명해지고 있다(Hannon, 2002). 3PL 프로바이더가 그들의 CM 서비스를 확장하고 있을 뿐 아니라 위탁제조자들은 물류 영역으로 이동하고 있다. 사실, 주요 위탁제조자들은 화물, 창고, 부가가치 서비스와 IT 연결성에서 세계적 해법을 제공하는 일류(top-tier) 3PL 파트너들에 대한 큰 요구와 함께, 전자산업에서 점차적으로 LLP의 역할을 차지하고 있다(Coja, 2003). 결과는 3PL과 CM산업의 참여자들이 중간에서 만나서, CM과 서플라이 체인 매니지먼트 서비스의 혼합을 제공하는 새로운 타입의 회사를 만들어 낼 것이다. 더 나아

가, 협력업체는 또한 서플라이 체인에서 중요한 플레이어가 될 것이고, OEM 고객에게 세계적 서플라이 체인 솔루션을 제공하려고 할 것이다. 앞서의 모든 경우는 3PL 프로바이더, 위탁제조자와 협력업체가 OEM 고객에서 원스톱 숍(one-stop shop)과 선도 서플라이체인(lead supply chain, LSC) 공급자가 되려고 노력하는 경향성을 보여준다.

고객이 완전한 서플라이 체인 역량을 원한다는 점에서 제4자 물류(fourth party logistics, 4PL)의 형태에서 다음 세대의 공급 망(supply chain) 아웃소싱의 모델을 볼 수 있다. 4PL 프로바이더는 공급 망(supply chain)을 통합한다 : 그들은 그들 자신의 경험을 다른 공급자들(supplier)의 경험과 결합하여, 세계적 솔루션을 평가하고, 디자인하며, 시행하고 집행한다. 4PL 프로바이더들은 공급이 발전하는 방법을 반영하는데, 그들은 전체 조직에 부가가치 솔루션을 제공하기 위하여 그 방법으로 3PL 프로바이더, 기술서비스 프로바이더와 비즈니스 프로세스 컨설턴트의 역량을 함께 묶는다. 4PL이라는 용어는 자문기업(컨설팅 회사)인 Accenture에 의하여 1990년대에 만들어졌다. 원래는 3PL 프로바이더와 운송회사를 포함하여 물류자원과 프로바이더들을 통합하고 매니지하는 제4자라고 언급된 자문기업의 활동을 묘사하는데 사용되었다.

처음에는 4PL 프로바이더는, 자문기업이어야 한다고 믿어졌고 실제로 종종 그랬다. 그러나 자체 시스템 역량, 서비스 제공능력과 지역적 점유에 근거하여, 고객들에게 4PL의 역할을 꽤 성공적으로 수행한 3PL 프로바이더에서 여러 LLP들이 나오고 있다. 4PL 프로바이더로 발전해 가는 단계에 있는 3PL 프로바이더는 소수의 고객을 위한 전문 틈새분야에 집중하는데, 그 분야는 지식이 광범위하게 적용되고 발전할 수 있으며 아직도 여전히 고객의 활동들을 조정하는데 사용되어 질 수 있다(Hertz와 Alfredsson, 2003). 만일 회사가 어떤 서비스도 제공하는데 관심이 없는 중립적인 4PL 프로바이더를 찾는다면, 그 때는 자문기업이 4PL 프로바이더로서 최선의 선택이 될 것이다. 다른 한편, 회사가 물류에서 자신의 경험에 기초한 서플라이 체인 서비스를 공급하는 뉘앙스(nuances)를 이해하는 4PL 프로바이더를 찾는다면, 그 때 선택은 LLP가 될 것이다. 그럼에도 불구하고, 4PL 프로바이더가 되려고 하는 몇몇 LLP들이 자신을 모기업에서 분리해서 독립적인 개체가 되어 그들의 고객에게 보다 중립적인 역할을 수행한다는 믿음을 주게 하는 것은 중요하다.

물류의 아웃소싱에서 현재와 미래의 경향으로부터 끌어낼 수 있는 한 가지 결론은 화주와 3PL 프로바이더, LLP 또는 4PL 프로바이더 사이의 물류 계약은 법적 그리고 비즈니스 관점에서 상대적으로 복잡할 것이라는 것이다. 대부분의 물류 계약은 창고, 복합운송 그리고 사내물류, 지연생산, 유통, 회수물류 등과 같은 서플라이 체인의 다른 부가가치 활동의 결합을 반영한다. 이러한 타입의 계약은 대부분 3PL 프로바이더와 한 나라 이상에 위치한 고객들과 사이에 체결 될 것이고, 반면에 그들의 각각의 법적 주체들은 상이한 나라들에 위치할 것이다. 이 관점을 더 살펴보기 위하여, 다음 섹션은 국제적 관점과 법적 함축을 참고로 하여 물류계약의 법적 체계를 다시 제공할 것이다.

5) 물류계약의 법적 체계

물류계약은 아웃소싱을 위한 기초로 사용될 수 있고, 아웃소싱에서 수행되어지는 다양한 활동이 있기 때문에 아웃소싱 계약에서 일어나는 것과 비슷한 문제들이 물류계약에서 일어날 수 있다. 물류 계약에 관한 특정한 규정의 부재는 당사자들이 3PL 프로바이더에 의해 수행되어질 활동을 규율하는 규정을 유추하여 적용하여야만 한다는 것을 의미한다.

이러한 기초에서, 계약의 자유의 원칙은 서비스를 공급하는 모든 규정에 적용되어, 당사자들은 권리와 의무, 뿐만 아니라 그들의 관계를 규율하는 입법(규정)을 자유롭게 설정한다. 그러나 이러한 상황이 여의치 않을 경우 당사자들은 종종 계약(즉, 국내, 국제 또는 복수 재판관할의)의 범위와 무관하게, 항상 강행규정(구속력이 있는 규정) 으로서 그들의 관계에 적용될 법을 합의한다. 정형적인 사례는 조세와 고용(노동) 문제의 규정과 관련한 계약조항이다.

이러한 상황에서, 복수 재판관할 관계라고 가정하면, 이상적인 구조는 당사자들이 기본 규정들과 지도원칙을 설정하는 프레임웍(framework) 계약에 합의하고, 나중에 서비스가 수행되는 각 나라의 로컬 계약에 의하여 발전되고 수정되는 것일 것 이다.[15] 주어진 상황의 특정상황이 권장하지 못할 만한 것이지 않는 한 이러한 접근은 채택될 것이다. 나아가, 제안된 구조(기본 틀 합의와 로컬 계약)는 컨트롤의 실행을 촉진하고 용이하게 할 것이다.

6) 물류활동을 발달시키기 위한 일반적 요구사항

위에서 언급한 상황에 따라, 3PL 프로바이더 또는 물류 오퍼레이터는 제3자에게 전문적으로 오로지 물류 서비스만을 공급하는 개별 주체(individual)일 것이다.

위에서 지적한 것처럼, 유럽시장의 법제 내에서는 3PL 프로바이더나 물류 오퍼레이터의 일반적인 규정 또는 법적 정의가 없다; 나아가, 모든 경향은 물류시장 보다는 전체적으로 운송시장에 보다 많은 입법 주도권이 집중되는 것이다.

그럼에도 불구하고, 어떤 EU 국내규정에서 물류 또는 물류 오퍼레이터에 대한 약간 정의를 여전히 찾을 수 있다. 예를 들어, 스페인에서, 명확히 '물류

---

15) 그러나, 이러한 구조를 사용하는 대신, 당사자들이 서비스가 제공될 각 나라에 대한 개별적인 계약을 체결하는 것으로 한정하는 것이 매우 일반적이다. 이것은 종종 거의 사용되지 않는다는 것을 입증하는 것이고, 덧붙여, 그것은 서비스가 정확하게 수행되는 것에 불리하고 심지어는 심각하게 방해할 수도 있다. 만일 서비스가 밀접한 연관이 있고 완전히 독립적인 요소라면, 이것은 개별적인 계약이 오퍼레이터들 사이에서 정보의 흐름의 부족 또는 완전한 단절을 초래할 수 있다는 사실로부터 발생한다. 이것은 결과적으로 조직적이 아닌 서비스와, 궁극적으로 서비스와 제품에 대한 완전한 통제의 상실을 발생시킬 수 있는데, 왜냐하면 각 오퍼레이터는 자신의 영역을 취급하는 것만으로 자신을 한정시키고 그들을 다른 오퍼레이터와 자신을 연관시키지 않고, 자신을 제3자라고 간주하기 때문이다. 이는 다양한 나라에서 선발된 오퍼레이터들이 동일한 협력 조직을 형성하지 않을 때 특별하게 중요하다(주요 오퍼레이터가 몇 나라에서 대표되지 않았기 때문이거나, 클라이언트의 선택 또는 요구에 의한 것이었기 때문이든지 간에). 이 경우 클라이언트는 각 오퍼레이터와의 개별적인 개별 계약을 준비하는데 부가적인 관심과 주의를 기울여야 한다.

오퍼레이터(logistics operator)'라고 언급하지는 않지만 '창고 소유자-디스트리뷰터(warehouse owner-distributor)'라고 언급하는 육상운송법제에서 간접적인 정의[16]를 찾을 수 있다:[17]

보관-디스트리뷰션(storage-distribution) 회사는 외부 상품 또는 재화를 받아 그들의 창고 또는 부지에 보관하는 개인이거나 법인이다. 그와 관련하여 그들은 보관, 적재의 개통(opening of loads) 그리고 필요할지도 모르는 다른 보충적인 기능을 수행하고, 보관 당사자의 지시에 따라 위와 같은 일의 분배를 수행하거나 관리한다.

또한, 포르투갈에서는, 운송주선인(freight forwarder)의 정의는 물류의 활동에 대한 특별한 언급을 포함한다. 법은 운송주선인의 활동은 물류적, 기능적 서비스를 포함한다고 규정 한다:[18] '주선활동은 탐사, 영수, 창고 그리고 상품의 분배…와 관련된 계획, 모니터링, 상호협력 그리고 매니지먼트를 포함하는 물류적, 기능적 서비스를 수행하는 것으로 이루어져 있다'

종합하여, 거의 모든 유럽국가에서는 위에서 언급한 주체들(운송주선인, 창고 소유자-디스트리뷰터 또는 운송회사) 중 하나에 의하여 수행되어지는 모든 활동은 사전 행정인증을 받아야 된다는 점에 대해 합의하고 있다. 이러

16) 여기에서 스페인 상법 편찬 협회(AECOC, in Spain the Asociación Española de Codificación Comercial)와 같은 기구에 의하여 수행되는 활동이 가능한 범위까지 언급된 규정의 부재를 보충하는 경향이 있다는 사실을 강조하는 것은 중요하다. 이러한 관점에서, 동일한 것에 대한 계약적 언급을 통해 그들의 의무를 정의하는 것에 관한 한 여러 상황에서 당사자들이 의지할 수 있는 장치를 구성하는 -아무런 법적인 규정의 형태를 구성하지는 아니하지만 - 이른바 AECOC의 로지스틱스에 대한 권고(ARL)를 언급할 가치가 있다. 영국에서는 일반적인 용어와 조건을 실행하는 영국 국제 화물운송 협회(BIFA) 또는 도로 화물수송 협회(RHA)를 들 수 있다.

17) 운송 에이전트(*transport agents*) 또는 송하인 에이전트(*forwarding agents*)에 의하여 수행되는 물류활동을 폐기하려는 것은 아니다. 우리의 관점에서, 우리가 그들을 이해하는 대로 로지스틱스 오퍼레이터는 창고-오너-디스트리뷰터 회사의 실체 내에서 보다 더 잘 구현된다. 1987. 7. 30. 법 16호 육상 운송 협정의 섹션 125.1을 보라.

18) 199. 7. 7. 칙령55의 섹션 1.2를 보라.

한 인증은 상품운송 에이전시, 포워딩 에이전트 또는 창고소유자-디스트리뷰터 회사에 관한 요구를 충족시키는 경쟁력 있는 공공기관으로 부터 획득될 수 있다. 이러한 요구사항들은 다음과 같이 요약된다.

1. 물류활동은 유럽 국가에서 활동이 수행되어지는 나라이거나 EU의 다른 멤버국의 국민 또는 제3자 국가의 국민인 개인이나 법인에 의하여서만 수행될 수 있다. 후자의 경우에는, 활동은 국제 조약의 상호성의 원칙에 의하여 수행되어야만 한다.
2. 지원자는 전문적 역량에 관하여 공인된 실적을 담보하여야만 한다.
3. 지원자는 요구되는 재무능력을 갖추어야만 한다. 어떤 나라에서는 품격에 대한 요구가 있다.
4. 인증에 지원하기 위하여서는, 지원자는 가장 최근의 모든 재정, 고용 그리고 회사의 의무를 준수하여야만 한다.
5. 몇몇 나라들에서는, 지원자는 더 나아가 일반적인 보관창고에 있어 규정조건들에 대한 요구사항 뿐 아니라 보건, 안전과 위생 요구사항들을 준수하여만 한다. 지원자는 그들의 사적인 거주지와 구별되는 공중에 개방된 이용 가능한 부지를 보유하여만 한다.
6. 물류활동들은 전적으로 운송과 관련된 것들에 전념되어져야만 하고, 부지의 개통에 관한 법적 규정을 준수하여만 한다. 이러한 부지들은 표면적의 관점에서 적합하여야 하고 활동을 수행하기 위하여 이용 가능한 기술적 자원을 보유하여만 한다. 마지막으로, 지원자는 상품이 보관기간 중에 당할 수 있는 어떠한 손해도 커버하는 보험을 들어야만 한다.

간단히 요약하여, 위에서 언급한 물류활동들은 허가를 받은 사람에 의하여만 수행되어져야 한다고 말할 수 있다. 이러한 허가는 지원서(보통은 표준 인쇄 양식)를 제출하고, 위에서 언급한 요구사항을 준수하는 서면을 담보하는 것에 의하여 얻어질 수 있다.

표 1.1에서 물류활동을 수행하기 위한 몇몇 유럽 국가의 요구사항을 요약한다.

표 1.1 Some European countries' requiements for carrying out logistics

Requiements	Accrediting documentation
Accrediting	
Spain	· Fiscal Identification Number · Deed of incorporation, duly inscribed in the Companies register and as appropriate, · Deed of amendment or extension to the corporate purpose, in order to be able to carry out the activity
France	· Deed of incorporation duly inscribed in the Commercial Registry · Certificate of Professional Capability · Certificate of non-bankruptcy · Certificate of financial capability · Financial balance sheet for the previous two years
Portugal	· By-laws · Deed of incorporation duly inscribed in the Commercial Registry · Police records for managers and managing directors · *Certificate de Insurance* for a third-part insurance policy
Professional Capability	
Spain	Document to confirm possession of a certificate of Professional Capability to carry out the activities of an agency, transport company or *storge company distributor* by the individual who undertakes the effective management of the company, submitting the following Documents: · Certificate of Capability · power of attorney to represent both the availlability of the accounts and the funds of the company in favour the individual who provides the Capability · Document substantiating that such an individual appears among the company workforce as a staff manager and that he is registered with the Social Security system orthat he holds 15% of the share capital of the company

Requiements	Accrediting documentation
France	· Written examination · Diploma · 5 years of professional experience as a director of a company (*enterprise or commissionaire de transport*) or a road transport (*routier*) company
Portugal	· A certificate from the General Directorate of Land Transport(DGTT) stating that a technical director has the professional capacity to carry out forwarding activity and effectively runs the company on a permanent and exclusive basis. The certificate can be obtained by means of a: – Written examination – Providing evidence of 5 years' Professional experience as a director of a forwarding company and passing a specific exam determined by the *juri de exames*(tribunal)
Honourability	
Spain	· A declaration of respinsibility from each of the individuals who effectively run the company on a permanent basis
France	A declaration of respinsibility. Abny of the following: · The nabagers of companies of limited responsibility · The chair of the board if directors, the members if the board of direcotrs and the general manager of public limited companies · The person who assures and the permanent and real activity of the company
Portugal	· A certificate issued by the Criminal Registry (*Certidao do registro criminal*) referring to any and all the directors, managers ir general managers of the company
Economic capability	
Spain	Document justifying the availability of paid-up share capital and reserves of at least 60,000 euros. One of the following Document is to be submitted: · Accounting Documentation of the company · Certificate issued by the secretary of the board of directors or equival body, with the approval of the chairman, relating to the share capital and reserves that appear in the latest official banance sheet

Requiements	Accrediting documentation
France	Availability of own capital or bank guarantee of at least 22,800 euros. The amount of the bank guarantees cannot exceed half of the total amount, I.e. 11,400 euros
Portugal	Document duly registered in the Commercial Registry confirming availability of 50,000 euros
Obligations of a fiscal nature	
Spain	Document confirming that the bearer is up to date with any fiscal obligations, submitting the following documents: · Receipt of payment of the IAE (business activities tax). A new company must provide evidence of the corresponding registration · Certificate from the Spanish Inland Revenue that accredits: – Having filed the annual VAT return and the four most recent quarterly returns. If it is a new company, the corresponding registration must be submitted – Having filed the annual companies tax return and the last three declarations relating to payments on account. A new company must provide evidence of the corresponding registration
France	Not applicable
Portugal	Not applicable

제2장

물류 서비스를 제공하는 계약

: 일반적인 개관

02

물류 서비스를 제공하는 계약 : 일반적인 개관

1. 도입

법률적 관점에서 물류의 개념에 대한 어떠한 논의도 단어의 가장 포괄적인 의미에서, 즉 일련의 극도로 다양한 활동을 통합하는 오퍼레이션으로서, 이 개념을 구체적으로 커버하는 규정의 부재로 귀결된다.

명확하게 '물류(logistics)'라는 용어를 언급하는 규정은 거의 없다. 그러나 물류 활동은 의심할 것 없이 세기의 전환 이래로 산업의 근본적인 기둥들(pillars) 중의 하나 이었다.

특정한 법적 규정의 부재, 3PL 프로바이더가 수행할지도 모르는 활동의 다양성과 물류 오퍼레이션(logistics operation)이 관계하는 다양한 영역과 제품들은 물류 서비스를 위한 선험적인 단일한 모델 계약의 설정을 어렵게 만든다. 그럼에도 불구하고, 전문적인 경험은 계약을 협상할 때 당사자들(고객과 3PL 프로바이더)은 계약의 기술적, 경제적 또는 기능적(operative) 관점에 관련된 문제들을 제외하고는 거의 내용에 관심을 기울이지 않는다는 것을 보여준다. 당사자들의 주된 관심과 의심할 것 없이 어떠한 물류 계약이라도 성공에 이르게 하는 열쇠는 가격의 협상과 3PL 프로바이더가 서비스를 제공할 때 반드시 달성해야하는 이행수준이다. 그럼에도 불구하고, 물류 계약에 더 이상의 것이 존재하고, 앞서의 요소들만으로는 계약기간 동안에 충분히 효율적이거나 문제가 발생하지 않을 것을 보장해 주기에 충분하지 않다. 당사자들은, 비록 이론상으로는 그것이 무엇이든 간에 덜 중요하거나 전혀 중요하지 않게 여겨질 수 있다고 하더라도, 당사자들 사이에 발생하는 분쟁을 해결하는데 있어 큰 도움이 될 것이라고 밝혀질 수도 있는 다른 계약적 규정들에 많은 관심을 보이지 않는다.

이 장의 목적은 우리의 전문적 경험에 기초하여 물류 계약의 기초 내용이 무엇이어야 하는지를 결정하고 분석하는 것이다. 계약으로 들어갈 의향이 있는 당사자들 사이의 협상, 사인된 서류(특별히 의향서)와 그것의 결과를 당사자들이 어떻게 일상적으로 취급하는지를 간단히 분석하는 것으로서 시작할 것이다. 법적, 경제적 관점에서 각 규정들의 내용을 하나씩 연구하고 분석함으로써 계약의 포괄적인 검토를 할 것이다. 마지막으로, 독자들에게 모든 요구(needs)를 충족시키는데 부족하다는 것을 알기는 하지만, 계약을 협상할 때 유용하게 될 것을 희망하는 모델 계약을 제공할 것이다.

2. 계약을 끌어내기 위한 사전 행동들: 의향서

물류 서비스를 공급하는 것을 포함하는 계약의 복잡성의 수준을 입증하고 그 규정이 함축하는 다양한 활동을 염두에 둔다면, 각 서비스를 추구하는 사람은 그들이 커버하기를 원하는 니즈에 맞추기 위하여 계약 취급의 개별화된 양식을 요구할 것이라고 원칙적으로 말할 수 있다.

그들의 서비스를 원하는 사람과 계약을 체결하기를 원하는 3PL 프로바이더는 서비스, 비용과 품질의 면에서 그들의 요구를 충족시키는 방법으로 물류 오퍼레이션을 디자인하기 위하여 그의 고객의 니즈의 관점에서 전문가이어야만 한다. 사실, 물류를 정의하는 것은 바로 이러한 요구들을 충족시키는 것이다.

물류 요구들(logistical requirement)의 숫자와 중요성은 확정적인 계약을 체결하기에 앞서 협상 프로세스의 기간과 복잡성을 결정할 것이다. 협상 프로세스 동안에 양 당사자들은 계약이 최종적으로 될 때 결론지어져야 할 가장 중요한 기초들을 설정할 것이다.

그러므로, 미래의 계약적 관계를 명확히 하기 위하여, 특별히 일정한 정도의 복잡성(즉, 물류를 찾는 회사의 자산의 획득, 창고의 건축)을 갖는 물류 계약에서, 당사자들은 종종 계약에 앞서 소위 의향서(*letter of intent*)[19]를 체결한다.

의향서는 일반적으로 서로를 구속하지 아니하면서, 당사자들이 계약에 들어가거나 결론짓기를 원하는 바를 설정하는 서류로 정의된다. 그러나 이는, 어떠한 기준에 의하더라도, 부정확하고 용어의 자구적 해석에 전적으로 기초한 정의이어서, 많은 경우에 실제적 내용과 상반된다.[20]

여기에서 당사자들에 의하여 설정된 조건들의 의무적인 성격, 나아가 구속력은 당사자들이 의향서(the letter of intent)에서 승인하기를 원하는 내용과 범위에 달려 있을 것이다.

위에서 말한 것처럼, 실무에서 종종 공통적으로 일어나는 것은 의향서는 특정한 상황과 조건의 기초 위에서, 추가적 협상을 통하여 보다 가시화된다면 확정적인 계약이 서명될 수도 있다는 의도를 가지고 협상하고자 하는 당사자들의 희망을 단지 반영한다.

그러므로, 의향서는 i) 협상이 성공적으로 되기 위하여서는 의향서에서 설정되어진 조건들은 수정되어 질 수 없다는 명확한 가정 하에서, 달리 말하면

19) '의향서(letter of intent)'의 다른 명칭(즉, 신사협정, 'gentlemen's agreement' 등)은 프랑스의 *protocol d'accord*, 이탈리아의 *letter di intenti* 또는 *acordo di principio* 그리고 독일의 *Absichterkl rung*이다.

20) 의향서의 주요 특징은 양쪽의 국내적인 규정 뿐 아니라 관습적인 또는 관례적인 규정과 같은 것이 부족한 상태에서, 거래자의 일상적인 실무로부터 기인한다는 것이다.

계약이 사인된다면 의향서에서 설정된 합의는 그 계약에 반영되어야만 한다는, 미래에 확정적인 계약으로 결론짓는다는 어떠한 확고한 약속 없이 당사자들이 당시까지 합의한 바를 기재하는 것으로 스스로 제한한 단순한 서류,[21] 다른 한편으로는 ii) 권위 있는 약속 달리 말하면 확정적인 계약을 체결하기 위한 사전계약[22] 일 수 있다.

물류 서비스를 제공하는 계약은 문서로 작성되어야 할 필요가 없기 때문에, 의향서가 어떤 방식으로도 물류 서비스를 제공하는 계약을 체결하기 위한 필수적 요구가 아니라는 것은 명확하다. 결과적으로, 당사자들은 이것이 필요하다고 여기지 않는다면 이러한 문서를 만들 필요가 없다.

3. 물류 서비스를 제공하는 계약의 일반적 전제

물류 서비스를 공급하는 계약을 구체적으로 특징짓는 한 측면은 3PL 프로바이더와 고객과의 협력이다. 만일 일방이 이 관점을 무시한다면, 물류 서비스의 하도급과 결과적으로 양 당사자들을 구속하는 계약적 관계를 이해하기 어렵다.

양 당사자들 사이에 협력과 상호 지원이 필수적이라는 사실에서부터, 계약 내용의 가장 기본적인 측면이 무엇이 되어야 할지를 이끌어내는 것은 쉽다.

---

21) 원칙적으로 의향서가 당사자들을 구속하지 않는 것으로 간주되는 것으로 이해되고, 단순히 선언적인 효과를 가질 때 적어도 다음 요구사항을 충족시켜야 한다: (1) 계약 의무의 본질적이고 구성적인 요소를 결여하여야 한다. 그리고 (2) 그것은 출발점으로 형성되어야만 하고, 사인되고 체결되고 난 후에 당사자들은 계약의 본질적인 요소에 대한 협상을 계속하는 것이 필요하다. 실제에 있어서, 이러한 2가지의 요구사항 뿐 아니라 구속력을 부정하는 계약조항 또는 명시적인 조항이 종종 포함되는데, 이러한 방식으로 실질적인 내용으로부터 어느 한 당사자에 의하여 초래될 수 있는 구속력 있는 계약적 또는 사전 계약적인 의무에 대한 일체의 위험을 배제시킨다.

22) 이전 설명에 대비하여, 의향서는 다음 요소들이 존재할 때 사전 계약의 성질을 갖는다고 이해될 수 있다; (i) 장래의 계약에 서명하여야만 하도록 당사자들의 의사가 완벽하게 그 내용에 반영되어 있을 때 그리고 (ii) 장래의 계약에 대한 본질적인 요소가 완벽하게 결정되어 있을 때.

3PL 프로바이더와 고객은 대립하는 당사자가 아닌 동일한 합작(venture)에서 '파트너들(partners)'이거나, P. Budgen(1999)에 의하여 표현되어진 것처럼, 물류 서비스를 공급하는 계약은 3PL 프로바이더와 고객 사이의 ' 사회(society)' 또는 '협회(association)'를 함축한다. 그러므로 물류 계약은 서명한 당사자들에게 '파트너십(partnership)'과 유사한 중요한 어떤 지점(point)에 도달할 것이다.

그러므로, 물류 서비스를 공급하는 계약은, 양 당사자들에 의하여 오퍼레이션을 통하여 앞으로의 일에 대하여 책임을 지는 사람(계약에 대하여 책임을 지는 사람)의 지정하는 규정들{ '대표자들(representative)'에 관한 규정이라고 불리는}을 포함해야 하는데, 그 사람은 업무와 관련한 매일의 오퍼레이션에 대해 결정적이고도 구속력 있는 권한을 가질 것이고 또한 정기 또는 특별 미팅에서 계약활동의 진전을 분석하고 평가하며 물류 오퍼레이션에서 발생할 수 있는 어떤 작은 문제 또는 어려움(소송, 조달 또는 재고, 행정 등)이라도 해결하는 일방 또는 양쪽 당사자의 대표자들로 구성되는 *계약 모니터링 위원회*를 형성하는데 있어서도 결정적이고도 구속력 있는 권한을 가질 것이다. 이는 일반적이고 어느 정도까지는 확실히 권장할 만한 내용이다.

4. 물류 서비스를 공급하는 계약의 내용

전에 언급한 것처럼, 각 물류 계약은 맞춤형(tailor-made)이어서, 표준 계약 양식(form)을 만드는 것이 어렵다. 그러나 물류 서비스를 공급하는 어떠한 계약도 최소한의 내용을 포함하여야 하는데, 그것은 물론 당사자들에 의하여 도달한 합의 또는 고객에 의하여 요구되고 3PL 프로바이더에 의하여 공급되는 서비스나 활동에 따른 다양한 변화에 부응하여야 한다.

이러한 이유로 일반적이고 표준적인 계약의 양식이 존재하지 않는다는 평가에도 불구하고, 다음 섹션에서, 우리의 관점에서 물류 계약에서 언제나 등장해야 하는 계약의 내용을 결정하고 분석하려고 할 것이다. 이러한 계약의 포괄적인 검토에 덧붙여 독자에게 부록 2.에서 모델 계약서를 제공할 것이다. 최종적으로, 부록 4.는 유럽의 물류 계약에서의 물류 계약의 구조와 주요 규정의 사용 비율을 보여준다(Jané, 2005).

1) 계약의 범위

3PL 서비스의 범위를 정의할 때, 이러한 서비스들의 공급과 관계가 있는 모든 가정, 보증 또는 제한들을 특정해내는 것이 중요하다. 계약의 범위는 3PL이 제고할 서비스가 무엇인가, 어디에서 언제 그리고 어떻게 3PL이 이러한 서비스를 제공할 것인가 라는 질문에 대한 답변을 제공할 것이다. 그러므로 가능한 한 엄밀하게 정의하는 것이 필수적이다.

- 3PL 프로바이더에 의해 제공되는 물류활동이 취급하는 고객의 제품
- 제품의 집화와 인도 지점(delivery point) 그리고 지리적 위치(즉, 지방, 지역, 그리고 국내 또는 국제 배송인지 여부)

2) 물류 플랫폼(기반)

우리가 이해하는 물류 활동은, 그것이 창고 또는 공지, 터미널 등 이건 간에 또한 법에 의하여 인정되는 어떠한 형태라도(소유, 임대차, 사용허가 등) 3PL 프로바이더가 이용하는 플랫폼(platform)을 중심으로 돌아간다.

이러한 플랫폼을 제공하는 사람 또는 주체는 3PL 프로바이더가 플랫폼을 제공하는 물류 서비스의 '사외(out of house)' 공급과 고객에 의하여 제공된 시설에서 물류 서비스가 수행되는 '사내(in-house)' 공급을 구별하여 계약에 반드시 반영되어져야 한다.

그러므로 플랫폼에 관한 합의는 극히 다양할 수 있다:

- 물류 활동이 수행되는 플랫폼은 고객의 자산일 수 있다. 그 경우 합의된

바에 의해서 3PL 프로바이더는, 예를 들어 고객으로부터 임차할 수도 있고, 일시 사용 임차(precarious tenant)할 수도 있으며, 매매에 의하여 획득할 수도 있거나 또는 단순히 그곳에서 활동을 수행하도록 허가받을 수도 있다.

- 또는 플랫폼은 3PL 프로바이더가 소유자이거나 임차, 사용허가, 용익권 또는 사용할 수 있는 기타 권리를 가지고 있어 그에게 속해 있을 수도 있다.
- 고객의 니즈를 반영하여 건축되거나 구입되어져야만 할 수도 있다. 이 경우, 그것은 중요한 투자를 나타내기 때문에 어떠한 조건이나 상태 등 하에서 누가 건축할 것인가, 그리고 누가 소유자가 될 것인가를 특정 하는 것이 중요하다.

어떠한 경우에도, 플랫폼은 적합하여야 하고 3PL 프로바이더로부터 의뢰받은 제품을 보관하고 취급하는데 필요한 요구사항을 충족시켜야만 한다. 이러한 이유로, 모두가 큰 빌딩이나 창고를 가지고 있지 아니하거나 그들이 모두 같은 장비를 가지고 있지 않다는 - 예를 들어 선반은 어떤 제품의 물류 활동을 위하여서는 필수적이지만 다른 제품을 위하여서는 아니다 - 의미에서 모든 플랫폼이 같은 것은 아니다. 예를 들어, 팔레트, 컨테이너, 운송수단, 대량화물, 가스 또는 액체 제품들은 다른 조건들과 보관 수단들이 요구된다.

비슷하게, 활동을 수행하는데 요구되는 행정적 허가에 덧붙여 관리되는 제품(약품, 위험물, 소비재; goods destined for consumption [23] 등)에 따라 다른 타입의 허가를 얻어야 하거나 특정한 요구사항을 수행하여야 할 수도 있다.

분명하게, 이 모든 것은 단지 중요한 기술적 활동 뿐 아니라 법적 성격의 활동도 함축한다. 그러나 진실은 플랫폼은 어떤 물류 활동에 있어서도 그 중추를 형성한다는 것이다.

---

23) 예를 들어, 의료-기술적인 규정에 의하여 규율되는, 일반적인 그리고 식품 제품을 위하여 예정되어 있는 냉동 창고에 의하여 충족되어야져만 하는 요구 조건들을 보라.

3) 독점성

계약에서, 당사자들은 물류 서비스를 공급하기로 한 계약에서 언급된 제품과 이러한 서비스가 공급되어져야만 하는 지역적 범위에 한정하여 3PL 프로바이더나 고객 또는 양 당사자들의 독점성을 명기할 수 있다.

독점성의 합의는 당사자들에게 2중의 '위험'을 수반할 수 있다는 것을 지적하는 것은 중요하다. 한편으로는 3PL 프로바이더에게는 경쟁자를 상대하지 않고 비록 다양하지만 이론적으로는 안정적이라고 할 수 있는 보수를 얻으면서 정해진 지역적 범위 내에서 계약에 의하여 정해진 제품이 전적으로 그들에 의하여 공급될 것이라는 것이 보장되어 있는 반면에, 동시에 그들이 위치한 동일한 일반적인 영역에서 같은 제품으로 새로운 고객을 끌어들이는 가능성을 - 그들의 전문분야라는 이해 위에서- 제한한다. 그 결과, 확장 가능성과 수입은 크게 줄어들어 그들로 하여금 다른 분야를 찾는데 집중하게 한다.

고객의 입장에서는, 제공된 돈의 가치로 선택한 3PL 프로바이더에게 의지하는 것이 가능한 장점이 있어, 이론적으로는 그들의 경쟁자들을 넘어서는 장점을 제공한다. 그러나 매우 경쟁적인 시장에서 경쟁력의 부재를 초래하는 불이익과 함께 이 3PL 프로바이더에게 독점적으로 구속될 것이다.

앞서 언급한 것처럼, 독점성의 합의는 특정 제품, 지역, 지정주체, 특정 계약 활동으로 한정될 수 있다. 이러한 의미에서, 모든 경우에 있어, 필수적이라고 여겨지는 그러한 의무에 대해서만 독점성을 한정하는 것이 좋을 것이다. 예를 들어 운송의 경우 이러한 독점성이 없는 것이 논리적인데, 이는 제3자 화물적재차량(third party loads)이 돌아올 때 빈차로 오지 않고 별도 운송을 통해 비용절감을 할 수 있기 때문이다.

어떠한 경우에도 당사자들은, 독점성이 존재하건 아니건 간에, 비즈니스의 개별분야에 있어 각 당사자들에 의하여 발전된 기술, 절차, 노하우들에 대하여 경쟁자들이 접근하지 못하게 하는 것을 확실하게 하는, 후에 논의하게 될 비밀 준수(confidentiality)의 합의를 따라야만 한다.

4) 3PL 프로바이더의 의무 : 약속된 서비스

4.1 서비스와 요구사항

물류 활동의 복잡성과 다양성은 기본적으로 3PL 프로바이더가 물류 서비스를 제공하는 계약으로 수행하여야 할 오퍼레이션의 다양성으로 반영된다.

3PL 프로바이더가 운송, 상품의 유통(distribution of merchandise), 보관, 화물분리 작업(load-splitting operation), 취급(handling), 행정, 재고관리(수많은 제품, 등급, 참조 등의, 그리고 그것의 상태, 지속기간과 만기일 등의), 주문의 준비와 재고 등의 활동을 수행한다고 하였을 때, 이미 이것들의 약간 - 아주 약간-을 언급하였다.

사실은 물류 서비스를 제공하는 것은 일반적으로 3PL 프로바이더가, 결합하여 물류 활동이라고 정의되는, 다음 태스크와 서비스를 상정하는 것을 보통 의미 한다:[24)]

(a) 고객의 공장과 창고에서 제품과 상품의 수령 '적재구획에서(at loading bay)'의 경우 차량에 적재와 포장은 3PL 프로바이더의 책임이고, '차량에서(at vehicle)'의 경우 적재는 고객의 책임이다.

(b) 공장에서 3PL 프로바이더의 플랫폼까지의 운송 또는 경우에 따라 고객에 의하여 3PL 프로바이더의 창고까지 배달된 제품의 수령 '차량에서(at vehicle)'의 경우 3PL 프로바이더가 하역을 수행하고, 보다 적은 경우인 '적재구획에서(at loading bay)'의 경우 고객은 3PL 프로바이더가 상품을 받은 후 하역을 수행한다. 계약이 수령의 순간(고객의 시설에서, 3PL 프로바이더의 시설에서, 차량에서, 적재구획에서 등)의 정확한 한계 결정을 포함하는 것은 필수적이고, 이것은 3PL 프로바이

---

24) 개별적으로 간주되는, 각 활동은 작업이나 서비스의 임차, 운송, 보관, 대리, 지명(appointment) 등의 전형적인 활동에 그치지 않는다. 그것은 그들의 개별적인 그리고 각 모든 활동에 대하여 '물류'서비스라는 자격을 부여하는 전체로서의 공급이다.

더가 상품의 보관을 상정하고 결과적으로 3PL 프로바이더의 책임을 시작하는 점을 나타낼 것이다.[25)]

이러한 의미에서 계약에 정확하게 반영되어야만 하는 몇 개의 측면이 있는데, 그들 가운데:

• 플랫폼까지의 배달 시간과, 적절하다면, 보관을 위한 발송의 통지
• 제품을 수령하는 적재 단위(예를 들어 팔레트, 컨테이너, 박스)
• 수령한 짐과 적재단위의 해체 수행(operation)
• 보관을 위한 수령한 제품의 수령 시의 상태, 수량, 품질 등의 확인(checking), 적절하다면, 배달인수증에 그 상세를 기재하고 고객에게 통지하는 것

(c) 플랫폼에서 수령한 상품의 보관과 예치가, 특정한 구역의 어떠한 숫자 또는 선반 공간 등 플랫폼에서의 상품의 위치를 의미하는, 계약되었을 수도 있다. 어떠한 경우에도, 3PL 프로바이더는 양 당사자를 위하여 긍정적인 경제적 효과가 있을 플랫폼에서 이용 가능한 공간을 최적화하려고 해야만 한다.

제품의 본질에 따라, 특정한 보관 룰과 관행이 준수되어져야만 할 것이다.예를 들어, 상시 일정한 온도의 모니터링이 요구되는 냉장실에서의 보관은 일반적 상품의 보관과 동일하지 않다.

(d) 재고 관리, 당사자들 사이에서 합의된 기간에 재고를 가지고 있는 것 뿐 아니라 보관된 상품에 관계된 일련의 기타 활동들을 의미하는데, 이는 제품 수령의 확인, 사고의 통지의 제공, 제품 상태의 담보, 입출고되는 제품의 모니터링 등을 포함하며, 그리하여 3PL 프로바이더는 언제든 이용 가능한 상품, 재배치의 필요성, 상품의 상태 등을 결정할 수 있다.

(e) 주문을 준비하거나 '피킹(picking)'은 3PL 프로바이더에 의하여 수행되

25) 책임의 원칙 덕분에, 그 원칙과 상응하여 번복 가능한 추정책임(*ex recepto*)이 대부분의 준거법 국내법 규정과 국제적 협약에 설정되어 있다.

어 지는 주요 물류 활동들 중의 하나이다. 계약은 제품의 순환 시스템(LIFO, FIFO 등)을 결정하여야 하는데, 이는 기본적으로 그들의 본질(즉, 고속회전 또는 저속회전 제품인지)에 달려 있을 것이다.

또한, 일반적으로 제품을 준비하는 것은 포장 심지어 제품에 레벨 작업하기, 상응한 송장이나 배달인수증 만들기 등을 포함한다.

(f) 주문을 인도 지점(delivery point, 정상적으로 물류 고객 조직의 고객 또는 공급의 경우에는 실제 제조 공장)까지 배달하기(distributing). 이것은 먼저 주문을 위치시키고 운송 수단에 적재하는 것을 요구한다. 배달기간, 각 포인트에서의 배달시간(목적지에서의 변함없이 불편한 기다림을 피하기 위하여), 최종 수하인이 제기할 모든 클레임의 방식과 시간 프레임, 수하인에 의한 상품의 거절의 경우에 따르게 될 절차 등을 정의하는 것이 필요하다.

물류 서비스의 공급에는 무한한 가능성이 있다. 예를 들어, 3PL 프로바이더는 고객을 위하여 다음과 같은 기타 서비스를 제공할 수도 있다:

- 선반 보관(shelf-stocking) 또는 상품화 계획
- 상품의 타입에 따라 필요한 서류 준비
- 판매를 위한 제품의 상표부착(labeling)과 포장(packing)
- 상품의 통관 준비
- 모든 클레임 절차
- 역 물류(reverse logistics)
- 손상된 상품의 보수
- 제품의 생산공정에 참여
- 기타 서비스

당사자들 사이에서 규정되는 범위와 다양한 측면으로 인해, 종종 상당수의 서비스 관련 조항들은 오퍼레이션의 매뉴얼 또는 절차에 관한 부속문서를 추가함으로써 규정된다.[26)]

3PL 프로바이더와 서비스의 고객 사이에서, 어떤 물류 프로세스와 시스템이 이용되는지와 무관하게, 수행되는 각 활동은 밀접한 협력과 협동 그리고 의심할 것 없이 정보의 끊임없는 흐름을 요구한다.

창고 자체를 관리(manage)하는 수단으로서 뿐 아니라, 계약이 정확하고도 최적의 실무에 -상품의 수령의 통지, 주문을 준비할 것을 요구, 사건의 통지 등- 투입될 물류 서비스를 제공하기 위하여, 당사자들 사이에서 존재하여야만 하는 정보의 끊임없는 흐름을 가능하게 하는 것을 통하여, 정보기술에 의하여 행하여지는 필수적인 역할을 여기에서 강조하는 것을 잊어서는 안 된다.

---

26) 가이드로서, 예를 들어, 오퍼레이션의 설명서는 다음 상황들을 언급할 수 있다:

(i) *플랫폼에서 3PL 프로바이더에 대한 인도 국면* : 상품의 인도에 관한 정보; 상품의 인도의 순간(작업일수, 인도 기한 등; 하역 구간의 결정; 상품의 하역에 대한 책임자(차량에서 인도, 하역 구간에서 인도 등); 적절하다면, 상품의 인도에 대하여 사인된 배달인수증(다음이 포함되어야 하는 상품에 관한 상세: 팔렛, 박스의 개수, 박스의 내용 등); 적절하다면, 새로운 상품을 위치시키기 위하여 준비된 플랫폼을 갖기 위한 매일(每日)의 용량에 관한 정보; 인도된 상품의 포장(박스, 팔렛 등); 등

(ii) *플랫폼에서 보관 국면* : 3PL 프로바이더에 의하여 수행될 오퍼레이션(팔렛이 혼재되어야 하는지, 개방되어야 하는지 그리고 박스의 내용물이 처리되어야 하는지 여부 등); 3PL 프로바이더가 고객에게 인도된 상품 또는 박스에 대한 일체의 부족 또는 손상을 알려야 할 기간; 플랫폼에서의 상품의 위치(선반 공간에서의 위치 등); 주문의 준비를 요청하는 방법(IT 시스템에 의할 것인지 여부 등); 주문 준비에 대한 요청(일자와 시간) 그리고 분배되어야 할 제품의 식별(특정한 시간 이전의 영수, 작업일수 기간 중, 등); 3PL 프로바이더가 박스를 개봉하여야 하는지, 그리고 주문을 준비하는데 있어 사용되어야 할 포장을 결정하여야 하는지 여부; 주문을 준비하는 기간; 등

(iii) *수하인에 대한 인도 이전(sub-frontloading) 국면* : 운송 기간(목적지, 수량 등에 따라서); 목적지에서의 인도 기한(일자와 시간); 인도에 있어서 일체의 지연에 대한 책임; 목적지에서 하역에 대하여 누가 책임을 지는지; 3PL 프로바이더의 배달인수증(포장, 상품의 식별 등); 수하인이 박스나 상품의 일체의 수량부족 또는 손상을 3PL 프로바이더에게 청구할 수 있는 기간; 수하인에 의하여 부당하게 수령거절 된 경우 고객에게 통지하는 기간과 방법; 등

4.2 서비스 수준 합의

3PL 프로바이더의 의무는 특정한 서비스 수준을 충족시키기 위한 범위, 플랫폼과 오퍼레이팅 요구의 관점에서 앞서 묘사한 고객에 대한 물류 서비스를 제공하는 것이다. 그러므로 계약과 함께 부록 또는 특정한 규정으로, 고객은 기대요구를 관리하고 3PL 프로바이더에 의하여 수행된 서비스 의무가 제대로 이행되었는지 여부를 체크하고 검토하는 메커니즘을 도입하는 것을 종종 선택한다. 이것이 일반적으로 *서비스 수준 합의*(*Service level agreement*, SLA)라고 불린다.

서비스 수준 합의들(SLAs)은 당사자들 사이에서 상호적으로 합의되고, 보통 서비스의 타입에 따라 질적인 물류 서비스 명세를 언급한다. 그러므로 양 당사자는 핵심 성과 지수(key performance index, KPIs)의 리스트의 합의에 도달하는데, 그들의 상응하는 목표와 한계와 함께 물류 서비스의 변수들을 의미한다.

SLA의 실행을 위하여, 고객은 최악의 경우의 시나리오에 대하여 자신을 방어하기 위하여 주로 서비스, 우선순위 그리고 3PL 프로바이더의 책임에 관한 공통의 이해를 탐색한다. 한 연구가는 SLA는 서비스의 수준을 보장하는 것이 아니고 일이 잘못되면 반아야 할 보상을 제공하는 보험 증서에 지나지 않는다고 지적했다.

그러나, 많은 경우 당사자들은 상세한 부분에 세밀한 주의를 기울이지 않는다. 그래서 어느 한 당사자가 다른 일방에게 그의 표준 합의를 강요하려고 하는 것이 아주 보통이다. 이러한 일반적인 실무관행은 피하여야 하고, 수행되어야 할 특정한 비즈니스와 서비스에 적합한 SLA를 발달시키기 위하여 필요한 모든 시간과 노력을 기울여야 할 것이다.

그럼에도 불구하고, 효율적으로 하기 위하여 SLA에서 언제나 발견될 수 있는 일정한 기초적인 요소가 있는데, 다시 말하면 서비스와 매니지먼트 모두에 관련된 2쌍의 기초적인 요소가 포함되어야만 한다.

서비스 요소는 다음과 같은 정보를 전달함으로써 서비스를 명확하게 한다:

• 제공된 서비스(그리고 아마 제공되지 않는 특정한 서비스)
• 서비스의 획득가능성에 대한 조건
• 서비스가 제공되는 타임 프레임 같은 서비스 표준
• 양 당사자의 책임
• 비용과 서비스의 교환(trade-offs)
• 단계적 확대 절차
• 반복되는 실패에 대하여 이행되는 방어와 보상

매니지먼트 요소는 다음과 같은 이슈에 집중한다.

• 서비스 효율 추적
• 서비스 효율에 대한 정보 보고 및 언급(addressing)
• 서비스에 관계된 모든 불일치의 해결
• 합의를 검토하고 수정

위에서 언급한 요소를 반영하는 것과는 별도로 일이 잘못되었을 때 보상을 제공하는 보험정책으로서 SLA를 바라볼 때 합의는 3PL 프로바이더가 정의된 SLAs를 충족시키지 못한 결과를 예측하여야 한다. 어떤 KPI가 수용할 수 있는 최저점에 이르지 못하였다는 것을 의미하는, SLA가 충족되지 못할 때마다 제재가 적용될 수도 있다. 합의의 주요 목표에 따라, 제재는 품질, 배달, 물품 공급, 재고 관리 등의 KPIs와 관계될 수 있다. 제재는 보통 수입에 대한 퍼센티지로서 계산되는데, 그 퍼센티지는 실제 KPI가 최저로 획득 가능한 한계와 어떻게 비교되는지에 따라 변동하는 값을 갖는다. 빈도의 관점에서 제재는 모든 계약 기간 내 가장 일반적으로는 월별 또는 분기별로 계산될 수 있는데, 계산 기간이 길어질수록 평균값은 단기의 저조한 실적을 흡수할 수 있기 때문에 제재의 양에 대한 충격은 더 부드러워진다.

제재에 덧붙여, 다른 합의는 이른바 보상 또는 상여를 포함할 수 있다. 보상은 보통 제재와 같은 원리를 갖고 있지만, 3PL 프로바이더가 어떤 SLAs가 주어진 KPI에 대한 최고로 합의된 목표를 넘어서도록 하는데 이익이 된다는 유일한 차이가 있다.

제재와 보상을 다 포함하는 계약은 보통 할인/할증(*bonus/malus*) 계약이라고 불린다.

5) 고객의 의무: 대금 지불

고객이 3PL 프로바이더에게 대가를 지불함에 있어, 인수한 서비스의 제공에 대하여 보수를 제공하는 것은 고객의 가장 중요한 의무이다.

대부분의 계약에 있어서처럼, 당사자들은 자유롭게 가격을 규정할 수 있다. 그러나 물류 서비스를 공급하는 계약의 모든 복잡성은 -때때로 주도적 가격을 결정하지 못하도록 하는- 물류 계약에 독점적인 것은 아니지만 물류 서비스의 공급에 적합한 특정 지불 시스템을 만들어 냈다.

아웃소싱 된 물류 계약에 2가지 주요 보수 시스템이 있는데, 고정보수 시스템과 변동보수 시스템이다. 각 보수 시스템은 서로 다른 가격 결정 모델에 근거할 수 있는데, 다음과 같이 설명될 수 있다. 게다가, 선택된 가격 결정 모델과 결합하여 사용될 수 있는 상호보완적인 실무관행으로서 '이익 공유(gain sharing)'를 논의할 것이다.

5.1 고정보수 시스템

고정보수 시스템은 가장 대중적이고 광범위한 보수 시스템으로, 고객 기업은 3PL 프로바이더에게 제공된 물류 서비스에 대하여 고정된 금액을 지불한다. 이 보수 시스템은 양 당사자들에 의하여 동의된 가격 결정 모델과 일치하여 적용된다: 거래 가격(transactional pricing) 또는 활동 기반 비용(activity-based costing).

(1) 거래 가격 결정 또는 단위 가격 결정

거래 가격 결정 모델에 있어서 지불하여야 할 고정 금액은 계약적으로 합의된 가격 또는 단위 작업별 고정수수료를 적용하여 계산된다. 단위 작업은 다른 방식으로 계약적으로 정의될 수 있다: 적재된 팔레트 또는 박스의 숫자, 취급한 레퍼런스 또는 케이스들의 숫자, 관리된 상품의 무게 또는 창고에서 사용된 공간 면적(선반들, 선반 공간, 평방미터 또는 세제곱미터 등), 또는 준비된 주문의 숫자 등이 될 수 있다. 전체적으로, 그것은 또한 3PL 프로바이더로 부터 계약된 서비스의 기능에 달려 있는데, 보관, 재고의 매니지먼트, 운송, 피킹(picking) 등이 될 수 있다.

한편으로 단위 가격 결정 구조는 설계하고 이행하기가 쉽다; 다른 3PL 프로바이더는 위험을 최소화하고, 그들의 고정비용이 커버되도록 보장받기 위하여 그들의 단위 가격을 과대평가하는 경향이 있다.

(2) 활동 기반 원가 결정

활동 기반 원가 결정 모델에서 고객 기업은 모든 임차, 장비, 선반 적재(racking)와 매니지먼트를 포함하여 3PL 프로바이더의 고정비용을 커버하는 고정 수수료를 지급할 것을 동의한다. 그들은 또한 위에서 설명한 단위 가격 결정 방법에 근거하여 계산되는 인력, 연료와 장비 유지와 같은 변동비용을 커버하는 수수료를 스스로 감당한다. 활동 기반 원가 결정 모델에 기초한 고정보수 시스템은 보다 엄밀하게 제공된 서비스와 발생한 비용을 반영하고, 3PL 프로바이더는 그들의 고정비용에서 발생하는 손실에 대하여 자신을 보호하는 단위 가격을 증가시킬 필요가 없다.

두 당사자가 동의하는 가격모델에 관계없이, 고정보수 시스템은 보통 수정조항의 적용을 받게 되는데, 수정조항은 일반적으로 연간빈도수를 갖고, 소매가격 지수(retail price index)를 참조한다.

5.2 변동보수 시스템

3PL 프로바이더에 대한 지불이 고정금액의 지불을 포함하지 않는다면, 원가가산(cost-plus) 가격결정(pricing) 개념을 논할 수 있다.

(1) 원가 가산 가격 결정

원가가산 가격결정은, 또한 오픈 북(open book)이라고 알려진, 상호 동의한 가격 인상과 한계 이윤에 더하여 3PL 프로바이더가 물류 서비스를 제공함에 따라 발생하는 실제적 비용에 발생한 수수료로 이루어진 보수 시스템이다. 원가가산 가격결정 시스템과 함께, 오픈 북 개념은 고객 기업이 계약 장부에 계산이 되는 3PL 프로바이더에 의하여 수행되어진 오퍼레이션에 기인한 모든 송장을 감시하는 것을 가능하게 한다.

요약하면, 원가가산 보수 시스템은 적어도 다음을 함축 한다:

- 고객은 3PL 프로바이더에게 고용된 서비스를 공급함에 따라 발생하는 비용과 지출을 지불한다.
- 3PL 프로바이더는 보통 각 고객을 위한 별도의 계좌를 오픈하여야 하는데, 그 계좌는 수행되는 다른 활동들과 구별되어 유지되고, 고객이 언제든지 접근할 수 있다. 이는 또한 3PL 프로바이더가 그 고객에게 전가하는 비용들의 금액을 정당화 한다. 3PL 프로바이더의 일반적인 지출에 대하여, 고객 또한 그것으로부터 이익을 얻는 분배의 원칙은 우리가 언급한 대로 비록 물류 오퍼레이션이 독특하더라도(unique) 가장 적절한 것 같다.
- 고객은 3PL 프로바이더에게 부가적인 금액을 지급해야만 하는데, 이는 보통 오퍼레이션에서 발생하는 비용의 비율로 설정되는 것으로 3PL 프로바이더의 이익을 나타낸다.

원가가산 보수 시스템은 만일 계약에 의한 임무가 본질에 있어 변경되는 경우 특별히 효과적이다. 예를 들면, 새로운 오퍼레이션을 시작하는 회사, 새로운 제품을 출시하거나 물류 요구들을 변하게 하는 다른 전환을 하고 있는 회사이다.

원가가산 가격결정의 주요 이점은 한편으로 3PL 프로바이더가 오퍼레이션에 대한 이익을 보장하고, 다른 한편으로는 고객기업이 비용을 컨트롤 하고 거래 가격 결정에 따라 발생할 수 있는 과대평가된 수수료와 같은 종류의 위험을 감소시킬 수 있다.

그러나 각 비용은 특정한 이익마진을 수반하기 때문에 원가 가산 보수 시스템 그 자체로서는 3PL 프로바이더가 원가를 줄일 수 있는 동기 부여가 되지는 않고, 이런 이유로 보통 장기 가격결정 모델로서는 타당(viable)하지 않다. 계약이 부가적인 '이익 공유(gain sharing)' 조항을 포함하고 있지 않다면, 원가 가산 보수 시스템을 통해서 물류 전문가로서의 지위의 3PL 프로바이더에 의한 수단들과 자원들의 최적화를 상정하기는 어려울 것이다. 분명하게, 3PL 프로바이더는 원가 가산 가격결정과 연계되어 적용되는 '이익 공유' 작업에 서로 합의하는 경우에 원가와 비용을 줄이는 보다 큰 인센티브를 갖게 될 것이다.

마지막으로, 원가가산 가격결정은 또한 다른 일련의 경제적 회계[27] 성격의 구체화를 포함하고 있다는 것을 언급할 필요가 있는데, 이러한 성격은 단순화의 영역과 모든 것이 포함된 이 작업의 목표를 넘어서나 의심의 여지없이 원가가산 가격결정 계약을 작성할 때는 명심하여야만 한다.

5.3 이익 공유(Gain sharing)

어떤 가격 결정 구조가 선택되어지더라도, 지속적인 개선에 대한 어떤 형

27) 예를 들어, 연간 예산, 주기적 예산 등을 만들고, 예산단위 기간을 정하며, 예산 책정된 비용과 실제로 발생한 비용과의 차이를 해결하고, 3PL 프로바이더에 의하여 발생하는 비용과 투자를 승인하는 것 등.

태의 인센티브를 갖는 것은 권할만하다. 이익 공유는 양쪽 당사자들에게 물류 프로세스 또는 시스템을 최적화하는 것에서 얻어지는 어떠한 이익도 공유하는 시스템이다. 이러한 실무는 양 조직으로 하여금 계속적으로 비용을 절감하고 실적을 개선하는 합작 노력을 수반한다. 실제로, 이익 공유 합의는 3PL 프로바이더가 서비스를 개선하고 또는 비용을 절감하는 프로세스, 기술과 IT에 투자하도록 할 것이다. 고객기업이 보다 복잡하고 세계적인 물류 프로세스를 선진 3PL 프로바이더, LLP 또는 4PL 프로바이더에게 아웃소스 하는 경향이 있다는 사실에 비추어, 이익 공유는 물류계약을 통하여 효율성에 대하여 지속적으로 개선시키는 뛰어난 방법이 된다.

이익 공유는 새로운 관계에서 가장 훌륭하게 작동되는데, 이는 학습곡선이 가장 높고 작업을 보다 스마트하게 하는 많은 기회가 있기 때문이다. 이 말은, 장기적인 관계에서 인센티브로서 이익 공유의 사용을 불가능하게 하는 것을 의미하는 것은 아니다. 개선 추세의 기회는 언제나 존재하지만 이익 공유와 함께 수익이 감소되는 포인트가 있다.

요약하면, 개개 아웃소싱 계약은 독특하고(unique), 결과 보수 시스템(resulting remuneration system)은 다른 이익 공유 또는 실적 보상과 결합하여 여기에서 대강을 살펴 본 가격 결정 모델의 하나 또는 그 이상에 기초할 것이다. 또한 보수 시스템의 변화와 다른 가격 결정 모델이 계약 기간 중에 합의되는 일이 발생할 수도 있다.

5.4 지불

다른 어떤 계약에 대하여 어떤 특정도 없이 -원가가산 가격결정 계약에서 발생하는 것은 제외하고- 지불의 방법과 기간은, 미불세금과 효과적인 세금과 관계되는 이슈들 등, 세부적인 계약 규정의 목표가 될 것이다.

5.5 지불 의무의 불이행

3PL 프로바이더의 이해를 보호하고 그리고 지불 지체에 대한 이자를 부과하는 어떤 옵션 또는 일정한 상황에서 취소권의 행사를 선택할 수 있는 것 같은 다른 제재에 영향을 끼치지 않을 목적으로, 3PL 프로바이더가 고객의 미지불의 경우에 채택할 수 있는 특정한 수단에 합의하는 것은 일반적이다. 실무에 있어, 이러한 합의는 주로 다음 규정들을 언급한다.

- 3PL 프로바이더에 의하여 제공되는 물류 서비스를 연기하는 옵션, 그리고
- 3PL 프로바이더가 고객의 지불기한을 보증받기 위하여 가지고 있는 고객의 상품을 보유하는 옵션

고객의 관점에서, 이러한 옵션의 어떤 것들도 받아들일 수 없는데, 그 주된 이유는 물류 프로세스는 제품의 라이프 사이클의 통합된 부분이고, 그래서, 물류 서비스가 원재료 또는 부품을 관리하는 것을 말하는 것이라면, 제품이 예상되는 도착지에 도착하고 생산라인에서 어떠한 지장도 피하는 것이 필수적이기 때문이다.

대부분의 경우에 당사자들은 그들 양쪽 모두를 위해 가시적인 합의에 도달할 수 있어야만 한다. 결국, 당사자들은 보통 3PL 프로바이더가 제품을 보유하거나 주지 않을 권리를 포함시키지만, 고객의 중대하고도 계속적인 미지불의 경우로 권리를 제한한다.

5.6 기타 고객의 의무

물류 계약의 형태에 따라, 고객은 종종 물류적인 취급을 위하여 최소한의 수나 양의 상품을, 3PL 프로바이더에게 인도(delivery, 예를 들면 주간, 월간 또는 연 단위로)할 의무가 있다. 앞에서 언급한 것처럼, 이는 3PL 프로바이더가 물류 서비스를 제공하기 위하여 때때로 중요한 투자를 해야 할 의무가 있다는 사실에 기인하는데, 투자는 대금 청구를 통하여서만 만회가 가능하고 그

래서 적어도 최소한의 금액이 처음부터 예상될 수 있다. 이는 3PL 프로바이더가 그의 비용을 조절 할 수 있도록 하고, 만일 최소한 양을 충족시키지 못하면 그는 고객을 위한 제재에 동의할 것이다.

어떠한 경우에도, 양이 합의되지 않는 경우에도 -양이 물류 고객에 의할 수 있지 아니하고, 제품의 최종 고객의 수요에 따라 변동되기 때문에- 고객은 합리적인 사전 통지로서 특정한 기간 내에 배달되어야 할 추정량을 제공하여야만 한다.

반대 시나리오는 보다 더 일반적이지 않다: 3PL 프로바이더에게 배달되는 제품의 최대한도. 이러한 상황은 다른 투입의 결과로서 3PL 프로바이더가 이용할 수 있는 시설에 제약이 있기 때문에 발생한다. 일반적인 실무는, 처음부터 예상한 제품의 양이 특정 퍼센티지를 넘으면, 사전에 3PL 프로바이더에게 충분히 의사전달 되어져만 한다; 더 나아가, 이렇게 하지 아니하면, 3PL 프로바이더는 서비스를 공급하지 아니한 모든 책임을 면하게 된다.

그러므로, 3PL 프로바이더는 바로 시작 초기부터, 물류 활동을 조화롭게 조직하기 위하여 제품의 예측 움직임을 알아야만 한다. 이러한 정보는 고객으로부터 제공되어져만 하고, 어떠한 변경의 경우에도 업데이트 되어져야만 한다.

6) 책임(Liability)[28]

임시적인 그리고 일반적인 조건으로서, 3PL 프로바이더의 책임은 보관의무로 결정된다는 것, 달리 말하면 그가 상품을 받는 순간부터 합의된 당사자와 장소에 배달될 때까지 지속된다는 것은 의심의 여지가 없다.

책임의 객관적 범위에 관하여, 3PL 프로바이더에게 책임을 발생시키는 사건들은 물류 오퍼레이션에 대해 책임을 지는 제품에 대한 일체의 손실, 수량

---

28) 당사자들 사이에서 계약적 관계에서 발생하는 일체의 고용책임, 행정적 책임 또는 형사적 책임이 아닌, 공공책임을 언급하기 위하여 이 제목을 사용한다. 섹션 2.4.14.2에서 언급한, 일체의 계약 위반의 경우에 어느 당사자에게 발생할 수 있는 일체의 책임을 언급하는 것 또한 아니다.

부족, 멸실 또는 제품의 도착 지연으로 요약될 수 있다.[29)]

마지막으로, 주관적 범위에서, 3PL 프로바이더는 그의 사용인(denpendants), 대리인(agents), 피용인(employees) 등 뿐 아니라 계약된 서비스를 공급하는 행동과 관련된 그 어떤 사람에 의하여 발생한 작업과 관련된 그 어떠한 사건에 대하여도 책임을 져야 한다.

법적 관점에서, 3PL 프로바이더는 다양한 성격의 활동을 수행한다(이미 지적한 바와 같이 3PL 프로바이더는, 다른 기타의 서비스나 계약 형태에 대한 고정관념 없이, 일반적으로 그 본질 때문에 운송계약이라는 자격이 부여되는 보관과 기타 계약에서 포함되는 최소한 활동을 수행한다). 이러한 이유로, 전체 물류 체인(entire logistics chain)을 위한 단일한 법적 책임 체제(uniform legal liability regime)가 없기 때문에, 이론상 이러한 책임과 그 책임이 발생하는 경우를 주목하고 결정하는 것이 필요하다{즉, 책임져야 할 기능적 사건(operative event)이 창고, 적재와 하역하는 도중 또는 운송 도중에 수행된 활동들에서 발생한 것인지 아닌지}. 이것은 설정한 법적 책임 체제가 언급한 각 계약에서 실질적으로 다르기 때문이다.

3장에서 운송과 보관에 적용되는 책임 체제에 대하여 자세하게 논의하고, 여기에서는 다음의 차이를 요약 한다:[30)] 제품의 보관 기간 중에 발생한 손상의 경우 3PL 프로바이더에게 적용할 책임 체제는 다음과 같을 것이다:

(a) *책임 체계(system of responsibility)*: 일반적으로, 창고-소유자(warehouse-owner) 책임은 3PL 프로바이더의 영역에서의 과실에 대

---

29) 공급의 부족 또는 부재의 원인이 고객의 공급자 또는 고객 자신에 의한 것인 때는 언제나, 논리적으로 이것이 3PL 프로바이더의 탓으로 되어 질 수 없기 때문에, 비록 이 용어를 *재고의 분할*이라는 용어와 완전히 동일한 것으로 이해할 수 할 수 없다고 하더라도, 여기에서는 부족이라고 말하기로 한다.

30) 비록 다른 운송수단이 보다 저렴한 비용으로 보다 효과적이고 효율적인 서비스를 제공할 수 있다고 하더라도, 여기에서는 전적으로 도로에 의한 운송과 관련한, 그리고 국제적인 영역으로, 책임체제를 구별하는 것으로 제한한다.

한 추정에서 시작하는데, 제품에 대한 손상이 수령자의 보관 하에서 일어났을 때이다.

(b) *3PL 프로바이더가 책임지는 기능적 사건들(operative events of the 3PL providers liability)* : 수령한 3PL 프로바이더는 그가 관리하는 제품의 일부 또는 전부 손실, 멸실과 손상에 대하여 책임을 져야 한다.

(c) *책임의 확장(extension of liability)* : 보관 책임은 제품의 소유자의 개별적인 지시에 따라 제품이 보관과 관리를 위하여 도달한 때부터 보관자 또는 다른 3PL 프로바이더에게 도달할 때까지 지속된다. 그래서 위에서 언급한 적재와 하역에 관한 합의와 그리고 적당하다면 물건이 3PL 프로바이더의 관리 하에 있다고 이해되어지는 바로 그 순간을 결정하는 계약 규정이 중요하다.

(d) *책임액(amount of liability)* : 상품의 보관은 그가 책임져야하는 사건에 의하여 발생한 일체의 손상과 해로운 결과에 상응하여 일체의 책임 제한없이, 상품의 가치(책임의 최대 법적 한도와 함께)에 대하여서뿐 아니라 그로부터 요구되는 수량에 대하여서도 책임이 있다. 요약하면, 보관은 모든 손상과 해로운 결과(제한 없이)에 대하여 책임을 져야 한다.

(e) *책임의 면제(exoneration of liability)* : 보관인에게 책임을 해제하는 것을 보호하는 특별한 규정이 없다. 그러므로 보관인은 예견 가능성이 없는 상황 또는 불가항력에 의하여 발생한 멸실 또는 손상을 제외하고 잘못에 대하여 책임을 져야 한다. 운송인과 달리, 보관인은 손해를 피하기 위한 가능한 모든 조치를 다하고 즉시 위탁자의 손해에 대하여 알린 경우를 제외하고는 제품의 본질상 그리고 내재하는 하자로 인한 손상이나 멸실에 대하여 책임을 져야한다.

반면, 운송계약의 경우, 3PL 프로바이더에 대한 책임체제는 다음과 같이

보관인의 경우와 다르다:

(a) *책임액(amount of liability)* : 보관인과 달리, 운송 담당자는 설정된 책임제한의 이익을 누릴 수 있는데, 이 경우 국제도로물품운송계약(Contract for the International Carriage of Goods by Road, CMR)에 관한 1956. 5. 19. 제네바 협약의 8.33 SDR 범위 내이다.

(b) *책임의 면제(exoneration of liability)* : 앞에서 언급한 원인(불가항력과 예견가능성이 없는 상황)에 덧붙여, 3PL 프로바이더는 손해가 제품의 본질적인 또는 내재한 하자에 기한 것이라는 것을 입증하는 경우 책임이 면제될 수 있는데, 이 사실들은 운송인의 법적 책임을 면제해주는 효과를 가진 또 다른 일련의 사실들이다.

그러나, 운송인은 -제품의 등급 또는 품질에 관한 화물운송장에 송하인이 부실 고지한 경우를 제외하고는- 태만에 의하여 책임질 경우가 발생하였다는 것을 제품에 대한 권리를 가진 사람이 입증하는 경우 또는 성실한 사람이 행하는 보통의 신중함을 취하지 않았기 때문에 비록 면제에 대한 원인이 될 수 있다고 하더라도, 책임이 면제될 수 없다.

이러한 상황은 어쨌든 보관에 관하여 설정된 것과 다르지 않아서, 제품이 운송을 위하여 배달되는 바로 그 순간부터 도착지까지 도달할 때까지 발생하는 배달에 있어 일체의 멸실, 손상 또는 지연에 대한 운송인의 책임의 가정이 있다; 그것들은 그의 책임이고 보통 그렇듯, 그는 일체의 손상에 대하여 피해를 입은 당사자에게 보상해야만 한다.

손상 또는 멸실이 발생하는 단계의 범위를 정하기 위하여 제품의 각 물류단계에 대한 인수증/관리서류를 준비하는 것이 긴요하다. 이러한 형태의 감독(monitoring)에서 IT는 필수적인 도구라는 것은 의심의 여지가 없다.

그러나 위에서 언급한 법적 체제에 덧붙여, 물류 서비스를 공급하는 계약은, 비록 대강을 살펴 본 책임체제가 대부분의 경우에 계약하면서 폐지되거나 수정된다고 하더라도, 3PL 프로바이더를 위한 단일 책임 체제를 설정해야만 한다는 것을 지적해둘 가치가 있다. 달리 말하면, 제품이 3PL 프로바이더의 보관 하에 있는 동안에 발생한 일체의 멸실 또는 지연에 적용할 체제를 설정하는 것은 좋은 생각이다. 다음은 그와 같은 체제에 대한 공통적인 합의의 약간의 일반적 정의를 제공 한다:

- 원칙적으로, 3PL 프로바이더는 자신의 잘못 또는 태만에 의한 것이 아니라는 것을 입증하지 못하는 한 배달 중의 일체의 멸실, 수량부족, 파손, 손상 또는 지연에 대하여 책임을 져야 한다고 상정한다.
- 책임은 제품이 3PL 프로바이더의 보관 하에 있는 기간 전체에 걸쳐 지속되고, 3PL 프로바이더, 그의 피용인, 대리인, 사용자 그리고 수급인의 작위 또는 부작위에 적용된다.
- 그러나 3PL 프로바이더가 책임지지 않는 명확하게 정의된 원인들이 있다. 그 중의 일부는 포괄적인 것(불가항력[31] 등)일 수 있고, 다른 일부는 물류 서비스를 공급하는 계약에 특수한 것이다(IT시스템의 에러, 기간이 경과된 제품의 배달 등)
- 3PL 프로바이더는 손상을 입은 제품의 가치를 계산할 수 있을 것이다. 달리 말하면 언급된 한계가 적용될 것이다. 그러나 특정제품들에서 개념상 매우 큰 차이를 보일 수 있기 때문에 권장소비가격 또는 공장가격, 또는 인도될 날의 가치 등인지 여부에 관하여 어떤 제품가격이 관계되는 것인지 특정 하는 것이 필수적이다.

  고객은 언제나 3PL 프로바이더에게 미리 제품의 가격을 알려주어야만 한다. 이는 또한 보험계약 사인에 있어서도 필수적이다.
- 일부 물류 오퍼레이션의 복잡성과 수행되어야 할 스피드에 의하여, 3PL

---

31) 그러나 협동과 협력 계약의 특정한 본질은 당사자들에게 불가항력(*force majeure*)의 기능적인 사건의 경우, 양 당사자들을 위하여 손해를 최소화하는 방법으로 협력할 것을 요구할 것이다. 비슷하게, 우리의 의견으로는, 3PL 프로바이더에게 귀속시킬 수 없는 파업 또는 폭동은 불가항력의 기능적 사건으로서 명시적으로 간주되어야 한다.

프로바이더를 위하여 창고와 플랫폼에서의 일체의 손실 또는 재고 부족에 관한 한계점이 계약적으로 종종 설정된다. 그 개념은 짧게 말하여 모든 재고 오퍼레이션에서 통상적인 '재고의 차이(differences in stock or inventories)'를 줄이는 것이다. 초과 재고가 손실과 함께 보상될 것인지의 여부는 당사자들의 계약적 합의에 달려있을 것이다.

- 원칙적으로, 3PL 프로바이더는 종종 간접적이고 결과적인 손상[32] 또는 이익 · 사업·수익의 손실에 대한 책임의 면제를 요구하고, 이것은 계약 규정이라는 수단을 통하여 특정된다. 이러한 요구의 근거는 그러한 손실들은 예견가능성이 없고 계약을 체결할 때는 합리적으로 고려할 수 없었다는 것이다. 비록 이 합의는 법률상 효력이 부족하지 않지만, 사실은 고객은 3PL 프로바이더에 의한 계약위반의 결과로서 발생한 손실을 회복할 기회를 가지지 못한다는 것이다. 그러므로 고객은 이제 지출비용, 재산상 손해와 조달비용, 계약위반의 경우 발생한다고 예상할 수 있는 제3자 소송 또는 단속책임과 같은 손실과 같은 전통적으로 회복할 수 있는 손실들을 부가할 것을 요구한다.
- 나아가, 3PL 프로바이더는 그의 고용인, 종업원 또는 서비스를 수행하기 위하여 채용된 하수급인에 의하여 야기된 작위 또는 부작위에 대하여 고객에 대하여 책임을 진다고 언제나 합의된다.

7) 불가항력(Force majeure)

부분적으로 법제들 사이의 차이로 인하여 그러나 주로는 앵글로-색슨 법제의 영향으로 인하여 많은 대륙법제와 달리 불가항력의 개념이 법적 개념이

---

32) 일반적으로, 신의성실의 원칙상 채무자가 책임을 지는 손해는 예측가능 한 것들이거나 의무를 구성할 당시의 예측가능 하였던 것들이고, 그 불이행의 필요한 결과이어야 한다. 그러므로 결과적 또는 간접적인 손해들은 계약에서 특별하게 예측하지 아니하였던 것들이나 계약에서 구체적으로 예측가능 한 것들로부터 기인한 것들로서 부정적으로 정의될 수 있을 것이다.

아니어서, 오히려 당사자들은 계약적 발상으로 만들어져 온 일반적으로 불가항력을 구성한다고 주장될 수 있는 상세한 일련의 사건들을 제공하는 불가항력 규정을 포함시킨다. 가능한 한 넓은 사건과 상황들 목록을 포함시키기를 원하는 쪽은 보통 3PL 프로바이더 인데, 의무의 대부분을 수행하는데 큰 부담을 지고 있는 당사자이기 때문이다.

당사자들이 사건 목록을 포함시키는 것은 일반적으로는 완전한 목록을 만들려는 의도를 가진 것은 아니어서, 적용 당사자가 그의 계약 의무를 수행하는 것을 불가능, 장애 또는 지체하게 만들지도 모르는 언급되지 않은 기타 사건들에 대하여도 적용이 가능하도록 한다. 불가항력의 사건이 발생하였다는 것을 증명하고 적용한 결과는 적용 당사자는 그렇지 않으면 그 당사자가 계약 의무를 수행함에 있어 한 실패에 대하여 발생하게 되는 책임이 면제된다는 것이다.

당사자들에 의하여 일반적으로 목록에 있는 사건들은 다음과 같다:

- 화재, 홍수 그리고 천재와 같은 자연재해의 발생
- 전쟁, 폭동 또는 입법 간섭과 같은 인공적 개입
- 이러한 항목들이 구체적으로 배제되지 않는 한, 법의 변동, 경제적 어려움 또는 행정적 불편 또는 당국에 의해 규정된 명령 또는 규정

불가항력의 범위에 덧붙여, 당사자들은 각 당사자의 의무를 통제하는 행정적 프레임을 설정해야만 하는데, 규정하여야 하는 공통적인 포인트들은 다음과 같다:

- 불가항력의 사건이 발생한 초기에 다른 당사자에게 통지하고, 그 사건의 상세와 가능한 한 그 사건을 극복하거나 그 효과를 감소시키기 위하여 취한 조치의 상세를 제공하여야 할 의무
- 불가항력 사건이 지속되는 동안 당사자들에 의하여 이행되어야 할 보상.

보상을 이행하는 권리는 양 당사자에게 해당될 수 있으나, 보통은 3PL 프로바이더가 그 효과를 감소시킬 일체의 조치를 취하고 또 어느 정도까지는 서비스가 계속하여 수행되도록 함으로써, 그것을 극복해야 할 과제를 갖고 있고, 일체의 합리적이고 신중한 사람이 행할 행동을 할 의무가 있다. 다른 한편으로는, 불가항력의 경우 고객은 보통 서비스의 일부 지불의 권리와, 3PL 프로바이더가 위에서 말한 원칙에 따르지 않는다면 심지어는 사건의 효과를 감소시키거나 없앨 일체의 조치를 이행할 권리가 허용되어져 있다. 이것은 예상되는 계약을 유예시키는 것을 포함할 수 있고, 차후 단계로 예상되는 사건의 기간 동안 그 사건에 영향을 받지 않은 제3자의 서비스를 고용하게 할 수도 있다.

- 영향을 받은 당사자는 문제의 사건이 그의 합리적 통제를 벗어났다는 것을 입증해야 할 책임이 있다.

8) 보험(Insurance)

보험 조항과 관련하여, 보험을 책임으로 동화시키는 유혹에 -이 분야에 널리 퍼져 있는- 빠져서는 안 되는데, 이는 당사자들 사이에 존재하는 협력에 치명적 결과를 가져 올 수 있다.

당사자들은 어떤 보험의 형태를 들지 결정해야 하는데, 일반적으로 최소한 다음과 같은 것들이 포함되어야만 한다:

- 운송 중 제품에 대한 손상을 위한 보험
- 보관 중 제품에 대한 손상을 위한 보험(적절하다면, 도난, 화재 등을 커버하는)
- 공공 책임 보험
- 하자 있는 제품에 의한 손상에서 초래되는 책임보험

여기에서 우리는 앞 두 가지 형태에 집중할 것인데, 세 번째는 물류 서비스를 공급하는 계약서의 작성과 독립적으로 종종 당사자들에 의하여 일반적 조건으로 작성되기 때문이다. 마지막 형태는 고객에 관한 것이고 3PL 프로바이더를 위한 것이 아니다.

앞의 두 형태(환적과 보관 중에 있는 제품의 보험)에 관하여 당사자들은 부보의 범위와 조건들(종합보험, 면제 등) 뿐 아니라 보다 중요하게는 어느 당사자가 부보 할 것인지를 결정하여야만 한다.

위에서 언급한 바와 같이, 이 점을 정하는 것이 필수적이다.

- 만일 3PL 프로바이더가 부보 한다면, 고객에 의하여 지불되는 수수료로 비용을 충당하면서, 보험약관에 의해 회복되는 손상의 경우에, 보험자는 3PL 프로바이더 또는 적절하다면 고객에게 보상할 것이다
- 만일 고객이 부보 한다면, 손상의 경우에 보험자는 피보험자(고객)에게 보상하고, 그의 권리를 대위할 것이다. 이것은 보험약관에서 3PL 프로바이더를 면책시킨다는 명확한 합의가 없는 한 보험자는 피보험자(고객)에게 지불한 배상을 3PL 프로바이더에게 청구할 수 있다는 것을 의미한다.

그러므로 당사자들은 자산에 관한 사고의 결과를 보험자에게 전가시키면, 실제로는 3PL 프로바이더가 이 결과에 대한 책임을 지게 되는 것이다.(즉 사고로부터 발생된 금액).

그러므로, 어느 당사자가 제품에 대한 보험을 부보 하는 지에 따라 발생하는 다양한 결과는 계약 당사자들의 관계를 위험하게 할지도 모르는 후일의 '예상할 수 없는 충격'을 피하기 위하여 명심해야만 한다.

9) 비밀 준수(Confidentiality)

물류 오퍼레이션이 고객과 3PL 프로바이더 사이에 밀접한 협력과 상호 이해를 상정하다고 있다는 사실에서 비롯하여, 당사자들 사이의 비밀 준수 합의는 훌륭한 아이디어로 보인다. 고객은 제공되는 서비스를 최적화하기를 원하면, 3PL 프로바이더에게 회사의 니즈, 목표, 생산성과 예측 등을 알려야만 한다. 3PL 프로바이더는 고객의 회사와 물류 활동이 내포하는 중요성의 관점에서 고객의 회사를 위하여 통합되어져만 하고, 반대로 고객의 회사는 3PL 프로바이더에게 통합되어져만 한다.[33] 3PL 프로바이더는 고객의 활동의 상세를 알아야만하고, 고객은 3PL 프로바이더가 고객에게 만족할만한 과업을 수행하기 위하여 도움이 될 수 있는 회사에 대한 일체의 정보를 제공하여만 한다는 사실이 뒤따른다.

3PL 프로바이더와 고객의 관계에 존재하여야만 하는 이러한 협력 때문에, 비밀 준수의 의무는 3PL 프로바이더의 기술(그들의 '노하우')에 대해서도 고객에까지 확장되어야 하는데, 이는 이러한 기술들이 의심할 것 없이 프로바이더를 그들의 경쟁자와 구별 짓는 요소를 구성하기 때문이다.

또한, 당사자들이 보수의 시스템으로서, 이른바 원가가산 가격결정 시스템을 설정하였다면, 상호 비밀 준수 의무는 적절하다면 양 당사자들을 위하여 필수적이다.

이 의무는 계약의 종료를 넘어서 확장되어야 하고, 계약의 합의된 지속기간에 독점적으로 제한되지 않는다는 것은 명백하다.

---

33) '통합(integration)'의 개념은 물류에 있어 필수적이다. 이 개념은 다음을 상정한다:
(i) 각 회사에 있어 공급체인의 모든 연결 사이에서의 내부적인 통합;
(ii) 각 회사의 경계 영역을 넘어 공급자와 고객의 통합;
(iii) 부문 수준에서 비용의 절감을 가져올 수 있게 하고-유통(디스트리뷰션) 네트워크, 운송수단들을 공유하는 것 등-, 고객에 대한 접근 전략과 서비스를 구별할 수 있게 하는 시너지를 얻기 위하여 심지어는 경쟁자들 사이에서 하는 통합/협력
(iv) 회사의 전략, 오퍼레이티브 프로세스, IT 시스템과 로지스틱스 기능에 의하여 영향을 받는 사람들의 그룹 사이에서의 통합(Cuartero, 1999)

위에서 말한 것에 기초하여, 비밀 준수 조항은 일반적으로 다음과 같이 이해된다. 이 모든 항목들은 비밀로 유지되어야 만하고 정보를 공개하고자 하는 어떤 당사자는 사전에 다른 당사자의 인증이나 동의를 얻어야만 하는 것으로 이해되는데, 그와 같은 인증이나 동의는 비합리적으로 거절될 수 없을 뿐 아니라 다른 당사자의 동의가 필요하지 아니하는 약간의 상황을 규정하여만 한다(예를 들어, 법적 기구 또는 과세당국의 요구에 관한 법적 규정에 의한, 또는 제공되도록 하는 증권거래 규정과 정보에 따른). 공공정보 또는 법적 결정의 목적을 위하여 정보가 요구되는 후자의 경우를 제외하고는, 동의하는 당사자는 보통 정보를 공개 받을 제3자가 공개하는 당사자, 또는 심지어는 동의하는 당사자와 개별적 비밀준수 합의를 해야만 한다는 것을 요구한다.

10) 검사와 감독(Inspection and Monitoring)

관점에 따라, 검사와 감독의 힘은 수행되어 지는 장소(플랫폼)에서의 물리적 존재의 형태를 통한 물류활동의 감시와 또는 물류활동에 관한 서류의 감시와 관련되어 있다.

- 플랫폼에서, 3PL 프로바이더는 회사와 고객의 활동에 직접적이고도 필수적인 물류활동을 수행한다. 그러므로 3PL 프로바이더에 의하여 수행되어지는 회사의 제품에 관한 활동을 검사하기 위하여 플랫폼에 접근하는 것이 고객의 이해 범위 내에 있을 수도 있다.

  고객의 이해 범위 내에 있고 정당하다고 보일지라도, 고객에게 접근을 제공하는 것은 3PL 프로바이더의 보관의 의무와 창고에 보관되어져 있는 제품에 관한 감시 뿐 아니라 기능을 제대로 수행하는 프로바이더의 능력과 충돌할 수도 있다.

  그러므로 계약적으로 양 당사자의 이해를 조화시키고 균형을 유지하도록 노력해야하는데, 고객의 접근 허용성을 인정하는 일반적인 공식은 4 조건을 충족시켜야 한다: ⅰ 3PL 프로바이더에게 사전통지 되는 것 ⅱ

고객의 권한 있는 대표에 의하여 행하여 질 것 iii 언제나 3PL 프로바이더의 대표자가 동행할 것 iv 창고에서 수행되는 일체의 정상 활동에 지장을 초래하지 않을 것

- 비슷하게, 통제, 검사 그리고 감독의 권한과 연결되어, 고객은 재고, 인수증, 청구서 등과 같은 서류, 그리고 원가 가산 계약의 경우 물류활동에 관한 일체의 회계서류, 재무서류 또는 계약서류에 접근할 수 있어야 한다.[34)]

어떠한 경우이든, 3PL 프로바이더는 고객을 위하여 요구에 부응하여 그의 피용인에 관한 사회적 의무와 그의 고용의무를 이행하였다는 것을 보증하는 문서를 만들고 있어야 한다.

3PL 프로바이더가 고객의 플랫폼('사내')에서 서비스를 수행하고(또는) 공급하는 때에는, 모니터링과 보안 서비스를 계약한 사람이 고객이라면 가능성이 증대되어 적재중인 제품이 사라진 것에 대하여 책임을 지는 일정 경우가 발생할 수 있다. 그런 경우, 일반적이지는 않지만, 계약에서 명확하게 규정하지 않았다면, 제품을 취급하였으나 정상적인 보관 동안 필요한 보관을 계약할 수 없었던 3PL 프로바이더에게 이 손해를 귀속시킬 수 있는지 아니면, 다른 한편으로 플랫폼에 접근권한의 책임이 있는 주체인 고객에게 이 손해를 귀속시킬 수 있는지를 결정해야 하는 풀기 어려운 문제가 발생한다.

11) 제품의 소유권

3PL 프로바이더는 창고에 보관되어 있는 제품의 소유자가 분명히 아니다.

---

34) '원가 가산' 계약의 경우, 검사와 감시의 권리를 갖는 것은 제외하고, 고객은 계약된 서비스가 제대로 수행되는지에 관하여 단순히 허용된 컨트롤만을 하는 것을 넘어서, 전체로서의 물류적 오퍼레이션(3PL 프로바이더에 의한 계약 준수)을 컨트롤 할 수 있는 광범위한 권리로 확장된 권리를 보유하고 있기 때문에, 사실상 고객은 계약을 '감사'할 수 있는 권리를 갖고 있다고 말할 수 있다.

그러나 이것이 당사자에게는 매우 명백해 보일지라도, 미수금을 확보하기 위하여 3PL 프로바이더의 직접적인 점유에 있는 제품에 대하여 절차를 진행시키고자 하는 3PL 프로바이더의 제3 채권자에게는 분명하지 않을 수도 있다.

이러한 이유로 누가 보관 중인 제품의 소유자가 되는지, 보통은 고객 쪽에 해당되는 법적 지위 -비록 이것은 공급자, 딜러, 구입자 등과 체결된 계약에 의하겠지만, 이러한 모든 합의는 3PL 프로바이더와는 아무런 관련이 없는- 뿐 아니라 이러한 상황을 정당한 소유자의 소유권을 방해할지 모를 어떤 조치를 취하고자 하는 누구에게라도 분명하게 밝혀야 할 3PL 프로바이더의 의무를 계약이 명시적으로 확실하게 반영하는 것이 좋은 생각이다.

12) 양도와 하도급

고객은 그들의 특별한 기술, 경쟁력과 기타 자질들에 근거하여 3PL 프로바이더를 선택하였다는 사실에 덧붙여 고객과 3PL 프로바이더 사이의 관계를 지배할 제휴와 밀접한 협력의 본질을 고려하면, 3PL 프로바이더는 고객에게 필수적인 존재가 되고 -인적 요소가 중요한 계약(an intuitu personae)- 계약은 보통 계약이 제3자에게 양도되고 대리되는 것을 금지하는 규정을 둔다.

그러나 3PL 프로바이더는 때때로 그들이 직접 수행할 물적 자원 또는 인원이 부족하기 때문에 계약은 보통 예외를 포함하여 3PL 프로바이더는 운송 또는 분배 서비스를 하도급 할 수 있는 가능성을 보유하는 것으로 규정하는데, 특히 어떤 제품에 대하여 시장이 유동적이고 일년의 시간주기에 의존하는 때에는 3PL 프로바이더는 어느 정도 수단의 과잉 또는 부족을 겪게 되고 그 양쪽의 경우 다 계약된 물류 서비스를 공급하는 것이 해롭기 때문이다. 그러나 3PL 프로바이더는 하수급 업체가 계약상의 배달지 까지 접근할 권한을 가질 수 있도록 고객에게 하수급업체를 통지하는 것이 논리적이다.

나아가, 계약은 종종 고객을 위한 규정을 포함하는데, 당사자들은 계약의 조건을 고객의 계열회사 또는 자회사까지 확대하는 규정인데, 이는 요구된 서비스의 범위에 따라서 부분적으로 또는 전적으로 합의의 조건에 구속될 것이다. 이 경우 본인고객이 계열회사와 또는 자회사에 의한 합의의 정상적 이행에 대하여 책임이 없고, 그리고 본인 고객이나 다른 계열회사 또는 자회사는 어떤 식으로든 계약의 어느 다른 당사자의 의무의 정상적인 이행에 대하여 공동이든 개별이든 책임이 없거나 보증인이 아니라는 것의 효과에 대하여 합의하고 명백하게 할 가치가 있다.

다른 규정들은 계약 당사자의 일방의 다수 자본의 제3자 인수로부터 발생할 수 있는 상황에 관하여 설정될 것이다.

13) 직원

직원에 관한 이슈는 물류 계약에 관한 어떤 논의에 있어서도 필수적인 주제이다. 노동법의 명령적 특질과 필수적인 권리라는 점을 고려해 볼 때, 3PL 프로바이더와 고객이 이러한 법의 어떤 관점과도 상반되는 일체의 합의를 이끌어 내는 것은 불가능하기 때문이다. 그러므로 발생할 수 있는 일체의 상황을 최소화하는 적절한과 보장과 합의를 설정하는 것이 필수적이다. 직원정책에 관한 모든 가능한 시나리오는 4장에서 자세하게 논의할 것이다.

물류 서비스를 공급하는 하청회사는, 몇몇 경우에, 고객에게 일정한 결과를 가져오는, 하청 작업과 서비스의 법적 프레임웍에 맞는 것으로 자격을 부여받을 수도 있다. 결과적으로, 3PL 프로바이더의 근로자들에 관하여 생길 수 있는 일체의 가능한 소송으로부터 고객을 방어할 수 있는 보장을 설정하는 것이 일반적이다.

3PL 프로바이더가 계약된 물류 서비스를 공급하기 위한 목적으로 전에 고객의 인력으로 통합되어 있던 직원들을 떠안는 상황이 발생할 수도 있다; 이러한 상황은 '회사 승계'로서 정형화되고, 이 책에서 더 자세하게 논의할 것이다.

14) 존속기간과 종료

14.1 존속기간

계약의 존속기간은 계약의 복잡성과 계약된 서비스의 효율성 강화를 위한 투자를 할 필요에 의하여 결정된다. 지금까지 논의되어 온 관점에서, 당사자들이 계약의 최소한의 존속기간(예를 들어 창고의 수리 또는 멸실 때문에, 또는 초과 수요를 커버하기 위하여 3PL 프로바이더의 일시적인 서비스를 단기간 필요로 하는 경우)을 합의한다고 하더라도 정상적인 시나리오는 장기적으로 물류 서비스를 공급하는 계약을 체결할 것이라고 상정하는 것이 논리적이라고 보일 것이다. 위에서 언급한 것처럼, 계약의 최소한 또는 최대한의 법적 시간제한은 없기 때문에 존속기간은 당사자들에 의하여 합의된 규정에 의하여 결정될 것이다.

계약에 대한 서명이 언제나 계약 효력 발생시점과 일치하는 것은 아니다; 어떤 투자를 할 필요는 -원칙적으로는, 어떤 형태의 계약적 약속이 존재할 때까지는 할 필요가 없는- 복잡한 오퍼레이션에서, 일정한 기간이 당사자를 구속하는 계약의 서명부터 3PL 프로바이더가 약속한 활동을 수행하기 시작할 때까지 진행될 것이라는 것을 시사한다. 그 경우, 계약에서 언제 효력이 생기는지 그 날짜를 특정 하는 것이 좋은 생각이다.

14.2 종료

(1) 종료의 원인

어떠한 계약도 영원하지 않다. 합의는 기본적인 기간이 만기가 되고 연장되지 않거나 또는 일방 당사자가 그 존속기간 동안 계약을 종료할 권한을 갖고 있고 그 권리를 행사한 경우 종료된다.

그러므로 물류 계약의 종료의 원인은 다음과 같이 유형화될 수 있다.

- 합의된 기간의 만료
- 상호합의
- 종료에 이르는 기타 경우
  - 다른 당사자의 치유되지 않는 잘못에 의한 일방 당사자의 종료
  - 다른 당사자의 파산에 의한 일방 당사자의 계약의 종료
  - 계약의 경제적 종료
  - 준거법에 의한 계약의 종료
  - 동의의 상실 또는 기타 합의를 원인으로 한 계약의 종료

(2) 종료의 결과

계약의 종료에 관하여 고려될 몇 개의 쟁점이 생긴다.

- 계속적인 약속과 의무 : 일반적으로 계약은, 관계된 합의의 종료에도 불구하고 당사자들은 특정 규정에 계속적으로 구속된다고 규정한다. 예를 들어 비밀준수 의무에 적용되는데, 계약은 보통 계약의 종료 후에 여전히 효력이 있는 일정 기간을 규정한다.

  계약은 또한 종료행위가 일방 당사자를 위하여 또는 일방 당사자에 대하여 종료일 이전에 또는 종료의 결과로 발생한 어떠한 권리나 책임에 영향을 주지 않는다고 규정할 것이다(그러나 이러한 발생한 권리 또는 책임에 관하여 당사자들의 책임의 지속되는 제한에는 종속된다).
- 보상과 배상 : 계약이 종료될 때, 당사자들은 계약을 종료하는 결과 발생한 일체의 손실에 기초하여 서로서로 보상과 배상을 주장해야 하는 권리를 숙고해야 할 필요가 있다.

  출발원칙은 종료하는 당사자가 다른 당사자에 대하여 계약위반에 대하여 배상을 청구할 수 있는 능력이 요구되는데, 다른 당사자의 주장된 계약의 위반에 의하여 계약이 종료되고, 청구되어지는 배상은 전형적으로

계약의 조건이 수행되었다면 얻을 수 있었던 상태로 종료 당사자를 회복시키는 '계약조치'에 기초한다.

(3) 물류계약의 특수한 결과

위에서 본대로, 계약을 종료시키는 것은 물류 계약적 관계의 가장 복잡한 모습의 하나일 것이다. 필수적으로, 이것은 종료에 이르게 하는 원인들 때문이 아니고, 다른 계약 형태에 비교하여 종료의 형태라는 관점에서는 거의 특별하지 않고(즉, 설정된 존속기간의 경과, 포기, 불이행으로 인한 해제, 예측할 수 없었던 파산), 오히려 종료로 인하여 발생할 수 있는 결과 때문이다. 계약의 주어진 특질 때문에, 그 해제는 당사자의 일방에 의한 불이행의 경우 매우 대단한 '구제방법'임에 틀림없다고만 말해둔다.

어떤 이유에서든지, 물류 서비스를 공급하는 계약을 종료시키면서 발생할 수 있는 복잡한 문제가 있다. 그러므로 이 결과의 계약적 규정은 계약 초기에 당사자들에 의하여 다음 포인트를 커버하도록 정하여져야 한다.

- 계약의 종료일에 여전히 3PL 프로바이더의 점유 –또는 창고나 운송 중– 하에 있을 수 있는 제품과 그 대가인 금전에 관하여: 특정한 시간 프레임이 이 상황을 해결하기 위하여 설정되어야 하는데, 3PL 프로바이더는 새로운 고객의 제품을 위한 보관 공간을 요구할 수 있다.
- 고객의 동의와 승인 하에 3PL 프로바이더가 한 자산 기타 투자와 그 특정 고객에 제공될 물류 서비스에 관하여: 이것은 보통 장기 계약의 경우인데, 3PL 프로바이더가 고객의 특정한 요구를 수용할 것을 요구하고, 특별히 고객의 수요를 만족시키기 위하여 설계된 자산 등에 투자하는 것을 포함할 수도 있다. 그 경우들은 3PL 프로바이더가 이 자산들을 처분하는 것을 원하고, 고객은 –계약의 종료가 필수적으로 물류활동의 중단을 의미하는 것은 아닌– 그것들의 감가상각을 한 후('장부가치')의 현재

순수 가치로 그것들을 사야만 하는 것이 보통인데, 이러한 자산들은 물류 오퍼레이션을 계속하기 위하여서는 필요할 것이 거의 확실해 보이기 때문이다. 그러므로 계약은 보통 상호의무를 -고객에 관한 부분에서 사야하는, 그리고 3PL 프로바이더 부분에서 팔아야 하는- 규정한다.

- 고객의 동의와 승인 하에, 고객에 대한 물류 서비스의 공급을 위하여 전형적으로 요구되는 3PL 프로바이더에 의하여 서명된 특정 계약(활동을 위하여 할당된 물품을 위한 리스계약, 물품의 구입 또는 기타 투자를 위한 은행 대출계약, 물류 플랫폼을 위한 리스계약 등)에 관하여: 위에서 착수한 이유로, 일방적인 그와 같은 계약에 관한 법적 상황이 종종 규정되고, 적절하다면, 3PL 프로바이더의 의무를 -그리고 권리- 대위하게 될 고객에 의하여 승인된다.
- 고객의 동의와 승인에 의하여 획득한 일체의 프로그램과 기타 IT 애플리케이션('소프트웨어')에 관하여: 계약은 반드시 계약의 종료 후에 최종적인 귀속을 정하여만 하고, 이러한 프로그램과 IT 애플리케이션의 제공자와 그것들에 대한 계약을 체결할 때 라이센스의 양도가능성 등에 관한 합의를 제공하여만 한다
- 양도될 자산에 관여 부여된 일체의 부담, 예상지출 그리고 기타 의무에 관하여: 그것들이 부여된 방식을, 달리 말하면 물류 고객의 승인 하에 또는 승인 없이 부여되었는지 여부, 주목하는 것이 필요하다.
- 물류 서비스를 제공함에 따라 발생하여 계약의 종료 후에 나타난 기타 다른 회계, 행정, 민사 등 의무에 관하여: 원칙적으로, 설정될 관련 합의에 대한 권리를 침해하지 않고, 이 수행의 보증이 귀속된 당사자의 책임이 될 것이다.
- 고객과 함께 서명한 물류 활동을 수행하기 위하여 고용된 직원에 관하여: 계약의 종료는 고객이 이 활동을 다른 3PL 프로바이더에게 위임하거나 또는 적절하다면 그의 사업 조직에서 활용가능한 물적 자원과 직원

으로 스스로 제공하기로 결정할 수도 있다는 것을 상정한다. 위 둘 중의 어떤 경우에도 3PL 프로바이더에 의하여 고용된 근로자들에 관한 *회사승계* 라는 상정이 뒤따르게 된다. 이러한 의미에서, 계약은 종종 고객과 이후 의탁하게 될 3PL 프로바이더에게 유리한, 고객과 이후 3PL 프로바이더에 대한 청구의 경우에, 3PL 프로바이더에 의한 보장을 규정하여, 3PL 프로바이더가 계약의 수행 전과 수행 중 고용한 근로자[35]와 배상금 기타 부채에 대한 책임을 진다. 이 어떤 것도 물류 활동에 할당된 인력에 대해 계약의 종료시에 고객이 책임져야 한다는 선택규정을 침해하지 않는다.

• 물류 플랫폼에 관하여: 이것은 예외 없이 계약기간 동안 상황이 어때왔는지에 달려 있을 것이다. 그러므로 만일, i 그것이 고객의 재산인 경우, 적절하다면, 3PL 프로바이더에게 이용 가능하도록 한 계약의 취소가 요구될 것이다; ii 그것이 3PL 프로바이더의 재산이거나 또는 플랫폼이 다른 방법을 통하여 그가 이용 가능한 경우, 그리고 플랫폼이 3PL 프로바이더가 고객을 위한 물류활동을 수행한 중심인 경우, 그것은 계속하여 3PL 프로바이더의 소지하에 있게 될 것이다; iii 고객에게 제공된 물류 활동을 위하여 독점적으로 귀속되어 있는 경우, 상황은 3PL 프로바이더가 리스계약으로 플랫폼을 이용하였는지 여부에 달려 있을 것인데, 그 경우 이 계약이 고객에게 이전되는 것이 논리적으로 보일 것이다; iv 3PL 프로바이더가 소유자의 권한 범위 내에서 그것을 가지고 있고, 전적으로 그 계약의 조건들을 수행할 수 있도록 할 목적으로 그것이 건설된 경우, 그 경우 계약 종료 후의 플랫폼에 관한 합의는, 다른 기타 자산과 마찬가지로, 그 '장부 가치'로 3PL 프로바이더로부터 그것을 매수할 의무를 보통 포함한다.

35) 이로부터 가능한 고용 계약의 광범위한 범위들 중에서, 그 종료로부터 발생할 수 있는 지속 불가능한 상황을 피하기 위하여, 적당한 고용계약의 형태에 대한 중요한 시사점이 발생 한다.

어떤 경우이든, 발생할 상황의 다양성을 고려하여 볼 때, 당사자들은 물류 서비스를 공급하는 계약의 종료의 결과를 취급할 명확한 정의를 제공하여야 한다. 이러한 정의들은, 유사하게, 요구되는 보상금의 - 불이행에 대한 취소의 경우- 포괄적 가능성을 포함하거나 또는 적절하다면 벌칙 조항으로서 고정된 금액을 규정하여야만 한다.

15) 자료 보호와 지적재산

15.1 자료 보호

자료 보호는 많은 물류계약에서 당사자가 걱정할 필요가 있는 문제가 아니다; 그러나 이 문제에 접근하는 가장 좋은 방법은 개인 자료를 처리하는 당사자가, 다른 당사자에게 자료 처리 시스템이나 파일의 변화 그리고/또는 규정의 변화를 계속하여 알려야 할 의무에 덧붙여, 반드시 따라야 하는 자료 보호에 관한 일반조항을 설정하는 것이다.

자료 보호 체제는 조화로운 입법과 최소한의 기준을 제공하는 EU 명령 2002/58/EC, 97/66/EC과 95/46/EC에서 유래하는데, 결과적으로 각 회원국은 보안의 더 높은 단계를 제공하여 확장시킬 수도 있다.

15.2 지적 재산

많은 아웃소싱 계약에서 당사자들은 계약이 끝날 때 지적 재산은 고객에게 양도될 것이라는 것을 합의할 수 있다. 물류계약은 IT 시스템이 계약의 조건들을 수행하는데 있어 수행하는 중요한 역할로 인하여, 예외가 없고, 심지어는 다른 계약에서 보다 더 많이, 여기에서는, 특히 시스템이 구체적으로 특정한 물류 활동을 위하여 개발되고 고객에 의하여 값이 지불된 경우에는, 이 효과에 대한 합의를 찾는 것이 상당히 일반적이다. IT시스템과 기타 시스템이 고객 자신에 의하여 제공된 경우도 또한 있을 수 있고, 그러므로 그 경우는 그것들을 사용하는 합의가 포함되어야만 한다.

그렇게 정의된 지적 재산의 양도는 각 나라에서 특정한 요구조건이 필요하고, 모든 나라에 보통 공통된 요구사항의 요약은 다음과 같다.

- 양도될 권리
- 이용 분야
- 양도 이유
- 양도 기간

16) 분쟁해결과 준거법

16.1 분쟁해결

자주 언급한 물류 서비스를 공급하는 계약의 복잡성은 계약기간 동안 당사자들은 어떤 문제에 대하여 불가피하게 분쟁을 가질 것이라는 것을 의미한다. 특히 복잡성의 정도가 경제-회계적인 요소(예를 들면, '오픈 북'에서 또는 '원가 가산' 계약에서)에 의하여 증대되는 계약의 경우가 그렇다. 우리의 관점에서, 당사자들은 이 충고를 받아들여, 계약의 조건을 협상할 때 어떤 분쟁이라도 가장 빨리 우호적으로 해결할 것 같은 분쟁 해결 구조를 제공하는 조항을 포함시키는 것에 주의를 기울여야만 한다. 그러나 실무는 당사자들은 준거법과 관할을 규정하는 매우 단순한 조항을 제공하는 것으로 충분하다고 상정하여, 보통 그와 같은 조항을 간과한다는 것을 보여 준다. 게다가, 분쟁 관리에 관한 규정이 포함될 때에도 거의 상세한 주의를 담지 않는 경향이 있다.

전술한 바와 같이, 제휴와 밀접한 협력이라는 물류 계약의 기초를 형성하는 이러한 특성을 감안할 때, 당사자들은 가능한 한 관계를 깨뜨리지 않고 발생할 갈등을 빨리 효과적으로 해결하기 위하여 미리 이를 어떻게 해결할 것인지에 대한 규정을 둘 것과 또한 분쟁에도 불구하고 가능한 한 그들의 의무를 계속하여 수행하여야만 한다는 규정을 두는 것이 바람직하다.

당사자들 사이에 가장 전형적인 형태의 분쟁은 다음과 관련된 이슈에서 발생할 가능성이 있다.

- 의무의 이행
- 불가항력의 원칙이 적용되어야 할 때
- 진술 또는 송장의 정확성

조항을 해석하는 많은 방법에도 불구하고, 우리의 관점에서 가장 일반적이고 유리한 방법은 상이한 단계로 분쟁을 해결하는 시스템을 정하는 것인데, 그 각자는 분쟁의 중요성과 특질에 의하여 결정된다. 가능한 단계는 다음과 같을 수 있다.

- 첫 번째 단계, 경미한 또는 기술적 분쟁의 경우, 당사자들은 정해진 시간틀 안에서 비공식적인 분쟁 해결을 도모하는 것을 합의할 수 있다. 그와 같은 경우의 일반적인 합의는 더 이상 그 문제를 추구할 필요 없이 선의로 분쟁을 토론하고, 상냥하게 최종적으로 해결할 관점을 가진 각 당사자의 지정된 계약 대표, 상급 매니저, 또는 독립적인 전문가에게 분쟁을 -분쟁이 기술적이거나 기능적 특질을 띠고 있는지 여부에 따라- 제출하는 것이다.
- 두 번째 단계, 갈등을 소송이나 합의되었을 중재에 제출하기 전에, 당사자들은 대화를 위한 보다 더 공식적인 장치를 제공하는 방법으로서 제3 감독관이 참여하는 것을 동의할 수 있다. 이것은 요즘 빠르게 발전하는 구조인데, 분쟁 대체 해결(ADR) 수단의 하나를 이용할 것을 합의하는 것을 포함한다. 이 방법들은 보다 더 공식적이고 체계적인 절차임에도 불구하고 비공식적으로 받아들여지고, 분쟁이 해결되지 않는 경우 당사자가 중재나 소송할 수 있는 선택권 행사를 불가능하게 하지 않는다.

• 마지막 단계, 그리고 앞 단계의 방법들이 당사자들 사이에 어떠한 합의를 하는데 실패하거나 또는 직접적으로 중요한 분쟁인 경우, 당사자들은 중재를 통하건 소송을 통하건 분쟁을 보다 공식적인 방법으로 다룰 것을 결정해야만 한다.

만일 당사자들이 중재에 의지한다면, 그들은 합의가 무효라고 선언되거나 중재재판소의 관할의 불명확성을 만들어낼 위험을 피하기 위하여 합의 조건들을 분명하게 그리고 포괄적으로 포함시켜야 한다. 그러므로 합의 조건들은 다음을 포함하여야 한다: 전부 또는 일체의 특정한 문제를 중재에 제출할 당사자의 명시적인 의도, 판정할 중재재판소의 권한, 중재의 언어, 중재기구와 절차에 관한 준거 규칙, 중재인의 수와 지명절차.

또한 중재에 분쟁을 제출하는 것은 당사자가 임시적이거나 예방적인 조치(가처분)를 중재 전에 또는 중재 중에 지위를 유지할 목적으로 법원에 청원을 제출할 수 있는 권리와 양립할 수 없는 것이 아니라는 것이 중요하다. 실제로, 이 권리는 심지어는 많은 중재 규칙 속에 명시적으로 예견되어 있다.

실무에서 재판에 의하기로 결정하면, 단지 발생하는 분쟁은 법원에서 해결된다고만 규정할 수 있다. 이 경우, 국제적 관점이나 요소가 있다면, 어떤 나라의 법원이 합의에 대한 관할을 가질 것인지를 특정해두는 것이 좋은 생각이다.

계약은 또한 법원이 전속적으로 또는 비전속적으로 관할을 갖는지 여부를 규정해야 한다. 전자의 경우 당사자들은 일체의 소송을 지정된 관할의 법원으로 가져가야 할 의무가 있다; 후자의 경우 당사자는 지정된 관할의 법원이나 관할을 정하는 규칙에 따라 합의에 대하여 관할을 갖는 나라의 법원에 소송을 가져갈 수 있다. 당사자의 어느 쪽이라도 지정된 법원의 관할구역 밖에 거주한다면, 관련 관할구역에서 그 당사자를 위하여 법적 서비스를 제공하는 대리인의 지명을 특정하는 것은 또한 좋은 생각일 수 있다. 관할 구역 밖에서 거주하는 당사자에 대한 소송을 수행하기 위하여 법원의 명령을 받아야 할 필요를 극복하는 수단으로서 의도된다.

16.2 준거법

국제적 범위에 관한 합의에서, 가장 가능성 있는 시나리오는 당사자들이 합의를 규율할 실체법의 준거법을 정하는 것이다. 선택된 법은 합의가 관계되는 어떤 분쟁의 경우라도 합의의 내용, 집행과 효력을 해석하는데 적용될 사법제도일 것이다.

준거법의 선택에 관하여, 당사자들은 보통 중립법을 선호하는데, 영국 또는 뉴욕 법이 중립적인 준거법으로서 가장 대중적인 선택이 된다.

준거법의 명시적인 선택이 없는 드문 경우에는, 법원은 합의에 적용될 준거법이 무엇인지에 관하여 결정할 수 있다. 이것은 반드시 법원이 소재하는 관할의 국제사법의 원칙에 따라 정하여져야 한다. 계약은 특히 '계약의무에 대한 준거법'에 관한 1980년 로마조약의 적용에 의하여야 할 것이다.

17) 관련 거래의 권리

고객이, 그를 위하여 물류 활동이 그 때까지 그 자신의 사업조직의 통합된 부분을 형성하여 온, 이 활동을 제3자-3PL 프로바이더에게 외주를 주기로 결정하는 상황은 희귀하지 않다; 사실, 위에서 본 것처럼, 이것은 *아웃소싱 오퍼레이션*에서 일반적인 상황이다. 사업 정책에서의 이러한 변화는 일련의 다소 복잡한 오퍼레이션을 포함할 수 있는데, 그것은 물류 자원을 승인 또는 양도에 의하여 3PL 프로바이더에게 처분하는 고객의 필요에 의하여 필수적으로 발생할 수 있다:

- 회사법을 규율하는 규칙에 따라서, 그리고 인수된 회사의 '부채의 보장'에 관한 계약적 합의를 침해하지 않고, 그 때까지 물류활동을 수행한 그룹의 회사의 모든 지분과 주식

• 자산의 본질과 모든 규칙과 규정을 주목하는, 물류 활동에 할당된 인적, 물적 자원. 유사하게, 그리고 적절하다면, '회사 승계'로부터 파생하는 위에서 언급한 문제를 제기하는, 피용인이 딸린 계약의 '이전'[36]

36) 그래서, 계약된 물류활동의 복잡성은 -대부분 복잡한데- 3PL 프로바이더가 그 자신의 자산에 덧붙여 부가적인 인력을 필요로 한다고 상정할 수 있다. 이러한 부가적인 자산은 그 자신의 물류 활동을 수행하였던 고객에 의하여 이전에 고용되었던 근로자들에 의하여 제공될 수 있거나 -이러한 방식으로 3PL 프로바이더는 고객을 구속하는 고용계약을 대리할 수 있는- 담당하게 된 서비스를 수행하는 새로운 근로자들을 고용하여-이러한 방식으로, 새로운 고용 계약을 체결하는- 획득할 수 도 있다. 유사하게, 원칙적으로는 3PL 프로바이더의 전문성이 보다 더 적은 자산을 가지고 결과를 최적화할 수 있도록 한다면 - '재구축 비용'의 분배를 계약적으로 결정하는 것이 필요하다는 것에 기인하여-, 3PL 프로바이더는 모든 고객의 피용인들을 통합하는데 관심이 없는 일이 발생할 수도 있다. 이 모든 것들은 노동법에 상응하여 행하여져야만 한다.

제3장

물류 서비스 공급 계약

: 물건의 운송

03 물류 서비스 공급 계약 : 물건의 운송

1. 도입

제조, 물류 그리고 판매 센터들이 보통 수천 킬로미터 떨어진 글로벌 그리고 분산된 경제에서는, 운송(원재료를 공장까지, 그리고 공장에서 물류센터와 판매지점까지 양쪽 다)은 제품과 기업의 경쟁력에서 결정적인 요소이어 왔다. 운송서비스는 3PL 프로바이더에 의하여 제공되는 가장 중요한 서비스까지는 아니라고 하더라도 물류의 주춧돌의 하나로서, 이 분야의 전문가가 운송의 역할을 먼저 고려하지 않고서는 물류를 이해할 수 없다고 믿는 그런 것이다. 그러므로 시장 수요에 대응하여, 3PL 프로바이더는 단지 분절된 운송서비스만을 제공하는 전통적인 운송인과 경쟁하는 글로벌, 도어 투 도어 또는 복합운송서비스를 제공하기 위하여 시장에 진입하여 왔다.

시장의 수요는 전반적인 서비스에 대한 현재의 공급자는 기민한 사업가이어야 할 뿐 아니라 그의 고객에 대한 어드바이저와 파트너이어야 한다(고객의 성공이 직접 그들 자신의 성공을 결정한다)는 것을 의미한다. 그 결과, 그는 그의 고객을 어드바이스 하는 지위에 있을 수 있게 하는 시장과 시장의 요구에 대한 광범위한 지식을 가져야만 한다. 글로벌 운송인은 시장, 물리적 오퍼레이션과 하역 오퍼레이션에 대한 깊은 지식을 가져야만 하고, 이러한 형태의 거래에 요구되는 서류 프로세싱에 능숙해야 하며, 제공하는 서비스에 적용되는 조건, 요구사항들, 제한 그리고 기준들을 설정하는 모든 국내적 그리고 국제적 법률과 규정을 충분히 숙지하고 있어야만 한다.

그러므로 이 장의 목표는 핵심적인 그러나 정확하고 상세하게 현행의 국제협약의 조건들을 제공하는 것인데, 그들의 범위와 실천적인 함의, 그리고 특히 도로, 바다, 철도, 항공 또는 복합운송을 포함한 각 유형의 운송에서 발생하는 책임을 기술한다.

2. 도로에 의한 물건 운송

1) 도입 : 정의와 법적 체제

우리는 국제 운송이 상호간 또는 다자간의 범위에서 국제 협약에 의하여 어떻게 규정되는지를 전에 나타냈다. 다자간 그룹은 국제도로물품운송협약(CMR)과 관계되는 1956. 5. 19. 제네바 협약을 포함하는데, 이는 1978. 7. 5. 제네바 의정서에 의하여 수정되었다.

국제도로물품운송에서는 국제도로운송(TIR) 원장 체제의 범위에 들어가는 운송의 형태가 존재한다는 것을 -비록 아래에서는 고려하지 않겠지만- 동등하게 강조할 가치가 있다. 이들은 특별히 단일한 특징을 제공하는데, 그들이 조건과 적용되는 국제 협약을 충족하는 한 세관검사나 진입비용, 출발시의 의무 또는 세금을 부담하지 않는다는 것이다.

2) 적용 범위

도로물품운송계약이 CMR 규정을 따르기 위하여서는, 다음 요구조건들을 충족시키는 것이 필요하다.

- 운송을 커버하는 계약이 있다는 것. 계약에서 이 점에 관하여 규정된 것이 없는 경우, 구두 계약도 충분할 것이다.
- 운송이 차량으로 수행된다는 것.
- 계약이 의무적일 것.
- 운송 계약에서 언급된 출발 장소 또는 상품의 상차 장소와 하차가 예정되어 있는 장소 중 적어도 하나는 협약의 체약국으로서 서로 다른 국가에 위치할 것.

운송 계약에 대한 협약의 적용은 계약 당사자들의 주소와 국적에도 불구하고 위에서 언급한 요소의 존재에 달려 있다.

유사하게, 협약은 그 규정을 준수하는 한 국가 자체, 기관과 정부 조직에 의하여 수행되는 운송에도 적용 된다.

운송되는 물건에 관하여, 다음은 협약의 범위에서 명시적으로 제외된다.

- 국제 우편 협정의 규정에 의하여 수행되는 운송
- 장례 운송
- 이사 운송

또한, 협약의 서명 프로토콜의 첫 번째 섹션에 따라, 영국과 북아일랜드, 아일랜드 공화국 사이의 운송은 CMR 규정의 적용이 제외 된다.

그러나 사적인 협정을 통하여, 국가들은 국경을 통과하는 운송에 관하여 특별한 체제를 설정함으로써 협약 규정을 멀리할 수 있다. 그러한 규정이 존재하지 않는 곳에서는 CMR 협약의 규정들이 적용될 것이다.

협약은 또한 해상, 철도, 내수 또는 항공에 의한 여행 동안 운송되는 상품의 경우도 고려하는데, 그 경우 CMR 제14조에서 규정한 상황을 제외하고는 화물의 중단이 발생하지 아니하여야 한다. 그와 같은 경우 멸실, 손상 또는 지연 도달이 해상, 철도, 내수 또는 항공 운송 중에 발생하였다고 입증되지 않는 한, 그리고 이 운송 중에 도로에 의한 운송 회사에 의한 작위 또는 부작위로 인한 것이 아닌 것이 명확하고 오히려 오로지 해상, 철도, 내수 또는 항공에 의하여 수행된 운송 중에 그리고 운송으로 인하여 발생할 수 있었던 경우로 인한 것이라고 입증되지 않는 한, CMR은 전체의 운송에 대하여 이 후자의 사항에 있어서 후자의 적용을 유리하게 결정 한다. 도로 운송 회사가 다른 수단에 의한 운송을 수행하는 같은 회사인 경우, 그 책임은 위에서 설정된 규정에 상응하여 결정될 것인데, 다른 운송 회사를 취급하는 이러한 목적이 고려될 것이다.

협약의 주관적인 적용 범위에 관하여, 운송 회사는 그의 고용인 또는 운송에 관여된 자가 그들의 업무를 수행함에 있어 저지른 작위 또는 부작위로 인하여 발생하였을 지도 모르는 상품의 멸실, 손상 또는 지연 도달에 대하여 책임을 져야 한다.

3) 계약 서류

협약에 의하여 규정되는 운송 계약은 본질에 있어 합의이다. 이 점에서, 운송증권은 운송 계약의 정당한 서류를 구성하는데, 일체의 불일치, 위조 또는 분실은 협약에 따라, 어떤 경우에도, 존재하는 계약의 성립 또는 효력에 영향을 미치지 않는다.

운송증권은 발송 당사자 또는 위탁인과 운송 회사에 의하여 서명되는 3통의 원본이 발행 된다:

- 제1 원본은 송하인(forwarding party)에게 제공될 것이다.

• 제2 원본은 운송되는 상품에 부수된다.

• 제3 원본은 운송인(bearer)의 점유로 남아 있다.

협약은 운송증권의 내용에 대하여 고려되어야 하는 최소한 그리고 필요한 범위에서만 언급한다. 계약 당사자들이 운송증권에 적당하다고 여기는 다른 언급을 덧붙일 수도 있다는 사실을 침해하지 않기 위한 것이다.

운송증권은 반드시 다음 조건들을 포함하여야 한다:

• 작성 장소와 일자
• 송하인의 이름과 주소
• 운송 회사의 이름과 주소
• 상품이 화물로 적재된 장소와 일자
• 수하인의 이름과 주소와 인도 장소
• 상품 자체와 포장 단위의 액면가, 뿐 아니라 위험하다면 상품의 통상적인 넝칭
• 포장의 개수, 포장의 특별한 표시와 번호
• 총 중량이나 기타 다른 형태로 표시된, 상품의 용량
• 운송비용(인도 시까지 계약의 체결부터 생길 수 있는 운임, 부대비용, 관세의 가격)
• 통관 수속 등에서 요구되는 지시
• 운송 회사는 이 협약에 의하여 설정된 법적 체제에 따른다는 진술, 비록 반대의 계약을 갖고 있다고 하더라도 덧붙여, 적절하다면, 다음을 포함할 수 있다:
  - 환적에 대한 금지의 명시적 진술
  - 운송인이 책임질 비용
  - 상품을 인도할 때 받을 배상 액수

- 신고 된 상품의 액수와 배송에 특별한 이해를 나타내는 금액
- 상품의 보험에 관한 운송인으로부터 운송회사에 대한 지시
- 운송이 수행되어져야 할 합의된 기간
- 운송 회사에 제공된 서류의 목록

일반적인 원칙으로서, 송하인은 운송 회사가 운송증권에 표시된 진술에 관한 부정확하고 불충분한 자료로 인하여 입게 될 모든 손해에 대하여 책임이 있다고 말할 수 있다.

유사하게, 협약의 명령적 성질을 재확인하면, 협약에서 기재된 조건들을 직접적으로 또는 간접적으로 폐지하는 모든 조항은 효력 없이 무효로 될 것이라는 것이라고 설정되어 있다. 그럼에도 불구하고, 그와 같은 조항의 무효는 계약에서 설정된 조항에 영향을 미치지 않는다.

운송 회사가 위험한 상품을 배송하는 경우에는, 협약은 실제운송인은 위험한 상품이 대표하는 위험의 정확한 본질을 구체화하여만 하고, 적절하다면 취하여져야 할 예방조치를 나타내야만 한다고 설정 한다. 운송증권에 경고가 기록되지 아니한 경우에는, 실제운송인 또는 수하인은 운송 회사가 문제의 상품의 운송에 의하여 수반된 위험의 정확한 본질을 알고 있다는 것을 그 외 다른 수단에 의하여 입증할 책임을 진다.

상품을 수령할 때에, 운송 회사는 다음을 점검하여야 한다:

• 포장의 개수
• 상품의 외관과 포장 상태
• 총 중량 또는 수량과 포장의 내용, 송하인에 의하여 그리고 송하인의 계산으로 그렇게 요구받았다면.

운송증권에서 기재된 것과 행하여진 점검 사이에 불일치가 있는 경우, 운

송 회사는 운송증권에 이를 기록하여야만 한다. 그러나 송하인이 묵인하지 않는 한, 송하인에게 아무런 책무를 부과하지 않는다.

다르게 할 정당한 이유가 있지 않는 한, 운송증권은 다음이 기록될 것이다:

• 계약의 조건들

• 운송인에 의한 상품의 영수

유사하게, 위탁인은 책임이 있다:

• 이 상황이 운송회사에 알려지지 않는 한, 결함 있는 포장으로 인하여 운송회사에게 발생한 비용.

• 진실성, 진품성 그리고 충분성 뿐 아니라 통관 기타 다른 목적을 위하여 상품에 부수되어야 할 필요한 서류를 첨부하는 것. 그럼에도 불구하고, 운송회사는, 대리인으로서, 이 서류들의 분실 또는 부당한 사용에 대하여 책임을 져야 한다. 그러한 책임은 상품의 손실의 경우에는 상응하는 정도 이상으로 확장되지 않는다.

다른 문제에 관하여서는, 광범한 처분 권리가 위탁인을 위하여 설정되어 있다. 위탁자는 상품을 이용하고, 운송인으로 하여금 운송을 중단하게 하며, 계획된 인도 장소를 변경하고, 최초에 지정된 것과 다른 수하인에게 인도될 것인지 여부를 결정할 수 있는 권한이 부여될 것이다. 같은 권리가 운송증권에 기재되어 있다면 수하인에게도 있을 것이다.

그럼에도 불구하고, 이 처분 권리는 적하물의 분할 즉, 원래 하나로 운반되도록 되어 있을 때 2 또는 그이상의 수하인 사이에서의 화물의 분리를 초래하지는 않을 것이다. 처분 권리는 다음의 경우 종료 된다:

• 운송증권의 제2원본이 수하인에게 제공되었을 때

• 상품이 목적지에 도달하였을 때. 이 때, 수하인은 영수증을 제출하고 제

2원본의 제공과 상품의 인도를 요구할 수 있다.

상품이 수하인에 의하여 거절되는 경우, 협약은 운송인은 운송증권을 사용할 필요 없이 상품을 사용할 수 있도록 설정하고 있다.

운송이 수행될 수 없거나 또는 인도에 장애가 발생한 때는, 운송 회사는 -위탁인의 지시를 요청하여- 그 자격이 있는 당사자의 비용으로 상품을 하역할 수 있다. 상품이 부패할 수 있는 특질 또는 조건에 의하여 정당화되는 때, 그것을 보관하는 비용이 균형이 맞지 않는 때 또는 위탁자로부터 합리적인 기간 내에 정당한 지시를 받지 못하는 때, 운송 회사는 상품을 팔 수 있다.

최종적으로, 운송가격에 관하여 협약은 다음 기준을 설정하고 있다:

• 상품은 운송증권에 기한 의무와 발생한 비용에 따라야 한다.
• 그와 같은 의무와 비용은 상품의 판매로 발생한 금액에서 제외되어야 한다.
• 만일 그 금액이 판매로 인한 것 보다 큰 경우에는, 운송인은 현저한 차이를 지불받을 것을 요구할 수 있다

4) 운송회사의 책임

운송인의 책임에 관하여, CMR 협약은 다음 기준을 설정하고 있다.

4.1 일반원칙

협약의 규정에 따라, 운송 회사는 전부 또는 일부 멸실 또는 상품의 수령시로부터 선박대리인(shipping agent)에 인도할 때 까지 발생할 파손 뿐 아니라 일체의 인도 지연에 대하여 책임이 있다. 이것은, 따라서 추정과실에 대한 책임(*presumed culpability*)이다.

4.2 책임 면제

운송인은 멸실, 파손 또는 지연이 다음에 의하여 발생된 경우 책임이 면제될 것이다.

- 상품에 대하여 권리를 보유한 당사자의 과실에 의한 경우
- 운송회사에 의한 비난가능성 있는 행동으로부터 기인한 것이 아닌 후자의 지시에 기인한 경우
- 상품의 특정한 결함에 기인한 경우
- 운송인이 방지할 수 없는 상황에 기인하여 그 결과를 중지시킬 수 없는 경우
- 다음 중 하나 또는 여러 사실에 의하여 내재된 특별한 위험으로 인한 경우
  - 무개 차량의 사용, 운송증권에 그와 같은 차량의 사용이 명시적으로 합의되어 있는 때.
  - 상품의 포장의 부재 또는 포장의 결함.
  - 일방 당사자 또는 다른 당사자를 위하여 행동하는 운송담당자 또는 사람에 의하여 수행되는 상품의 취급, 상차 또는 하차 그리고 부가적 기능
  - 특정 상품의 특질, 파열, 곰팡이, 내부적인 또는 자발적인 악화, 건조, 페스트 또는 설치류의 활동에 의한 전부 또는 일부 멸실 또는 파손.
  - 포장에 불충분하거나 불완전한 표시 또는 번호.
  - 살아 있는 동물의 운송.

운송에 사용된 차량의 결함, 또는 차량을 임대하거나 사용하게 한 사람의 과실은 면제의 사유를 구성하지 않는다.

노출된 상황과 관련한 입증의 부담에 관하여, 2개의 체제를 주목하여야만

한다.

- 앞선 단락에서 언급한 원으로 말미암아 발생한 멸실, 파손 또는 지연에 관하여 설정한다면, 입증의 부담은 운송회사에게 지워져 있다. 이런 식으로, 운송 회사의 책임이 추정된다.
- 특별한 위험 (i) - (vi) 어느 것의 일치가 주장되어 지고 실증되게 되면, 그때는 입증의 부담은 반대로 되어, 이의를 제기하는 자가 반대로 증거를 제공할 의무가 있게 된다.

전부 또는 일부 멸실: 상품에 대하여 처분 권리를 가지고 있는 당사자는, 입증할 필요 없이, 상품이 멸실되었다고 간주할 수 있다: 상품 멸실의 법적 추정

- 인도되어야 할 날로부터 30일이 경과한 때 또는 인도일에 관한 합의의 부재
- 운송 회사 상품에 대하여 책임을 인수한 6일 후

협약에서 규정한 조건에 의하여, 운송 회사가 상품에 대한 부분적인 또는 전체적인 보상에 대한 책임을 수용한 때에는, 이 보상은 상품이 운송회사가 그에 대한 책임을 인수한 시기와 장소에서 가졌던 가치에 상응하여 계산될 것이다.

상품의 가치는 주식거래소 표시가격에 상응하거나 또는 그것이 없으면, 현재 시장 가격에 상응하여, 이 두 가격 다 없으면, 동질·동량의 상품의 현재 가치에 상응하여 결정되어야 한다.

그럼에도 불구하고, 분실한 총 중량의 킬로그램 당 8.33 계산단위(account unit)를 초과하는 보상은 가능하지 않다. 그러나 더 나아가 운송 가격, 관세, 운송에서 발생하는 다른 예상치 못한 비용은 전부 멸실의 경우 전액, 부분 멸실의 경우 그 비율에 기초하여 보상되어야 한다. 이는 손해배상의 경우는 해

당되지 아니한다.

파손: 파손의 경우, 운송 회사는 가치가 하락한 금액 전부를 지불하여야 한다. 이는 상품의 가치에 상응하여 계산되어야 하는데, 이는 위에서 언급하였다. 그러나 어떤 경우에도, 보상이 다음을 초과할 수 없다:

- 전부 멸실의 경우에 상응한 금액, 파손으로 인하여 화물의 전부가 파손으로 인하여 가치가 전부 하락하였다면.
- 가치가 하락한 부분의 멸실의 경우에 적용될 금액, 단지 화물의 일부가 파손으로 인하여 가치가 하락하였다면.

지연: 다음의 경우 인도 지연이 있다:

- 상품이 합의된 기간 내에 인도되지 않거나, 아예 인도하지 아니하였을 때
- 유효 운송 기간이 부분화물의 경우 통상 주의의무를 가진 운송회사에게 합리적으로 허용된 기간을 초과한 때. 정상 조건 하에서 만재화물에 필요한 기간으로 추산한다.

지연의 책임이 있는 경우, 상품에 대한 권리를 보유한 당사자가 지연으로 인하여 발생한 결함이 있다는 것을 입증하면, 운송회사는 이에 대한 보상을 지불하여야 한다. 어떤 상황에서도 이 금액은 운송 요금을 초과하지 못한다.

용익 제한의 소멸: 운송회사는 책임을 배제 또는 제한하거나 입증책임을 전환하는 처분에 대한 우선특권을 향수하지 못 한다:

- 손상이 운송회사의 허위진술 또는 허위진술에 비교할 만한 과실에 의하여 발생한 경우
- 손상이 운송회사의 피용인 또는 운송을 위하여 고용하였을 수 있는 다른 사용인의 허위진술 또는 과실에 의하여 발생한 경우. 나아가 그들이 자신들의 기능을 수행하기 위하여 행동하였다면, 이러한 사람들이나 피용

인들은 협약 하에서 그들의 책임을 배제하거나 제한하는 처분에 관한 우선특권을 -그들의 인적인 책임에 관하여- 향수할 수 없다.

보완적인 기준: 협약은 송하인은, 당사자들 사이에서 합의된 초과 비용에 반하더라도, 협약의 규정에 의하여 운송증권에 설정된 한도를 넘는 상품의 가치를 고지할 수 있도록 하고 있는데, 그와 같은 경우 이 금액은 기재된 한계를 대체한다.

초과 가격을 지불함에 의하여, 목적지에서의 상품의 인도에 관한 특별 이해 금액과 멸실, 파손 또는 인도지연의 경우에 관련 있는 목적을 위한 금액을 또한 설정할 수도 있다. 특별한 이해의 고지가 존재하면, 운송인은 협약에 상응한 정당한 보상을 침해하지 않고 추가적인 손해와 동등한 보상 금액을 주장할 수 있고, 특별한 이해관계를 고지한 금액에 해당하는 금액을 주장할 수 있다.

상품의 처분권을 가지고 있는 당사자는, 결과적으로, 협약이 설정한 운송회사에 서면 이의를 한 날 또는 법적인 청구가 제기된 날부터 년 5/100의 비율의 보상에 대한 이자를 주장할 수 있다.

최종적으로 협약은, 운송계약을 정확한 이행을 위반하거나 하지 못함으로써 발생하는 책임과 함께, 계약 이외의 책임에 대한 가능한 요구를 설정하고 있다.

보험: 보험의 문제에 관하여는 협약에서 기재된 규정의 전체를 통 털어 간단한 언급만이 되어 있다. 그래서 운송회사가 자신을 상품의 보험의 수익자가 되는 규정과 다른 유사한 규정의 무효가 선언되어 있다.

5) 청구와 소송

5.1 다른 소송들의 연구

협약의 기준에 따라서, 수하인은 다음 경우에 운송증권에 기재된 상태로 상품을 수령하였다고 추정 된다:

- 물건이 그 상태에 대한 확인 또는 아무런 이의 없이 영수된 경우
- 고지된 멸실 또는 파손에 대하여, 인도와 관련하여 아무런 기록이 없는 경우
- 고지되지 않은 멸실 또는 파손에 대하여, 인도 후 7일 이내에 서면으로 아무런 기록이 없는 경우

어떤 경우에도, 인도 지연이 보상을 불러 일으키기 위하여서는, 인도 후 21일 이내에 서면으로 이의를 제기하는 것이 필요하다.

5.2 소 제기 기간

협약에서 설정된 시효에 관하여, 그리고 일반원칙으로, 그로부터 소멸하는 1년의 일반적인 기간이, 협약에서 기재되어 있는 대로, 설정되어 있다.

그럼에도 불구하고, 사기적 행동 또는 허위진술에 상당하는 행동의 결과로서 소송이 제기된 때에는 3년의 시효 기간이 설정되어 있다.

양자의 경우, 만기 기간 보다는 시효 기간이 있다. 이러한 이유는, 시효 기간의 중단과 관련 있는 국내법에 규정된 상황을 침해하지 않고, 운송회사가 서면으로 청구에 대답하고 동반되어 있는 서류를 반환할 때까지, 서면으로 작성된 재판 외의 서류가 시효를 중단시킨다.

기재되어 있는 시효 기간을 중단시키는 조치를 준수하기 위하여, 다음의 요구를 충족시키는 것이 필요하다:

• 사건에 대한 간단한 언급 또는 확인이 불가능한 의사전달이 아니라 진정한 청구이다.
• 청구가 서면으로 만들어진다.
• 소송은 운송회사에 대하여 제기된다.
• 첫 번째 청구이다.

어느 경우에도, 위에서 한 언급을 침해하지 않고, 시효 기간의 정지 또는 중단은 소송이 고려되는 법정이나 재판소의 지역의 법에 따른다.

5.3 관할

청구인은 오로지 다음 기관 앞에 그 권리를 행사할 수 있다.

• 당사자들이 명시적으로 따르기로 한 계약체결국의 법정이나 재판소; 또는
• 피고가 그의 상거소를 가지고 있는 국가의 법정이나 재판소; 또는
• 피고가 그의 주된(main) 주소지(domicile)를 가지고 있는 국가의 법정이나 재판소; 또는
• 피고가 운송 계약을 체결한 대리점의 영업소가 있는 국가의 법정 또는 재판소; (e) 운송회사가 유효하게 상품에 대한 책임을 인수한 장소의, 합의가 이른 곳이 아닌, 법정 또는 재판소; 또는
• 계약적으로 수하인에 대한 상품의 인도지로 합의 된 장소의 국가의 법정 또는 재판소

계약한 회사의 법정이나 재판소가 내린 판결은 기재된 CMR에 기재된 요구조건들을 충족하면 다른 체약국에서 집행될 수 있다.

위에서 한 모든 언급에도 불구하고, 당사자들은 다음 조건들을 충족시킨다

면, 중재 판정소에 따르기로 하는 계약이 가능하다.

- 운송계약에서 명시적으로 합의된 경우.
- 그와 같은 조항이 중재 법원에 의하여 CMR의 적용을 명시적으로 예상하는 경우

3. 해상에 의한 물건의 운송

1) 법적 규정

1.1 헤이그-비스비 룰

(a) 헤이그 룰: 해상 물건 운송은 1924 브뤼셀 협약의 승인으로부터 기원하는데, 이는 선하증권[37]에 관한 일정한 규칙을 통일하였다. 협약에 대한 서명으로 발생하는 이해관계는 운송인이 선하증권에 삽입하여 놓은 주선인의 책임에 대한 면책조항을 통하여 주선인을 보호하는 것이었는데, 그 방법으로서는, 제안된 법적 체제는 *제한법(ius cogens)*의

37) 브뤼셀 컨벤션은 그것을 비준하거나 회원국이 되어 해상에 이해관계를 가진 나라들의 총회에 의하여 상정되었다: Algeria, Angola, Antigua and Barbuda, Argentina, Australia(and Norfolk Island), Bahamas, Barbados, Belgium, Belize, Bolivia, Cameroon, Cape, Verde, Cyprus, Croatia, Cuba, Denmark, Dominican Republic, Ecuador, Egypt, Fiji, Finland, France, Gambia, Germany, Ghana, Goa, Greece, Granada, Guyana, Guinea-Bissau, Hungary, Iran, Ireland, Italy, Ivory, Coast, Jamaica, Japan, Kenya, Kiribati, Kuwait, Lebanon, Malaysia, Madagascar, Mauritania, Monaco, Mozambique, Nauru, The Netherlands, Nigeria, Norway, Papua New Guinea, Paraguay, Peru, Poland, Portugal, Macao, Romania, Russia, Solomon Islands, São Tomé And Principe, Sarawak, Senegal, Seychelles, Sierra Leone, Singapore, Syria, Somalia, Spain, Sri Lanka, St Kitts and Nevis, St Lucia St Vincent and The Grenainesm, Sweden, Switzerland, Tanzania, Timor, Tonga, Trinidad and Tobago, Turkey, Tuvalu, The United Kingdom Of Great Britain and Northern Ireland (and Anguilla, Ascension, British Antarctic Territories, British Virgin Islands, Cayman Islands, Gibraltar, Bermuda, Falkland Islands, Hong Kong, Montserrat, St Helena, Turks and Caicos Islands), The Usa and Zaire.

하나이고 따라서 폐지될 수 없다는 전제이다. 이 규정들은 또한 'The Hague Rules'로 알려져 있는데, 1921년 국제해사위원회에 의하여 승인된 같은 이름의 규정과 유사하기 때문이다.

(b) 1968년 브뤼셀과 1979년 런던 의정서: 헤이그 룰은 2번의 수정을 거쳤다. 첫 번째는 1968년 브뤼셀 의정서[38]에 의하여 제출되었는데, 운송인의 책임과 그 적용의 범위에 대하여 다루었다. 적용의 범위에 관하여, 헤이그 룰의 기준에 기초하여 두 개의 추가기준이 더하여졌다(회원국에까지 알려져 있을 추가기준): 화물이 회원국의 항구에 위치하여야 한다는 것과 당사자들의 자발적인 인도는 지상조항에 의하여 행하여져야 한다는 것.

두 번째 수정은 1979년 런던 의정서[39]에 의하여 도입되었는데, 특별인출권(SDR)과 함께 책임의 제한을 설정하기 위하여 황금룰을 대체하는 것이었다.

그러나 이 1979년 의정서의 비준은, 1장의 적용에 의하여, 원래의 브뤼셀 협약의 비중을 의미한다.

1.2 1978년 함부르크 룰

1978. 5. 31. 유엔 협약[40]은 함부르크 외교 회의에서 승인되었다. 보다 많

38) 이 1968. 2. 23.의 의정서 하에서 비준하거나 회원국이 된 나라들은: Belgium, Denmark, Ecuador, Finland, France, Greece, Georgia, Italy, Lebanon, The Netherlands, Norway, Poland, Russia, Singapore, Syria, Sri Lanka, Sweden Switzerland, Tongam The United Kingdom of Great Beitain And Northern Ireland(Isle of Man, Gibraltar, Bermuda, Hong Kong, Falkland Islands, Turks and Caicos Islands, Cayman Islands, British Virgin Islands, Montserrat, British Antarctic Territories).

39) 이 1979. 12. 21.자 의정서 하에서 비준하거나 회원국이 된 나라들은: Australia, Belgium, Denmark, Finland, France, Greece, Georgia, Italy, Japan, Mexico, The Netherlands, The Zealand, Poland, Spain, Sweden Switzerland, Tongam The United Kingdom of Great Beitain and Northern Ireland(Gibraltar, Bermuda, Hong Kong, Falkland Islands, Turks and Caicos Islands, Cayman Islandsm British Vergin Islands, Montserrat, Antarctic British Territories).

40) 1978. 3. 31.의 함부르크 하에서 비준하거나 회원국이 된 나라들은: Austria, Barbados, Botswana, Burkina Faso, Burundi, Cameroon, Chile, Czech Republic, Egypt, Gambia, Georgia,

은 선진국에 의하여 비준되지 아니하여 그 범위가 다소 제한적이기는 하지만, 그것은 20개가 넘는 국가에 의하여 비준되어 현재 발효되어 있다. 이 협약은 헤이그-비스비 룰과는 다른 책임 규정을 가지고 있어 대 선주로부터 반대를 불러일으키고 있는데, 이것이 매우 넓게 비준되지 아니하는 한 이유이다.

1.3 이러한 특별한 룰에 있어 규정의 대상

헤이그-비스비 룰과 함부르크 룰은 둘 다 해상을 통한 국제물건운송에 적용되고, 상품에 대한 멸실 또는 손상 - 함부르크 룰 하에서 지연 뿐 아니라 - 에 대하여 과실책임의 기초 위에서 운송인의 책임을 규정하려고 애쓴다. 과실에 대한 책임체제는 두 한도에 의하여 표시된다:

- 운송인의 책임 면제의 사유, 그리고
- 책임에 대한 질적인 제한

헤이그-비스비 룰 하에서의 운송인의 책임은 운송계약을 통하여 상정한 항해 전, 중의 운송인의 의무에 -선박이 감항상태에 있다는 것을 확인하는 형식절차를 포함하여- 기초하고 있다. 다른 한편으로, 또한 운송인이 의지할 면제 사유의 목록이 있다. 종합적으로, 이것은 운송인이 책임 면제의 수많은 법적인 사유를 호소할 수 있도록 부여하는 과실 책임 시스템을 -운송인에 대한 입증의 책임이 용이한- 설정하는 것에 해당한다.

함부르크 룰 하에서, 운송인은 자신의 보관 하에 있을 때 상품에 대한 멸실 또는 손상이 일어났다면, 상품에 대한 멸실 또는 손상에 대하여 책임이 있다. 이 규정은 운송인, 그들의 고용인 또는 대리인이 일체의 멸실 또는 손상과 그것으로 인한 결과를 방지하기 위하여 합리적으로 기대될 수 있는 모든 조치를 취하였다는 조건하에서 적용된다(함부르크 협약의 섹션 5.1). 이는 운송인의

Guinea, Hungary, Jordan, Kenya, Lebanon, Lesotho, Malawi, Moricco, Nigeria, Romania, Saint Vincent And The Grenadines, Senegal, Sierra Leone, Syria, Tunisia, Uganda, Tanzania, Zambia

과실 추정과 같은 법칙을 설정하는데, 책임의 면제는 지금은 멸실이나 손상을 회피하기 위하여 모든 합리적으로 필요한 조치를 취하였다는 것을 표시하는 것에 해당한다. 입증책임이 관계되는 한, 이것은 모든 가능성에서, 상기 사실들을 가장 잘 아는 당사자에 귀속된다.

상품에 대한 멸실 또는 손상에 대한 책임은 -그리고 함부르크 룰의 경우 또한 지연에 대한- 제한에 따른다. 그 합계는 다음과 같이 설정되어 있다.

- 헤이그-비스비 룰의 경우, 화물 또는 포장단위(1979 의정서에 상응한) 당 666.67 계산단위.[41]
- 함부르크 룰에서는, 송하인의 선택에 따라 화물 또는 운송된 화물의 다른 단위 당 835 계산단위, 또는 그렇지 않으면, 총 중량의 킬로그램 당 2.5 계산단위.

2) 준거법의 결정: 적용범위

이 룰들의 적용범위는 브뤼셀 의정서의 세션 5에 기재되어 있다. 1924년 브뤼셀 협약은 선하증권이 계약을 체결한 국가에서 발행되었고(섹션 10), 그리고 오로지 운송을 수행한 그들 중 하나가 협약의 회원이면 적용된다.

브뤼셀 협약의 새로운 안에 상응하여, 헤이그-비스비 룰은 다른 두 지점 사이에서 다음의 경우 상품의 운송이 관계하는 모든 계약에 적용될 것이다:

- 선하증권이 계약을 체결한 국가에서 작성되었을 때
- 또는 운송이 계약을 체결한 국가의 항구로부터 발생하였을 때
- 또는 선하증권이 계약이 협약의 규정 또는 협약의 규정을 적용하거나 이

41) 1924년 브뤼셀 협약은 상품의 가치와 성질이 선하증권에서 고지되지 않는 이상(섹션 4.5), 짐 또는 단위 당 100 금화 파운드의 책임제한을 설정하였다; 그리고 1968년 의정서는 '포엥카레' 화폐제도에서 기재된, 구체적으로 짐 또는 단위 당 10,000프랑의 제한을 도입하였다.

행하는 나라의 규정에 의하여 규율될 것이라고 명기하고 있을 때, 선박, 운송인, 주선인, 선박대리인 또는 다른 이해관계자의 국적이 무엇이라도. 계약에 전통적으로 지상조항으로 알려진 이러한 규정을 삽입하는 것은, 그것과 함께, 그리고 이러한 책임의 체제로 규정된 제한법과 함께, 이와 반대되는 또는 이 체제와 양립할 수 없는 일체의 다른 규정을 뛰어넘어, 1968년과 1979년에 수정된 헤이그 룰(이하 불명료하지만 헤이그-비스비 룰 또는 RHV라고 한다)의 적용을 수반 한다.

3) 적용의 범위

3.1 운송대상에 대한 제한 설정 : 상품

헤이그-비스비 룰은 여객이 아닌 오로지 상품의 운송에만 적용된다. '상품'이라는 용어는 '살아 있는 동물과 운송계약에 따라 갑판에 적재되어야 하고 갑판적으로 운송되어야 한다고 선언되어 있는 화물을 제외한 모든 조항의 재화, 물건, 상품, 그리고 품목'을 포함한다.

3.2 상품의 국제적인 운송

요구조건은 운송이 다른 두 국가의 항구 사이에서 라는 국제적이어야 한다는 것이다. 이는 상품의 국내 운송 또는 도선은 제외한다.

3.3 선하증권 또는 유사서류에 기록된 상품의 국제적인 운송

헤이그 - 비스비 룰은 해상을 통한 상품의 운송에 대한 권리증으로 작용할 선하증권 또는 기타 다른 유사서류에 기록된 상품의 국제적인 운송에 적용된다.

3.4 일시적인 적용 : 운송 단계

섹션 1.은 이러한 특별한 룰의 적용을 상품의 선적으로부터 그것들이 하역될 때까지 경과된 시간으로 제한 한다; 이러한 오퍼레이션은 선박이라는 특별한 자산을 사용하여 수행한다.

4) 국제적인 경합

1924년 브뤼셀 협약 뿐 아니라 그 후 브뤼셀 협약을 수정한 1968년과 1979년 의정서도 선하증권 체제하에서 상품의 운송으로부터 발생하는 분쟁에 관하여 국제적인 경합에 관한 일체의 규정을 포함하고 있지 아니하다.

다른 한편, 함부르크 룰은 국제적 관할 경합에 관한 특별한 규정을 포함하고 있다. 이러한 규정들이 적용되는 때, 일단 협약이 사인되고 비준되면, 원고가 이러한 규정에 따르고 사건이 다음의 어느 하나에 소재하고 있는 나라에서 제기되는 경우, 국내법원은 소송사건을 취급할 권한을 부여받을 것이다.

- 피고의 주된 사무소 또는 주거;
- 계약이 이행되는 장소;
- 해상을 통한 물건의 운송계약에서 선적항, 양하항 또는 그 목적으로 지정된 다른 장소
- 특별한 경우, 운송인의 선박에 짐이 적재되는 법원 또는 장소(21조)

특별한 국제적인 규정이 현재 없다면, 국내법에 규정된 일반적인 규정에 덧붙여, 44/2001 EC 위원회 규정과, 관할 경합과 관련하여, 민사와 상사문제에 있어서의 승인과 강제집행과 항해중인 선박의 억류에 관한 1952년 협약에 포함된 특별한 규정들이 적용된다.

5) 계약의 인적 그리고 물적인 요소

5.1 인적인 요소

선하증권 체제하에서 운송계약에 등장하는 기본적으로 3 당사자가 있다: 송하인, 운송인과 선박대리인

(1) 송하인

직접적으로 또는 중개인을 통하여 운송을 계약하는 당사자이고, 선하증권에 송하인으로 표시된다. 다른 대리인을 통하여 행동하는 경우, 직접 대리의 형식이 있다면 화주는 송하인의 지위를 갖게 될 것이고, 이런 연유로 중개인은 계약에서 나타나는 화주의 이름으로 그들 자신과 외부 당사자의 명의로 계약을 체결한다. 그러나 중개인이 다른 당사자와의 하청계약에서 그들 자신의 명의로 행동한다면, 그들은 계약에서 주선인으로 나타날 것이다.

운송계약은 2 활동을 포함한다: 운송인의 처분 하에 상품을 두는 것, 운송인은 송하인에 의하여 제공된 정보를 가지고 선하증권을 발행하고 교부한다.

송하인의 지위는, 물건을 소유하는 법적 권리와 관계없이, 계약위반, 구체적으로 화물에 대한 손상 또는 멸실의 경우에 운송인에 대하여 소송을 제기할 자격을 부여한다.

함부르크 룰 1.3조는 송하인은 직접적으로 또는 다른 대리인을 통하여 그들 자신의 명의와 계산으로 행동하는지 간에, 운송에 대하여 책임이 있는 당사자로 정의 한다.

(2) 수하인 또는 선박대리인

이는 도착항에서 화물을 청구할 수 있는 권리를 보유하는 화물의 수하인이다. 선하증권의 경우, 이러한 권원은 증권을 소지하는 것에서 발생한다. 나아가, 해상운송장이 사용되었다면, 비록 이것이 전통적인 증권의 지위를 결한다

고 하더라도, 해상운송장에 그 이름이 나타난다면 수하인의 지위를 갖게 될 것이다. 어떤 경우에도, 송하인의 지위와는 독립적이다. 그는 양수인이 아니고, 운송인이 송하인에 관하여 보유할 수 있는 그런 예외들은 반대될 수 없다.

함부르크 룰은 '선박대리점'을 상품을 수령할 권한이 있는 사람으로 언급하다(1.4조)

(3) 운송인

운송인은 운송을 수행할 의무를 상정하는 당사자인데, 반드시 운송을 완성하는 당사자일 필요는 없다. 이는 운송인은 항상 선박 소유자에 해당되지는 않기 때문이고, 용선자가 송하인과 계약한 당사자일 때도 마찬가지이다. RHV 2장은 운송인을 '운송계약 하에서 송하인에 구속되는 선박 소유자, 선박회사 또는 용선자'로 정의한다. 이후 제3장에서 규정된 선박소유자, 선박회사 또는 용선자의 정의를 제외하더라도, 선하증권 체제하에서 해상을 통한 상품운송에 대한 형식적 또는 물리적 의무를 상정하는 당사자로서 운송인을 묘사하는 것에 의하여 계약에서 상정된 서비스를 강조하는 것이 가능하다.

함부르크 룰은 운송인을 보다 더 정확하게 정의한다(1조). 함부르크 룰은 실질적인 운송인과 계약 운송인을 구분하여, 운송의 공급을 준수하는 공동책임을 양쪽에게 부과한다(1조와 10조).

운송인이 상정하는 의무는 상품을 합의된 장소에 이전하는 것으로부터 기인하므로, 그것을 준수할 책임이 있다. 계약 운송인이 선박소유자에 해당되지 않는 경우, 비록 헤이그-비스비 룰이 실질적인 운송인과 계약 운송인을 명확하게 구분하지 않는다고 하더라도, 상품에 대한 지연, 멸실 또는 손상으로 말미암은 계약위반의 경우 계약운송인이 책임이 면제되는 상당한 이유가 있다.

5.2 선하증권

헤이그-비스비 룰에 따르는 해상을 통한 상품의 운송은 반드시 선하증권 또는 유사한 증권으로 서류화될 필요는 없다. 서류의 부재는 계약의 무효를 결정하지 않지만, 헤이그-비스비 룰의 법적 체제가 적용되지 않는다.

함부르크 룰은 화물에 대한 대가로 한 항구에서 다른 항구로 해상을 통한 상품의 운송을 수행하는 운송인을 위하여 해상을 통한 모든 운송 계약에 적용되는데, 이는 반드시 선하증권으로 서류화될 필요는 없다(1.6조). 그럼에도 불구하고, '운송인이 상품에 대하여 책임을 인수할 때는, 송하인의 요구에 의하여 송하인에게 선하증권을 발행하여야만 한다'(함부르크 협약 14.1조). 선하증권은 운송계약과 운송인에 대한 상품의 인도를 입증하는 서류이고, '그리고 선하증권에 의하여 서류의 교부에 대하여 상품의 인도를 수행한다'(함부르크 협약 1.7조).

선하증권은 선장 또는 상품의 운송을 담당하는 당사자에 의하여 발행되는 서류이고, 선하증권에 어떤 상품이 인수되어 배에 선적되었고, 그 물건을 도착지에 운송하여 증권의 정당한 소지자에게 인도할 것이 인정되어 있다.

4통의 선하증권이 발행되어 선장과 송하인에 의하여 서명된다. 송하인은 한 장을 보유하고, 상품을 청구할 권한을 부여하기 위하여 다른 한 장을 수하인 또는 선박 대리점에게 보낸다. 선장은 2통을 가지는데, 한 장은 자신을 위하여, 다른 한 장은 선박회사를 위한 것이다.

(1) 선하증권의 내용

RHV 섹션 3.3은 선하증권이 포함하여야 할 문구를 담고 있다.

- 선박의 이름, 등록과 항구. 용선의 상세는 그다지 중요하지 않지만, 선박의 식별은 중요하다. 선하증권은 선박이 대체될 수 있다거나 정하여지지 않았다는 문구를 포함할 수 있다.
- 선장의 이름과 주소. 이것은 강제적인 것은 아니나, 포함되어 있을 때에는 선장이 그를 위하여 행동하는 선박소유자 운송인을 확인하기 위하여서이다.

- 선적과 양하항. 이것은 운송의 해상 단계를 식별하는 것을 가능하게 한다.
- 송하인의 이름
- 선박대리점의 이름과 주소, 선하증권이 이를 특정하고 있다면. 선박대리점이 운송인이라면, 증명서의 소지로 인도에 대한 상품을 청구하기에 충분하기 때문에 이 항목은 필요 없다.
- 화물. 이는 운송의 가격이다. 선적이 예정되었거나 지불되었는지 여부에 따라, 수하인에 의한 상품의 영수는 화물의 지불이 부과될 것이다.
- 상품의 식별을 위한 필요한 주요 표지, 선박에 선적되기 전에 송하인에 의하여 서면으로 제공 되어진 형태로. 표시된 표지는 포장되기 전의 상품 또는 그 상품을 담고 있는 박스나 포장 위에 인쇄되거나 명확하게 기재되어 운송이 종료될 때까지 정상적으로 알아 볼 수 있는 방식으로 행하여진다.
- 짐, 부분의 개수, 경우에 따라 수량 또는 중량, 송하인에 의하여 서면으로 기록된 대로의.
- 상품의 상태와 명시적 외관.

운송인은 수령한 상품이 표지, 개수, 수량 또는 중량에 관하여 송하인이 한 고지와 일치하는지를 확인하는 것이 필요하다.

(2) 선하증권의 기능

선하증권은 광범한 범위의 기능이 구성되어 있다: 운송계약을 위한 증서에 덧붙여, 상품의 담보로서 기능하고, 운송인에 대하여 소유권의 배후사정으로서 작용한다.

함부르크 룰은 이 3가지 기능을 포함하여 선하증권을 다음과 같이 기술한다.

운송 계약의 증거를 제공하고, 운송인이 상품을 그의 소지 하에 두었다거나 선적하였다는 것을 입증하는 서류이고, 그 서류의 제공으로 상품을 인도할 것을 수행한다. 이와 같은 기능은 그 서류에 의하여 상품이 특정한 개인의 지시인, 지정인 또는 소지인에게 인도되어야 할 것을 그 서류에 포함되어 있는 규정에 의하여 설정된다.(함부르크 협약 섹션 1.7)

(a) 운송 계약이 기록된 서류

선하증권은 계약 내용과 이행의 증거를 구성하는데, 그리하여 운송인의 책임을 제한하는 규정을 무효화시킬 것을 잊지 말아야 한다. 계약이라는 형식은 증거로서의(*ad probationem*) 기능을 하는데, 비록 그것이 헤이그-비스비 룰을 적용하기 위하여서는 필요하더라도, 그 유효성은 형식을 취하였는지 여부에 달려있는 것은 아니기 때문이다. 입증은 계약의 내용, 구체적으로는 운송인, 송하인 그리고 수하인의 -직접적 또는 조항을 통하여 소지인- 식별, 운임의 가격(화물의 가격); 운송의 대상인 상품; 그리고 헤이그-비스비 룰 체제 하에서 관계된 운송단계를 알기 위하여 선적과 양하 항구의 결정에 까지 확장될 것이다.

(b) 운송인에 대한 상품의 인도의 입증

이 특별한 서류는 운송인에 대한 상품의 인도를 입증하게 되는데, 동시에 선하증권 체제 하에서 운송 계약에서 운송인에 의하여 상정된 의무를 입증하는 것이다.

운송인에 의한 선하증권의 발행은 *번복 가능한(iuris tantum)* 추정(presumption)을 구성하는데, 상품이 서류에 기재된 상태로 인도되었다는 추정에 대한 반대의 입증을 인정한다는 것이다. 그럼에도 불구하고, 상품을 청구하는 선하증권을 보유한 제3자에 관하여서는, 송하인과 운송인 사이에 존재하는 인적인 관계로 발생하는 예외가 대항할 수 없는 한도 내에서는, 이러한 추정은 반대의 입증을 인정하지 않는다(1968년 의정서에 의하여 수정된 브뤼셀 협약 3.4조).

(c) 유가증권

선하증권은 운송인에 대하여 목적지에서 상품의 인도를 요구하기 위한 청구권(right of credit)을 포함하고 있다. 이 담보는 지정인 또는 소지인에 대한 기명식이 될 수 있다:

- 상품이 인도될 개인을 명시적으로 지정할 때 기명식이 될 수 있다. 이는 송하인 또는 제3자 -수하인 또는 선박대리점이 될 수도 있다. 이 선하증권은 양도에 의하여서만 이전될 수 있다.
- 상품이 송하인 또는 제3자 그리고 그 후의 양수인이 지시하는 사람에게 인도될 것이라고 기재되어 있을 때는 지시인이 될 수도 있다.
- 소지인에게 발행되었을 때, 그 증서의 소지는 자격증명으로 기능할 것이고, 그 서류의 물리적 인도로 이전될 수 있다.

만일 선하증권이 기명식 또는 지시식이라면, 운송인에게 부여한 신용의 권리를 승인하기 위하여 서류의 소지에 덧붙여 그 소유권을 정당화시킬 필요가 있다. 그러나 서류의 단순한 소지는 소지인에게 선하증권을 발행한 경우에는 충분할 것이다.

선하증권은 또한 소유권에 대한 배후 사정을 입증하는 서류이다. 상품 묘사와 조건을 정당화시킬 뿐 아니라, 이전의 경우에 행하여질 인도를 대체하게 한다. 특히 소유권에 대하여, 선하증권을 사용함으로써 공급 행위가 가능하다.

5.3 선하증권과 유사한 서류

다음 서류들이 인정될 수 있다.

(1) 운송 수취증

이것은 상품이 그 운송 전에 인도되었을 때 운송 대리인에 의하여 발행되는데, 원칙적으로 오로지 운송인에 의한 화물의 영수를 나타낸다.

수취 선하증권은 -비록 그것이 일시적인 수령이라고 하더라도- 배후사정을 입증하는 소유권으로서 기능할 뿐 아니라, 그 소지인이 목적지에서 그 상품을 이동시키고, 적절한 책임 있는 조치를 취하는 것을 가능하게 한다.

(2) 인도지시서

이는 선하증권의 존재와 상품의 부분적 인도 청구 또는 분할에 의한 인도를 상정한다. 이것을 위하여, 운송인은 '인도지시서'를 발행하여 선하증권에 이를 기재한다. 인도지시서는 상품 또는 그것의 일부에 대하여 유가증권의 지위를 부여하고, 법적으로 그 소지인이 운송 도중 또는 목적지의 항구에서 상품을 이동시킬 수 있도록 한다.

이러한 특별한 인도지시서와 함께, 부적절하다고 알려진 다른 것들이 있는데, 이것들은 선하증권의 소지인에 의하여 발행되기 때문이다. 비록 인도지시서는 그 소지인이 그들이 의뢰하는 화물의 일부를 이동시키는 것을 가능하게 하지만, 인도지시서는 상기(上記) 상품을 나타내지 않고 유가증권의 지위가 없다.

(3) 통용 선하증권

이는 결합된 또는 순차적인 운송의 경우에 여러 운송인에 의하여 행하여지는 운송을 커버하기 위하여 발행되고, 그 소지인이 도착지에서 상품을 청구할 수 있게 한다.

그것을 발행할 책임은 최초의 운송인에게 있다. 이 선하증권은 다른 운송인들에 의하여 수행되어지는 여러 단계가 있더라도 운송 전체를 커버한다. 단일 운송에서는, 최초의 운송인 또는 계약 운송인이 일부 운송 단계를 하청주지만, 이것은 하나의 단일 계약으로서 중단되지 않고, 그 단계의 전부를 이행하는 데에 공동 책임이 있다. 운송이 그 성질상 순차적인 경우에는, 그것을 수행할 의무는 운송을 수행하는 모든 운송인에게 상정되어 있고, 모든 운송인이 공동으로 책임이 있다. 양 경우에, 상품이 선적될 때 발행된 통용 선하증권은 담보를 구성한다. 그 운송을 위하여 최초의 운송인에게 인도된 것을 표창하는 이외에, 수하인이 목적지에서 그 소지인으로부터 상품을 이동시킬 권한을 부여한다.

(4) 해상운송장

이는 종종 선하증권을 대체하는데, 운송계약의 특별한 진술내용을 포함할 뿐 아니라 상품의 인도에 대한 영수서를 구성한다. 이러한 식으로, 해상운송장은 운송계약의 내용과 운송인에게 상품을 인도하였다는 것을 입증하는 목적을 만족시키고, 결과적으로 그 소지인이 목적지에서 상기(上記) 상품을 이동시킬 수 있게 한다. 그러나 유가증권의 지위를 갖지 못하는데, 운송된 상품을 표시하지 못하거나 중간의 소지에 대한 자격을 부여하지 못하기 때문이다.

판례법은 이러한 서류들이 '수하인에 대하여 운송인의 의무를 입증한다'고 하더라도, 수하인은 '상품의 인도를 청구하기 위하여 그 서류를 제시할' 필요가 없고, 그러므로 '인도에 대한 권리의 수익자가 되기 위하여 최초로 지정된 주체로서 식별되면 충분하다'. 이것들은 상품의 이전이 예상되지 않을 때 발행되고, 따라서 운송 중에 사용되지 않도록 되어 있다.

엄밀하게 말하면, 이것은 선하증권과 유사한 서류가 아닌데 그것은 유가증권으로서의 지위를 갖지 못하기 때문이고, 헤이그-비스비 룰은 이러한 계약에 적용되지 않을 것인데, 이러한 계약은 종종 지상 조항을 포함하기 때문이다.

6) 당사자들의 의무

헤이그-비스비 룰은 선하증권 제도 하에서 해상을 통한 운송계약을 철저하고 완전하게 규율하는 것을 목표로 하지 않는다. 이미 언급한 바와 같이, 룰은 운송인에 대한 최소한의 의무와 책임체제를 이용하는, 운송인에 대하여 송하인을 보호하기 위하여 선언되었다. 이는 계약에서 지배적인 지위를 갖는 한쪽 당사자로 인하여 부과된 책임제한을 막기 위하여 구속력 있는 기반 위에서 규정되었다. 이러한 이유로, 송하인과 선박대리점의 의무는 앞서 말한 내용과 계약의 본질을 구성하는 다른 일반적인 룰로부터 추론될 수 있음에 비하여, 운송인의 의무는 완벽하게 잘 정하여진 것 같다.

6.1 송하인 또는 수하인의 의무

(1) 운송인에 대한 상품의 인도

선하증권 제도 하에서 상품의 운송을 의뢰하는 송하인은 운송인으로 하여금 상품을 의뢰하는 곳으로 운송할 의무를 부과하기 위하여 상품을 운송의 처분에 두어야만 한다. 이러한 인도는 운송인으로 하여금 자신의 자산을 이용하여 선적되도록 선박의 측면에서 행하여질 수 있다; 또는 운송인에 의하여 제공된 것이 아닌 다른 수단을 통하여 선적될 때는 선박 위에서; 또는 또한 운송인의 영업소 또는 그 대리인의 영업소에서, 이는 논리적으로 '수취 선하증권'의 발행과 연관되어 있다.

(2) 화물의 설명

송하인은 운송인에게 화물을 식별하는 주요 표식과 수량, 중량, 짐의 양과 개수에 관한 정보를 제공하는데, 이는 운송인이 발행하는 선하증권에 기재된다. 이는 화물의 외관상 명백한 조건과 상태에 관하여 운송인에 의하여 만들어진 진술을 전혀 침해하지 않는다. 나아가, 송하인은 책임제한의 목적을 위하여 그렇게 할 이익이 있다면, 화물의 재무적 가치와 본질을 고지할 것이다.

나중에 선하증권에 기재되게 되는 상품의 표식, 개수, 수량과 중량에 관하여 운송인에게 제공된 서면 고지의 정확성에 관하여 운송인의 책임이 있다는 것을 주목할 필요가 있다. 송하인은 그와 같은 부정확함이 선하증권의 소지인으로부터 청구의 결과로서 발생시킬 수 있는 손해에 대하여 운송인에게 책임이 있다.

(3) 화물 운임

상호간 계약(쌍무계약)의 관점에서, 화물 운임은 운송인에게 상정된 화물의 운임에 대하여 부과된 대가로 적절히 관련지어 진다. 헤이그-비스비 룰은 이 관점에서 어떤 규정도 제공하지 않는다. 이것은 정상적으로 정기 노선에서 일어나는 운송의 형태이기 때문에, 운송인은 보통 가격에 대한 관세를 설정하고, 이것은 운송인의 성격에 달려 있다. 화물의 총금액은 선하증권에 특별한 규정으로 나타난다. 운송에 대한 지불은 송하인에 의하여 미리 행하여 질 수 있고, 예외적으로 화물을 받는 선박대리점이 목적지에서 지불하도록 허여(許与)된다.

(4) 목적지에서 화물의 이동

운송인이 그 의무를 준수하였을 때, 송하인 또는 화물의 수하인은 이를 위한 목적으로 권한을 부여하는 증명서의 제시(정상적으로는 선하증권)로 화물을 이동시킬 수 있다.

만일 선하증권의 소지자가 송하인이 아닌 제3자이고, 화물운임이 미지불되거나 화물에 필요한 운송으로 발생한 비용이 있는 경우, 이 선박대리점은 운송인에 대하여 상품을 이동시킬 수 없을 것이다.

6.2 운송인의 의무

선하증권 제도 하에서 상품의 운송 계약에 있어 운송인에 의하여 상정된 주요 서비스는 선적지에서 양하지로 상품을 이동하는 것이다. 이것은 결과를 제공할 의무인데, 활동을 수행하는 것 뿐 아니라 이동을 시킬 것을 떠맡았기 때문이다. 이는 운송 중에 화물을 적당한 상태로 보존하는 방식으로 이루어져야 한다. 주요 운송의무와 함께, 이 목적을 위하여 할당된 자산에 관한 수많은 의무가 있다. 이 모든 것들은 헤이그-비스비 룰이 섹션1.에서 설정한 일시적인 적용 범위 내에서 틀이 형성되어 있다. 그것들은 실제 운송에 소요된 시간에 제한되지 않으나, 상품의 하역과 함께 개시될 수 있으며, 가능하다면, 이 두 오퍼레이션이 계약에서 명시적으로 배제되지 않는 경우, 하역으로 마무리 짓는다.

협약에 규정되어 있는 다음의 분류에 따라, 운송인에 대한 이 의무들을 운송의 3단계에 기초하여 그룹 짓는 것이 가능하다: 항해 이전, 도중 그리고 이후.

헤이그-비스비 룰에 규정되어 있는 책임제도는 운송인의 3의무의 기초 위에 설정되어 있다.

(1) 운송의 개시 이전의 운송인의 의무

(a) 선박의 감항능력 의무

운송인은 반드시 운송에 제공된 화물에 적합한 선박을 사용하여야 한다. 이 의무는 선박이 항해와 적절한 적재, 장비, 설비의 조건을 갖추어야 한다는 사실(섹션 3.1.a) 뿐 아니라 상품이 적재되는 배 위에 화물창, 냉장실, 냉동실 그리고 다른 공간(섹션 3.1.b)으로 확장된다.

헤이그-비스비 룰은 운송인에 대한 이 의무를 보증으로서 또는 결과를 제공할 의무로서 고려하지 않고, 오히려 선관의무로서 고려한다. 섹션4는 선박의 불감항에서 기인하는 멸실 또는 손상이 있을 때를 규정하는데, 운송인은 앞서 언급한 섹션에서 설정한 상태로 선박을 유지하는데(placing) 있어서의 선관의무의 결여가 그 멸실 또는 손상의 원인이 되는 경우에만 책임이 있다.

(b) 상품의 선적과 적재

섹션 3.2에서 열거된 운송인의 의무는 다음을 포함한다: '상품의 선적, 적재…에 관하여 적절하고, 신중하게 행동할 것'. 선적은 운송되는 순서대로 상품의 선박의 선상에 위치시키는 것이다. 적재는 마지막 오퍼레이션으로서, 구체적으로 상품을 선박의 짐칸 또는 선실 내에 적절하게 배치하는 것이다.

운송인에 -의무의 적절한 이행과 나아가 하자 있는 이행의 결과로 발생하는 책임이 상정되는- 부과된 이 의무는 헤이그-비스비 룰의 일시적인 적용에 의하여 영향을 받을 수 있다. 이 룰은 선박의 특정한 자원을 이용하여 수행되는 선적과 양하 오퍼레이션에 적용될 것이다. 이 말은, 선박에 대한 외부적인 자원을 이용하여 수행하는 한, 선적과 양하 오퍼레이션에 대한 운송인의 책임의 면제를 내포할 수 있는 것처럼 들리지만, 일반적으로는 그렇지 않다. 왜냐하면 비록 제3자에게 그것을 위탁할 수 있다고 하더라도 대부분의 선하증권에서 운송인은 선적과 양하 오퍼레이션을 상정하기 때문이다. 이러한 방식으로, 오퍼레이션의 수행 중에 손상이 발생하였다면, 운송인은 언제든지 헤이그-비스비 룰에서 설정한 조건에 대하여 책임이 있다. 이것은 선적을 수행한 제3자의 손실을 입은 자(송하인, 수하인 그리고 그들의 보험자)에 대한 외부계약상의 책임을 침해하지 않는다.

심지어는 송하인에 의한 선적과 적재의 수행이 합의된 경우에 있어서도, 판례법은 운송인은 언제나 그의 통제 하에 있는 선장에 의한 주의의 부족에 대하여 책임이 있다고 밝히고 있다.

(c) 송하인에 대한 선하증권의 발행과 교부

섹션 3.3.1은 운송인에게 '상품을 선상에서 받은 이후에, 그 섹션에서 기재할 조건을 설정하고 있는, 선적항에서 운송인, 선장 또는 운송인의 대리인에 의하여 서명된 선하증권을 교부할' 의무를 부과한다: 선박, 선장, 송하인, 상품을 이동시킬 수 있는 권한이 있는 선박대리점의 식별; 선적항과 양하항; 화물, 상품의 표지, 포장의 개수, 수량과 중량, 그리고 그것들의 외관상 명백한 조건과 상태.

(2) 항해 중의 운송인의 의무

(a) 예정된 일정을 준수하여 상품의 운송을 수행하는 것

헤이그-비스비 룰은 사람을 구하거나 구하려는 시도 뿐 아니라 화물을 구하기 위하여 항로에서 벗어나는 것을 정당화한다. 개인을 구하는 것은 인도적인 이유로 정당화될 수 있음에 반하여, 화물을 구하는 것은 해난구조법에 상응하여 보상을 받을 선주에게만 이익이 되는데 반해, 송하인 또는 수하인은 아무도 지연에 대한 최소한의 책임을 지지 않는 상황에서 일방적 피해를 입을 것이다. 이러한 이유로, 함부르크 룰은 개인을 구조하기 위하여 항로를 벗어나는 조치는 항상 합리적이라고 간주하는 반면에 상품을 구조하는 경우에는 취하여진 조치가 합리적인지 여부에 따른다는 방식으로 이 규정을 적용하였다(섹션 5.6).

운송인은 법률 또는 계약 위반이 되는 정당화되지 못한 이로(離路)로 인하여 발생하는 멸실 또는 손상에 대하여, 지연으로 인하여 발생하는 손상과 함께 책임을 져야 한다.

(b) 상품의 보존, 감시 그리고 선량한 관리

이 의무의 내용은 보관에 특유한 것이다. 실제로는, 운송인은 그 운송이 완성되면, 운송인이 상품을 받은 것과 동일한 상태로 그 상품을 인도하여야 한다. 운송인은 선하증권에 기재된 상태대로 상품을 받은 것으로 추정되고, 그들의 상태와 외관에 대하여 유보가 없는 한, 그 상품들은 좋은 상태에 있었다고 간주된다(섹션 3.6).

운송인은 인도받을 때부터 수하인의 처분에 놓일 때까지 상품이 입은 손상에 대하여 섹션 4.에서 설정한 책임 면제의 그 어떤 원인이 발생하지 않는 한 책임이 있다.

(3) 항해가 완성된 경우 운송인의 의무

(a) 상품의 양하

이 의무의 법적인 제도는 이미 선적에서 설정한 그것과 상호 연관되어 있을 것이다. 선하증권 제도 하에서 운송 계약에서 그것을 포함시키는 것은 선박의 특별한 자산에 의하여 수행되는지 여부 -이것이 정기선 운항에서는 보다 일반적이다- 또는 운송인에게 선적과 양하 오퍼레이션이 상정되었는지 여부에 달려 있다.

(b) 수하인에 대한 상품의 인도

항해가 끝난 때에는, 운송인은 상품을 선적 시에 그것을 받은 동일한 상태로 수하인의 처분에 두어야 한다. 운송인에 의하여 상정된 서비스는 인도로 마무리되게 되는데, 이것은 그 보관의무가 종료되는 때이다. 이는 외관의 명백한 손상에 대한 유보 또는 이의가 표시되어야 하는 때이고, 외관상 명백하지 않은 손상을 보고할 기간이 개시되는 때이다. 마지막으로, 인도는 운송인에 대한 손해 책임을 청구하는 소멸시효의 기간의 계산에서 *개시일(dies a quo)*을 구성한다.

인도는 반드시 선하증권의 소유자로서 표시되고 그것을 입증할 수 있는 당사자에 대하여 이루어져야만 한다. 증권이 발행된 형식은 지명식, 지시인 또는 소지인에 대한 것일 수 있다. 운송인은 선하증권에 따른 보유자로서 보이는 당사자의처분에 상품을 둠으로써 그 인도의무를 이행 한다: 만일 그것이 지명식이라면, 지정된 개인임을 입증하는 당사자의; 만일 그것이 지시식이라면, 정상적인 배서의 연속으로 증서의 보유가 정당화되는 당사자의; 만일 그

것이 소지인이라면, 그 증서의 보유자의.

7) 운송인의 책임제도

7.1 헤이그-비스비 룰에서 설정된 책임제도의 본질

(1) 구속력 있는 법적 제도

헤이그-비스비 룰의 목표는 운송인의 책임제도에 관한 일련의 구속력 있는 규정에 대하여 구체적으로 윤곽을 잡는 것인데, 이는 그 주도적인 지위를 이용하여 계약 조항을 통하여 부과된 그 책임의 면제를 막는 것이다.

이 룰의 의무적인 성격은 상대적인데, 비록 완화되거나 감경될 수는 없다고 하더라도, 계약에 의하여 가중될 수 있는 운송인에 대한 최소한의 책임제도이기 때문이다. 그래서 섹션 10은 앞선 섹션에서 말하는 주의태만, 과실, 또는 주의 또는 의무위반으로 발생하는 상품과 관련된 멸실 또는 손상에 대한 운송인 또는 선박의 책임을 면제하거나, 또는 이 법에 의하여 정하여져지지 않은 일체의 방법으로 상기 책임을 완화시킬 수 있는 운송계약에서의 일체의 조항, 협정 또는 합의를 제재한다.

동시에, 섹션 13은 선하증권에 포함된다면, 운송인이 책임제한과 면제의 원인을 포기하는 것 뿐 아니라 이 법의 조건에 관계된 그 책임을 가중시키는 것을 인정한다.

그럼에도 불구하고, 책임제도는 광범위한 책임의 면제의 원인, 특히 규정에서 항해과실을 고려하기 때문에 운송인에게 매우 유리하다. 감항의무는 주의의무로서 인식되고, 책임은 적절한 선에서 양적측면(quantitative sense: 교통사고 시 상대적 과실에 의한 책임비율 상정과 같은 방법)으로 제한된다.

(2) 계약의무의 위반으로 인한 운송인에 의한 과실 책임의 일반 원칙

운송인에 관한 책임의 일반원칙은 1924년 브뤼셀 협약에서 따르고 있는 헤이그 룰의 원래의 초안에는 포함되어 있지 않다. 그 초안은 책임질 경우와 면제의 원인을 리스트하는 것으로써 스스로 국한시키고 있다.

함부르크 룰은 운송인이 보관하고 있는 동안 상품에 대한 손상 또는 멸실과 그 인도에 있어 지연에 관하여, 운송인에 의한 과실 책임의 원칙을 명문화한다. 상기 과실은 그 반대의 입증을 허여하는 추정으로서 상정되어 있다(함부르크 협약 5.1조).

(3) 운송인의 책임의 추정

일반적인 원칙은 다른 조항에 의하여 완성되는데, 이는 나머지 규정으로부터 추론될 수 있다. 이에 따르면, 운송인의 책임은 화물에 대한 손상이나 파손의 경우 그 보관에 대한 의무가 있는 시간 동안 추정된다. 특별한 법적 제도는 출발항에서의 상품의 선적부터 목적지에서 양하할 때까지의 시간적인 단위에서 적용된다.

운송인의 책임의 이러한 추정은 의무 준수에 대한 주의의무의 위반과 관련되어 있다. 그러나 이 추정은 그 반대의 입증을 허여한다. 한편으로는, 운반인은 선관의무를 다하였음을 입증하는 경우 책임으로부터 면제될 수 있다. 이는 일반적인 의미에서 사법적 판단에서 그 심리 또는 야기된 손해의 배상과 관련된 법적 분쟁을 해결하여야 하는 당사자의 전환을 의미한다. 다른 한편으로는, 책임으로부터 운송인의 면제를 촉진시키기 위하여, 섹션 4.2는 책임으로부터 면제되는 운송인과 함께 이것이 적용될 수 있는 일련의 경우들을 열거한다. 이러한 면제의 원인의 적용가능성에 대한 입증은 운송인에게 놓여있고, 이는 다음 섹션에서 검토될 것이다.

일반적인 의미로, 함부르크 룰에는 상품에 대한 소실 그리고/또는 손상, 또는 인도 지연에 관하여 운송인 측의 번복가능한 과실의 추정(*iuris tantum* *presumption)*이 있다(함부르크 협약 5.1조). 그러나 입증의 부담은 예외적으로 전환되어, 다음의 경우에는 운송인의 과실 또는 태만을 입증할 필요가 있다: 화재에 의한 손상(함부르크 협약 5.4조), 생동물의 운송에 특히 내재되어 있는 위험으로부터 기인한 손상(함부르크 협약 5.5조), 그리고 사람의 생명을 구하기 위하여 취하여진 조치로부터 기인한 손상(함부르크 협약 5.6조).

7.2 책임의 범위

(1) 책임의 객관적인 범위

원칙적으로, 헤이그-비스비 룰은 운송인의 책임을 '멸실, 상품이 입은 파손 또는 손상'까지 확장한다. 상품의 인도 지연에 대한 책임에 대하여는 명시적인 언급이 없다.

운송인의 책임의 객관적 범위의 확장은 함부르크 룰에서 매우 명확하게 되었다. 이는 '상품의 멸실 또는 손상 뿐 아니라 인도에 있어 지연으로 인한 손해'를 커버한다(5.1조). '해상을 통한 운송 계약에서 설정한 양하 항에서 명시적으로 합의된 기간 내에 또는 그와 같은 합의가 없는 경우에는 동일한 상황에서 선량한 운송인에게 합리적으로 요구되는 기간 내에 상품이 인도되지 아니하였을 때 인도의 지연'이 있다고 간주 된다(5.2조). 이는 과실 책임의 문제인데, 운송인과 그 피용인과 대리인이 그 사실과 그 결과를 방지하기 위하여 합리적인 조치를 취하였다는 반대의 입증을 허여한다.

(2) 주관적인 범위

섹션 4에서 설정한 책임의 객관적인 범위에 대하여 -해상운송으로 발생하는 운송인 측의 법적인, 계약적인 의무의 위반에 의하여 발생하는 화물에 대한 손해-, 이러한 방식으로 계약운송인에게 까지 확장된다. 이는 상품의 운송에 대한 송하인과 합의한 책임이다. '통용 선하증권'의 경우에는, 합의가 되었다면, 이 책임은 첫 번째 운송인과 나머지 순차 운송인 공동으로 해당하는데, 그렇지 않다면 이들 순차 운송인은 예정된 각자의 영역에 대하여만 책임을 질 것이기 때문이다.

운송인의 책임은, 원칙적으로, 운송인 자체에 의하여 수행한 행위 뿐 아니라 그 사용인에 의하여 수행된 행위에 까지 확장된다. 이 책임은 사용인에 대한 직접 책임을 묻는 청구가 기대되는 상황에서는 공동 책임을 부담할 것인데, 협약에서 운송인을 위하여 설정된 책임면제와 책임 제한의 동일한 원인과는 달리 운송인의 사용의 가능성과 연관되어 있다. 이는 1968년 의정서에 의하여 수정된 브뤼셀 협약의 4조, 4.1조에서 명시적으로 설정되어 있고, 운송계약에서 기인하는 청구의 실행 뿐 아니라 계약 외적인 공공 책임 청구의 실행에 까지 확장되고 있다.

그러나 모든 운송 관점에서 당연한, 그 사용인의 활동에 대한 운송인의 책임은, 섹션 4에서 책임 면제의 원인에 의하여 행하여진 부분에 의하여 경감시킬 수 있는데, 구체적으로는 그것이 야기되었을 때 책임으로부터 운송인을 제외시키는 항해과실이다. 이러한 인식은 상품에 대한 손상 또는 멸실의 경우에 운송인을 책임으로부터 제외시키는데, 그것들이 '항해 또는 선박의 관리에 있어 운송인에 의하여 고용된 선장, 선원, 조종사 또는 스태프에 의한 작위, 태만 또는 과실'로부터 기인할 때이다. 이러한 책임의 면제는 운송회사가 그의 사용인에 의하여 야기된 손상에 대하여 언제나 책임이 있는 운송계약의 일반적인 제도 하에서는 보기 드물고, 상사적인 과실에는 확장되지 않는다. 상사과실은 화물을 취급하고 관리하는 것과 관련되어 있는 것으로 이해되고 있다.

이러한 관점에서, 함부르크 룰은 항해과실에 대한 이러한 책임의 면제 가능성을 제거한다(5조)

선적, 적재 또는 양하 오퍼레이션을 수행하기 위하여 운송인에 의하여 하청계약을 한 제3자가 있을 수 있다. 송하인 또는 수하인은 이러한 제3자에 대하여는 계약적인 청구를 가지고 있지 않는데, 이러한 오퍼레이션의 부적절한 수행의 결과로서 화물에 대하여 야기된 손상에 대하여 운송인이 책임 있다는 것을 침해하지는 않는다. 하청계약을 체결한 회사에 의하여 발생한 손해에 대하여 계약 운송의 이러한 책임은 헤이그-비스비 룰의 책임제도에 따르는데, 구체적으로는 책임의 수량적 제한이다.

송하인은 운송인에 의하여 하청계약을 체결한 이러한 독립적인 제3자에 대하여 계약 외적인 공공책임의 법적 조치권 만을 보유하고, 나아가 사용인에 대하여서는 보유하고 있지 않다. 헤이그-비스비 룰은 이러한 소송의 실행에 적용되지 않을 것이다. 그러므로 책임의 수량적인 제한을 반대하는 것은 가능하지 않을 것이다. 이는 지상 약관을 통하여 헤이그-비스비 룰을 사용하기 위하여 운송계약에서 이러한 독립적인 제3자의 등장이 예상되어 있지 않는 한, 그렇지 아니할 것이다.

(3) 시간적인 범위

운송인의 책임의 시간적인 범위는 헤이그-비스비 룰의 시간적 적용의 범위에 관한 법적 규정에 의하여 결정된다. 원칙적으로는, 이 시간적 범위는 상품을 선박에 선적하는 것에서 시작하여 그 양하로 끝나는 운송단계와 일치하는데, 이는 이러한 선적과 양하 오퍼레이션이 선박의 특별한 자산으로 수행되는 경우이다. 다른 상황에서는, 이러한 선적과 양하 오퍼레이션은 책임제도에 의하여 커버되지 않을 것이다. 그럼에도 불구하고, 이미 지적한 바와 같이, 계약에서 운송인이 이러한 선적과 양하 오퍼레이션을 포함시키는 것이 일반적인데, 이러한 서비스가 제3자에게 외주 계약되는 경우 선박의 특별한 자산에 의하여 수행되지 않는 것을 침해하는 것은 아니다.

이러한 방식으로, 원칙적으로 그리고 운송인의 책임을 이 단계에 까지 확장하는 계약조항이 존재하지 않는 한, 헤이그 비스비 룰에 의하여 설정된 책임제도는 다음에 대하여 적용되지 않는다: 항구에서 운송인 또는 그 대리인에게 상품의 인도에 대하여, 그것이 양하 될 때 까지; 또는 선적에 앞서 보관,

적재 그리고 배치에 대하여; 또는 선박대리점과 함께 화물의 보관과 적재에 대하여, 그것이 수하인에게 인도될 때까지. 앞서 지적한 바와 같이, 이러한 룰의 구속력 있는 본질은 운송인의 책임에 있어 가중적인 태도를 가지고 있지 않는데, 그것이 송하인을 보호하기 위하여 필요한 최소한으로 기능하기 때문이다.

함부르크 룰은 4.1조가 상품에 대한 운송인의 책임을 선적항에서, 운송 도중 그리고 양하항에서 그것을 보관하는 전체의 기간 동안으로 확장하는 것에 대하여 의문을 제기하지 않는다. 다음 섹션은 상품이 운송인의 보관 하에 있다고 간주될 때 발생하는 것에 대하여 상세하게 기술한다; 선적항에서 책임을 맡을 때부터 양하항에서 그것을 인도할 때까지.

7.3 손상의 보고와 책임에 대한 청구의 실행을 위한 데드라인

(1) 상품에 대한 멸실 또는 손상의 보고

수하인에 의한 상품의 영수는 그 반대의 입증의 허용을 추정하는데, 상품이 선하증권에서 기재된 형태로 인도되었다는 것이다. 이 추정을 피하기 위하여, 수하인이 '양하항에서 입은 멸실 또는 손상과 이러한 멸실과 손상의 일반적인 본질에 대하여 운송인 또는 그 대리인'에 대하여 서면 청구를 하도록 설정될 가능성이 있다.

이러한 보고는, 외관상 명백한 멸실 또는 손상의 경우에는 '그것을 영수할 권한이 있는 개인의 보관에 놓을 때는 상품을 이동하기 전에 또는 동시에' 행하여져야 하고, 그리고 '만일 멸실 또는 손상이 명백하지 않다면, 그 통지는 인도 후 3일 내에 행하져야만 한다'.

이 보고는 소지인에게 운송되고 인도될 그 때에 상품의 영수를 위한 특별한 선하증권에 유보를 기록함으로써 행하여질 수 있다.

그럼에도 불구하고, 이 보고 또는 글로 된 유보는 양 당사자에 의하여 동시에 또는 전문가들에 의하여, 또는 법적으로 지정된 전문가에 의하여 상품의 상태가 확인되고 영수시와 모순되는 것이 보이는 경우 무효로 될 것이다. 보고는 상품의 적절한 인도의 추정을 깨기 위하여 고안되었고, 모순의 확인은 인도시의 상품의 상태의 입증을 구성할 수 있다는 것을 고려하면, 이 법적 규정은 의미가 있다.

이 보고의 누락은 운송인에 대한 책임을 묻는 청구를 실행할 가능성을 봉쇄하는 것은 아니다. 그것은 단지 송하인 또는 수하인이 상품에 대한 멸실 또는 손상의 존재를 증명할 필요를 결정하는 것뿐이다.

함부르크 룰에 의하면, 상품은 선하증권에 기재된 상태로, 그리고 보고가 작성되지 않는 한 양호한 상태로 수하인에게 인도된 것으로 추정된다. 이 추정은 운송된 화물이 그의 처분 하에 있게 된 날 이후 첫 번째 영업일 내에, 그 성질을 특정하여 그 멸실 또는 손상의 존재에 대하여 화물의 수하인에 의하여 행하여진 보고에 의하여 깨질 수 있다. 만일 멸실 또는 손상이 외관상 명백하지 않다면, 그와 같은 청구 기간은 15일이 될 것이다. 보고는 운송인 또는 그 이 피용인에 대하여 직접적으로 행하여져야만 한다; 하나의 실질적인 운송인과 하나의 계약 운송인이 있다면, 그 어느 하나에 행하여진 보고는 유효할 것이다. 인도의 지연의 경우에는, 파생 손상은 상품의 인도 후 60일 이내에 서면으로 보고되어야만 한다(19조).

(2) 책임을 위한 청구의 실행의 소멸시효기간

계약책임을 위한 청구는, 헤이그-비스비 룰에 기초한, 소멸시효의 기간에 따른다. 청구는 운송인과 선박에 -선박소유자와 선장으로 이해되고 있다- 대하여 상품이 인도된 때부터, 또는 상품의 멸실의 경우에는 그것이 인도되었어야 할 날로부터 1년의 기간 내에 제기 되어야만 한다.

초기부터, 판례법은 이 기간을 소멸시효의 하나로서 해석하여 왔다. 이는 관련된 당사자 또는 직무상 도입될 수 있고, 그 계산에 있어 중단이 허용되어 있지 않다.

1968년 의정서에 의하여 수정된 브뤼셀 협약의 섹션 3.6은 당사자가 책임을 위한 청구의 실행을 위한 소멸시효의 기간을 연장하는 상호합의를 하는 것을 허여하는데, 청구를 위한 사실이 발생한 후에 이 합의를 한 경우이다.

함부르크 룰은 운송인에 대한 청구의 실행을 위한 2년의 기간을 두고 있다. 비록 청구인에 대하여 서면으로 고지가 이루어진다면 청구가 제기되는 것에 대하여 당사자에 의하여 연장되는 것이 가능하다고 하더라도, 이는 소멸시효기간이고 앞에서와 같이 중단될 수 없다. 법적 절차가 제기된 국가의 법에 의하여 설정된 기간 내에 행하였다면, 소멸시효 기간이 도과했을 때 책임이 있다고 고지된 사람에게 달려있는 반복 소송이 실행될 수 있다.

7.4 책임의 면제의 원인

방금 전에 말한 바와 같이, 화물에 대한 멸실 또는 손상의 경우에 운송인의 책임은 추정된다. 이 추정은 운송인 측의 선관 의무 또는 -실질적인 목적을 위하여 보다 중요한 것은- 면제의 사유의 존재를 이용하여, 그 반대의 입증을 허여한다.

함부르크 룰은 운송인을 책임으로부터 면제시키는 사유의 리스트를 생략하는데, 그것은 많은 경우에 운송인과 그 피용인 측에 과실 또는 태만의 부재가 내포되어 있기 때문에 관계없다. 그러나 판단은 어떤 경우이든 단순해질 수 있다

(1) 항해과실

(2) 예측할 수 없는 사건과 불가항력의 경우

예측할 수 없는 사건과 불가항력은 민사책임으로부터의 전형적인 면제의 원인이고, 예측할 수 없었거나 또는 만일 예측할 수 있었다면, 피할 수 없었

던 손상 그리고/또는 멸실을 야기 시키는 요소로까지 확장된다.

덧붙여, 섹션 4.1에서 분류한 면제의 사유는 예측할 수 없었던 사건의 다른 경우들을 포함 한다:

- '화재, 이것이 운송인 측의 사실이나 과실에 의한 원인이 아닌 한'.
  실제에 있어서는, 화재는 운송인에 의한 정당한 주의의무 결여의 추정을 구성하는데, 이것은 입증의 부담을 전환시키는 기능을 한다. 화재의 존재는 운송인에게 정당한 주의의무를 다하였다는 입증을 면제시키고, 운송인의 책임을 다하기 위하여 정당한 주의의무를 다하지 아니하였다는 입증은 송하인에게 있다.
- '위험, 바다 또는 다른 항해할 수 있는 수면에서 손상 또는 사고'
  운송인을 책임으로부터 면제시키기 위하여서는, 사고가 선장에 의하여 통제될 수 있는 범위를 넘을 것이 필요하다.
- '전쟁 행위'
- '공공 적대 행위'
- '권력기관, 당국 또는 민중 (...)에 의한 구류 또는 체포, 또는 사법에 의한 입출항 금지
- '격리 제한'
- '파업, 직장폐쇄 또는.... 조업중단 또는 전체적 또는 부분적인 작업에 대한 준법투쟁, 어떤 원인으로 든'
- '폭동 또는 민간인 소요사태'

(3) 송하인에게 귀속시킬 수 있는 사실

섹션 4.2는 손상의 원인을 송하인 측의 부주의한 행위로 귀속시킬 수 있고, 결과적으로 운송인이 책임으로 면제되는 3가지 경우를 담고 있다.

이들의 첫 번째는 포괄적인데, 손상 또는 멸실의 원인을 송하인, 상품의 소유자 또는 그의 대리인 또는 대표자에 의한 행위 형태(작위 또는 부작위)로

귀속시킬 수 있는 일체의 유사한 상황을 포함시키는 것을 가능하게 한다: (i) '송하인 또는 상품의 소유자의 대리인 또는 대표자의 작위 또는 부작위'

송하인의 의무의 주순의 결함 있는 형태를 포함하는 다른 2 분류된 행위 형태는:

- '불완전한 포장'
- '표지의 불충분 또는 불완전'

상품이 선적될 때 발행된 때의 선하증권에 기재된 고지에 의한 역할을 주목하는 것이 필요하다. 왜냐하면 상품은 정상적인 상태로 인도되었고 포장과 표지가 정확하다고 추정되는데, 만일 그렇지 않다면 운송인이 이것을 명시적으로 기재하였을 것이기 때문이다.

(4) 숨은 하자

이 원인은 '합리적인 주의의무를 기울여도 발견할 수 없는 숨은 하자'에 해당한다. 이러한 숨은 하자는 선박과 관련되고 운송인의 감항 의무와 관계가 있다. 이 의무의 준수가 선관주의에 따르는 한에 있어서는, 선박의 결함이 선적 이전의 정상적인 검사 후에 정상적인 주의의무를 가진 운송인에 - 선박 소유자 - 의하여 발견될 수 없었다면, 책임으로부터 면제될 것이다.

(5) 구조 또는 구조시도

재화를 구조하거나 사람을 구조하는 것이 관계된 경우에 있어서, 일정은 변경될 수 있고, 화물에 대한 손상 또는 멸실은 발생할 수 있으며, 원칙적으로 이러한 손상 또는 멸실은 운송인의 책임이 아닐 것이다. 같은 식으로, 책임의 면제는 '바다에서 생명 또는 재화를 구조하거나 구조의 시도'라는 이유로 야기된 손상 또는 멸실의 경우에 적용된다. 이 규정은 매우 광범하다. 구조작업의 성공여부에 따라 정당성이 성립되는 것은 아니기 때문에, 구조와 시도 양쪽을 커버하는 것이 합리적인 반면, 재화의 구조가 사람의 구조와 함께 포함된다는 것은 정당하지 않게 보인다. 사람의 구조는 인도적인 이유와 인간 생명의 가치 때문에 언제든 정당화 될 수 있고, 그것은 운송되는 화물의 구조의 가치보다 크다. 그러나 재화의 구조의 경우에는 정당성이 불분명하다. 이것이 성공적이라면 보상받을 권리로 이어진다. 어쨌든, 송하인 또는 수하인의 재무적인 이익이 제3자의 재무적 이해관계의 이익을 위하여 위험에 놓일 수 있다는 것도 정당하게 보이지는 않는다. 나아가, 이러한 행동은 화물에 대한 손상을 위한 위험담보로부터 제외되고, 운송인에게 보상 받을 권리를 발생시킬 수 있다.

7.5 배상채무의 수량적 제한

(1) 제한의 범위

구속력 있는 책임 제도가 에이그-비스비 룰 하에서 운송인에게 부과되어 있는 것과 동시에, 화물에 대한 멸실 그리고 손상에 대한 보상채무는 제한되어 있다. 이러한 제한은 운송인의 책임 뿐 아니라 보상총액에서도 작동한다. 그러므로 운송인 뿐 아니라 그의 피용인 또는 감독자는 이로부터 이익을 향수할 수 있으나, 그 이익은 보상의 위험을 부보하거나 그것의 만족을 보증한 그 당사자에 의하여 얻어질 수 있다.

보상채무에 대한 이 수량적 제한은 상품의 손상 그리고 멸실과 관련하여 작동하지만, 운송인 또는 그의 피용인에 의한 의무의 위반에 의하여 발생한 다른 손상에 대한 보상에는 영향을 미치지 않는다. 그리고 동시에 그것은 보상채무가 계약적 또는 계약 외적 책임에 대한 청구의 실행으로부터 발생하는 것과는 무관하다.

보상채무에 대한 수량제한을 적용하는 것의 적절성과는 관계없이, 이것은 어떤 경우에서도 계약에 의하여 양하 된 장소와 시간 -손상의 경우- 또는 양하 되었어야 할 장소와 시간의 -멸실의 경우- 상품의 가치에 근거하여 계산될 것이다.

(2) 책임의 제한

일반적으로 말하여, 헤이-비스비 룰은 상품에 대한 손상 또는 멸실에 대한 운송인의 책임을 짐 또는 단위 당 총액 666.67 계산단위 또는 손실 상품의 총중량의 킬로그램 당 2 계산단위 중 더 큰 금액으로 제한한다.

책임에 대한 이 제한을 줄이고자 하는 어떠한 계약적 합의도 무효가 될 것이다. 그러나 송하인과 운송인 또는 그 대리인, 선장과 사이에 합의를 통하여 책임에 대한 제한을 늘리는 것은 가능하다.

함부르크 룰은 상품의 손상 또는 멸실이 관련될 때 보상채무의 수량적 제한을 25% 늘린다{짐 당 835 계산단위 또는 총중량에 있어 킬로그램 당 2.5 계산단위, 만일 수량이 더 크다면(6.1조 a)}. 함부르크 룰은 또한 인도 지연에 대한 보상의 경우 제한을 설정한다{지연으로 인하여 상품에 대하여 지불하여야 할 화물운임 금액의 2.5배, 계약에 의하여 지불하여야 할 화물운임의 총금액을 초과할 수 없는 범위 내에서(6.1조 b)}. 그러나 어떤 상황에서도 앞선 2 보상 금액의 합계는 상품의 전부 멸실의 경우에 대한 6.1조 a에서 설정한 제한을 초과할 수 없다(6.1조 c).

계산단위는 국제통화기금에 의하여 정의된 특별인출권(SDR)으로, 그 매일의 가치나 시세는 공식적으로 시세가 매겨진 일련의 통화(유로, 영국 파운드, 일본 엔, 미국 달러)와 관련하여 설정된다. 이 단위의 유로 환산은 관할법원의 법에 의하여 설정된 날에 이루어진다(1979년 의정서에 의하여 수정된, 1924년 브뤼셀 협약 섹션 4.5조 b). 우리의 경우, 보상의무를 고려하여야만 하는데, 이는 그 결정이 판결에 의하여 이루어지는 가치채무이다. 이는 환산이 판결 일에 상응하는 시세를 고려하여 이루어지는 방식으로 된다.

(3) 책임제한이 작동하지 않는 경우

(a) 상품의 가치의 고지

책임에 관한 기존의 제한은 운송 이전에 송하인이 상품의 성질과 가치를 고지하고 이것이 선하증권에 기재되었을 때에는 작동하지 않는다.

이 경우, 보상채무는 원칙적으로 고지한 가치로 제한될 것이다. 당연히, 손상 또는 멸실이 부분적이라면, 보상은 고지된 가치의 비율로 될 것이다.

그럼에도 불구하고, 운송인은 상품의 가치는 고지된 가치보다 작도록 설정할 수 있고, 이 경우 진정한 가치가 참조될 것이다. 이것은 1979년 의정서에 의하여 수정된 브뤼셀 협약 섹션 4.5에 의하여 설정되어 있는데, 선하증권에 고지된 금액은 '그 반대의 증거가 없는 한 추정을 구성하나, 이는 운송인에 대하여 구속력이 없고, 운송인은 이를 뒤집을 수 있다'고 규정한다.

덧붙여, 송하인에 의하여 행하여지고 선하증권에 포함된 가치의 고지는 만일 운송인이 운송을 할 때 자신의 증권에 상기 상품의 가치에 대하여 유보를 기재하였다면, 작동하지 않는다.

(b) 부실고지의 존재 또는 운송인 측의 중과실.

'의도적인 손상의 경우이든 이것이 손상으로 이어질 것이라는 것을 알면시 무모함으로 인한 것이든 그 손상이 운송인에 의하여 발생한 작위 또는 부작위로 인하였다고 드러난 경우에는, 운송인이나 선박은 책임에 대한 제한으로부터 이익을 얻을 수 없도록 되어 있다'. 운송인이 기만적으로 -손상을 일으킬 의도를 가진 악의적인 방법으로- 또는 화물에 발생할 수도 있는 손상이라는 것을 알면서 무모한 경솔함으로 행동하였다는 것을 입증하는 것이 필요하다. 불고지와 중과실의 존재는 그러므로 추정되지 않는다. 이는 용도가 사법적 추정의 입증으로 구성될 수 있다고 하더라도, 그 목적을 위하여 증거를 기초로 하여 입증되어야 한다.

함부르크 룰 또한 멸실, 손상 또는 인도지연이 이러한 손상을 야기할 의도를 가지고 또는 무모하게 또는 이것이 발생할지도 모른다는 것을 알면서도 수행한 운송인에 의하여 작위 또는 부작위로부터 발생하였다는 것을 입증할 수 있는 경우, 운송인이 책임의 제한을 이용하는 것을 못하도록 하고 있다(함부르크 협약 8조).

4. 철도에 의한 물건의 운송

1) 도입

철도에 의한 상품의 국제운송은 양자 또는 다자 국제 협약에 의하여 규정되어 있다. 다자 협약 그룹에는 철도에 의한 국제 운송에 관한 1980. 5. 9. 베른 협약(ICRC)을 포함한다.

협약의 부록 B는 '철도에 의한 상품의 국제 운송 계약에 관한 표준 룰'로 구성되어 있고, 이 룰을 우리가 다음에서 분석할 것이다.

이 협약은 1990. 12. 20. 의정서에 의하여 수정되었다.

2) 협약의 객관적, 주관적 범위

2.1 적용의 범위

협약은 적어도 두 나라의 영토를 포함하는 운송과 조직의 비서직(Secretaryship of Organization)을 담당하고 있는 기구인 본사(Central Office)의 목록에 기재되어 있는 노선을 독점적으로 커버하는 운송을 위하여 설정된 직항선하증권으로 운송되는 모든 상품의 수송에 적용될 것이다.

협약은 출발지와 목적지가 동일한 국가의 영토 내에 위치하고 있거나, -비록 다른 나라를 통하여 간다고 하더라도- 환적으로 동일하게 위치하게 되는 그런 수송에는 적용되지 않을 것이다. 마찬가지로 일체 상품의 상차와 하차가 없을 때 제3국을 거쳐 운반될 수도 있다.

협약은 또한 국제적이 아니라고 간주되는 상기 운송을 위하여 규정되어 있는 합의를 갖고 있는 다른 2나라를 거치는 철로에 의한 운송의 경우에도 적용되지 아니할 것이다.

다음의 경우에 적하물은 운송될 수 있다:

- 인접한 두 나라의 스테이션 사이에서; 또는
- 두 나라의 스테이션 사이와 제3국의 영토를 거쳐,
- 운송이 발효된 노선이 이러한 제3 나라의 단 하나의 국가에 의하여만 사용될 때, 상기 철도에 적용되는 국내 무역제도에 따르게 될 것인데, 화주가 -상응하는 적하증권을 이용하여- 그렇게 요구하고 관련된 몇 국가의 법이나 규정이 이것과 반대되지 아니할 때이다.

'스테이션'의 종착역은 철도역, 항해서비스 항구와 운송계약의 수행을 위하여 공중에 오픈되어 있는 운송회사의 다른 일체의 시설을 커버한다.

2.2. 조건에 따라 운송이 받아들여지는 물건 또는 운송으로 제외되는 물건

다음 상품은 일정한 조건 하에서 운송이 받아들여질 것이다.

- 위험물의 국제 철도운송과 관련된 규정(IHR)의 조건으로 운송이 받아들여진 자재와 물건.
- 장례 운송.
- 자신의 바퀴로 가는 철도 차량
- 생동물(生動物)은 화주에 의하여 지정된 호송이 따라야만 한다. 이 경우, 철도는 호송이 피하고자 하는 위험에서 기인한 일체의 멸실 또는 손상으

로부터 면제될 것이다. 국제적인 관세에서 결정되었을 때 또는 운송에 참여하는 철도 또는 동물에 호송을 필요로 하지 않아 화주의 요구가 있을 경우, 호송이 필요하지 아니할 것이다.

- 그 크기, 중량 또는 구조에 의하여 운송에 특별한 어려움이 있는 물건은 각 경우에 개별적으로 규정된 조건 하에서를 제외하고는 허락되지 아니할 것이다.

위에서 언급한 모든 물건을 침해하지 않고, 협약은 일정한 상품의 운송에 대하여 구체적인 합의에 도달하는 계약 상태의 열린 가능성을 남겨두고 있다.

다른 한편으로는, 다음은 운송으로부터 제외되는 것을 알 수 있다:

- 체신당국에 의하여 운송될 수 있는 모든 물건
- 크기, 중량 또는 구조로 인하여 요청된 운송의 형태로 적응시킬 수 없는 물건
- 운송이 금지된 물건
- 위험물의 국제철도 운송에 관한 규정(IHR)에 의하여 운송에서 제외된 자재와 물건

2.3 철도의 운송의무

철도는 표준 룰에서 규정한 조건을 충족한다면, 완전한 화물 차량에 의하여 일체의 상품의 운송을 유효하게 하여야 할 의무가 있다:

- 화주는 표준 룰, 상호보완적인 규정과 관세를 준수하여야 한다는 것.
- 일반적인 교통 수요를 충족시킬 수 있는 정상적인 운송자원이 주어진다면 운송이 가능하다는 것
- 상기운송이 철도가 피할 수 없는 일체의 상황에 의하여 방해되지 아니하고, 그 보상이 상황에 달려 있지 아니하는 것

그러나 상파, 환적과 하차가 일정한 특별한 자산을 필요로 하지만 오로지 스테이션이 그 이용 가능한 자산을 갖고 있을 때에는 그 상품의 운송을 수행하도록 되어 있지 아니할 것이다.

서비스를 수행하는 의무는 상품의 운송이 지체 없이 유효하게 될 수 있을 때 존재한다.

서비스가 유예되거나 제거되거나 일정한 운송이 제외되거나 조건부로 받아들여지는 경우는 지체 없이 공중과 철도에 보고될 것이다. 또한 공지되도록 다른 나라의 철도에도 보고 될 것이다.

2.4 관세

운송 가격과 부대비용은 법적으로 시행되고 있는, 각 국에서 배포되어 계약 체결 시에 유효한 관세의 조건에 따라 산정된다.

관세는 반드시 운송에 적용되는 모든 특별한 조건들을 포함하여야 한다. 관세 조건은 표준 룰이 명시적으로 규정하고 있지 않은 이상, 표준 룰의 내용을 수정할 수 없다. 이 관세는 반드시 동일한 조건으로 모두에게 적용되어야 한다.

철도는 유사한 상황에 있는 다른 사용자들에게 적용할 수 있다면, 관세와 관련하여 특별한 합의를 맺을 수 있다.

2.5 일정한 형태의 운송에 관한 특별한 조건

철도에 의한 민간화물의 국제운송에 관한 규정(IHR) 하에서 민간 화물 차량의 운송을 위한 특별규정이 있다.

컨테이너의 국제철도운송에 관한 규정(IRCo)에 특별규정이 있다.

특별 소포의 운송을 위하여, 철도는 -관세조항을 통하여- 철도에 의한 특급 소포의 국제 운송에 관한 규정(IREx)에 상응한 특별규정에 합의할 수 있을 것이다.

위험물의 운송을 위하여, 위험물의 국제운송에 관한 규정(IRH) 하에서 특별 규정이 있다.

3) 운송 계약

3.1 계약의 형태와 조건

모든 국제 운송은 운송인에 의하여 교부되어지고, 정당하게 완성되는 적하증권에 의하여 수반되어야 한다. 각 운송을 위하여 적하증권이 만들어질 것이고, 이는 오로지 하나의 화물 차량의 화물과 관련될 것이다.

철도는 저속 적하증권의 견본과 다른 고속 견본을 만들 것인데, 이는 운송인을 위한 복본을 포함할 것이다. 운송인에 의하여 선택된 적하증권의 견본은 상품이 저속 또는 고속으로 운반될 것인지 여부를 기재한다. 운송의 일부에 대하여 저속으로 나머지 부분에 대하여 고속으로 하는 요청은 관계된 철도 사이에서 합의가 존재하지 않는 이상, 받아들여지지 않을 것이다.

적하증권은 2개 국어로, 가능하다면 3개 국어로 발행될 것인데, 그 중 적어도 하나는 그 조직의 작업 언어의 하나이어야 하고 로마자로 초안되어야 한다.

(1) 적하증권의 내용

- 도착지의 스테이션의 지정
- 수하인의 이름과 주소, 그는 민간인 또는 법인이어야 할 것이다.
- 상품의 액면가.
- 상품의 중량 또는 유사한 기재.
- 상세한 선적을 위한: 벌크 화물의 개수 그리고 포장의 진술; 완전 화물을 위한: 철도와 해상이 결합된 송장이 보내진 화물의 하나 또는 그 이상의 요소를 포함하는 차량.
- 송하인의 책임인 화물의 선적을 위하여, 화물 차량 숫자와 덧붙여 민

가화물 차량을 위한 중량.

- 세관당국과 다른 행정당국에 의하여 요구되는, 적하증권에 동반되거나 특정한 스테이션 또는 세관 사무실 또는 다른 당국의 사무실에서 철도의 처분에 있다고 진술하고 있는 서류의 상세한 넘버링.
- 수기서명이 동반된 운송인의 이름과 주소. 출발 스테이션에서 시행되고 있는 규정은 전체 운송을 위한 '만재 화물 차량'과 '상세한 운송'의 개념을 결정할 것이다.

타당하다면, 적하증권은 표준 룰에 의하여 설정된 다른 모든 진술을 포함할 것이다. 표준 룰이 어느 국가의 법과 규정에 의하여 부과되거나 수용되었다면, 오로지 다른 진술을 포함하는 것만이 가능할 것이다.

다른 서류로 적하증권을 대체하거나 표준 룰에 의하여 수용되지 않은 다른 것들을 추가하는 것은 금지되어 있다.

송하인에게 유보된 서류의 양식이 부족할 경우에는 추가 장을 사용하는 것이 가능할 것이다. 이러한 추가 장은 적하증권의 일부로 편입되며 같은 양식으로 구성된다.

일의 일반적인 수칙은 각 운송은 하나의 적하증권이 따른다는 것일 것이나, 일정한 경우에는 하나 이상의 적하증권이 발행될 수도 있다.

- 그 성질상, 상품이 전체로 적재될 수 없을 때
- 일부는 철도의 책임이고, 일부는 송하인의 책임인 상품
- 전체로 적재되어야 할 상품이 세관 규정 또는 다른 행정 당국의 규정을 위반할 때
- 전체로서 적재되는 것이 금지되는 상품

적하증권의 모든 기재로부터, 일련의 송하인의 책임이 추론될 수 있다. 송

하인은 적하증권에 기재된 고지와 기재의 정확성에 대하여 책임을 질 것이다.

(2) 확인

자신의 업무로서, 철도는 적하증권의 내용을 확인할 자격이 부여되어 있다. 그와 같은 목적을 위하여, 확인할 때 송하인 또는 수하인을 참여시킬 수 있다. 어느 당사자도 참여하지 않는 경우에는, 철도 쪽 관계자가 아닌 2명의 증인의 참여로 같은 작업을 할 수 있다. 이 행동은 그것이 송하인 또는 수하인의 참여하에서 유효하였던 것과 같은 효력을 가질 것이다.

확인의 결과로서, 적재가 적하증권에 기재된 자료와 일치하지 않는 것이 밝혀졌다고 적하증권에 기재되는 경우, 같은 것에 의하여 발생한 비용은 운송의 가격을 증가시켜 상품에 부과 될 것이다.

(3) 중량, 벌크 화물의 개수, 화물 차량의 실중량

각 국은 철도가 확인을 수행하여야 하는 경우를 정할 것이다: 철도는 적하증권에 이 확인의 결과를 포함시켜야 한다.

중량에서 차이가 발견된다면, 송하인은 고지된 중량과 관련된 가격과 확인된 중량과 관련된 가격 사이에 존재하는 가격 차이를 지불하여야 한다. 출발스테이션에서 확인된 중량, 또는 송하인에 의하여 고지된 중량은 운송의 가격을 산정하기 위한 기초로 기능할 것이다.

(4) 과적

화물차량의 분량을 초과하는 적재가 관찰되면, 송하인이 이 초과분을 처분하는 방식을 진술할 것을 요구하여 이를 화물차량으로부터 제거하는 것이 가능할 것이다.

만일 법적으로 자격이 있는 사람은 초과화물을 다음으로 보내어 이용할 수 있을 것이다:

- 주요 화물의 도착지의 스테이션
- 도착지의 다른 스테이션
- 또는 출발지의 스테이션으로 되돌릴 것을 진술하여; 이 3 경우 중 어느 경우에도 초과화물은 다른 운송으로 취급될 것이다.

(5) 초과운임

고지된 것과 확인한 것 사이에 중량의 차이가 발견된 경우, 또는 초과화물이 있는 경우, 운송 가격과 가능한 손상에 대한 보상과의 차이는 지불되어야 한다.

나아가, 철도는 다음에 대하여 초과운임을 받을 자격이 있다:

- IRH에 의하여 운송으로부터 제외된 물건의 비정상적인, 부정확한, 또는 불완전한 지정
- IRH에 의한 일정한 조건, 또는 상기 조건의 위반 하에서 운송이 받아들여진 물건의 비정상적인, 부정확한, 또는 불완전한 지정
- 지불되었어야 할 가격과 지불된 가격의 비정상적인, 부정확한, 또는 불완전한 지정, 그와 같은 기재가 더 감경된 관세를 내포할 때.
- 실 중량보다 적은 중량의 지정, 이것은 낮은 가격을 내포한다.

만일 실중량 보다 적은 중량과 특정한 화물차량 분량에 대한 초과적재를 나타내는 기재가 있는 경우, 그 두 위반에 대한 상응하는 초과운임이 누적된 형태로 받아들여질 것이다. 초과운임의 금액과 왜 그것이 징수되어야 하는지는 적하증권에 기재될 것이다.

다음의 경우에는 일체의 초과운임이 징수될 수 없을 것이다:

- 중량 계측 절차가 철도의 의무사항일 때 중량의 부정확한 기재

- 송하인이 적하증권에 중량 계측 절차가 철도에 의하여 효력을 발생할 것을 요구하였다면, 중량의 부정확한 표시 또는 초과적재의 경우
- 상품의 운송 시에 그 제한을 초과하지 않았다고 설정되었음에도 대기의 제 영향((atmospheric influence)에 기인하여 운송 도중 발생한 초과 적재의 경우
- 초과 적재에 의하여 전체로서 화물차량의 중량을 초과하였다고 간주될 때
- 운송 도중에 만들어진 상품의 중량의 증가, 초과 적재가 되지 않고(즉, 화물 차량의 중량이 그 제한 내에 있을 때), 이것이 대기의 제 영향으로 인하여 발생하였다고 설정된 경우
- 중량의 부정확한 기재, 적하증권에 기재된 중량과 확인된 중량의 차이가 고지된 중량의 3%를 초과하지 않을 때

(6) 일정

송하인은 적하증권에서 뒤따르게 될 일정을 세울 수 있는데, 국경을 넘는 지점 또는 국경 스테이션, 타당하다면 철도 사이에서의 환승 스테이션에 의하여 일정을 표시한다. 일정의 개요로 흡수될 필요가 있는 일련의 상황이 있다.

이것은 다음이 될 것이다:

- 세관 당국 도는 다른 행정당국에 의하여 요구되는 수속절차가 수행되어야 하는 스테이션의 이름 또는 상품에 대한 일정한 정도의 주의가 반드시 제공되어야 하는 스테이션의 이름
- 적용되는 관세의 지정, 요구된 관세가 반드시 적용되어야만 하는 스테이션 사이에서 스테이션을 정하기 위하여 충분할 때
- *x*(*얼마*)에 달하는 비용의 전체 또는 일부의 지불의 기재

운송비용과 인도 기간은 송하인에 의하여 설정된 일정에 상응하여 또는 그 것이 없는 경우, 철도가 설정한 일정에 상응하여 산정될 것이다.

송하인은 적용될 관세를 적하증권에 설정할 권한을 갖고 있다. 이는 일정을 설정하는 것을 수반한다. 그 경우 철도는, 부실고지 또는 자신 측에 중과실이 없는 이상, 그와 같은 선택으로부터 기인할 수 있는 손상에 대하여 책임이 없을 것이다. 일정의 적용에 필요한 조건이 충족된다면, 철도는 상기 일정을 준수하여야 할 것이다. 만일 가능하지 않다면, 철도는 송하인에게 보다 유리할 수 있는 일정 또는 관세를 선택할 권한을 가진다.

(7) 인도 기간

(a) 원칙적으로, 이것은 운송에 참여하는 철도들 사이에서 체결된 합의에 설정되어 있거나 또는 출발 스테이션과 도착 스테이션 사이에서 적용될 국제적인 관세에 의하여 설정되어 있다. 이 기간의 어떤 경우도 다음 보다 길 수 없다:

A) **만재 화물 차량의 경우**(for complete freight cars)

- 고속:
  - 적재기간(shipping period, CIM 16조에서는 issue period라고 규정하고 있음에 비추어 화물을 적재하여 발송하는 시간을 의미한다고 여겨짐), 12시간
  - 운송기간, 각 개별 부분 400km, 24시간
- 저속:
  - 적재기간, 24시간
  - 운송기간, 각 개별 부분 300km, 24시간

B) **세부 적재 화물의 경우**(for detailed shipments)

- 고속:
  - 적재기간, 12시간

- 운송기간, 각 개별 부분 300km, 24시간

• 저속

- 적재기간, 24시간
- 운송기간, 각 개별 부분 200km, 24시간

  운송 거리는 출발 스테이션과 도착 스테이션 사이의 총거리로서 산정될 것이다.

(b) 룰에서 설정된 기간과 관련된 일반적으로 설정된 기간과 별도로, 철도는 다음 경우에 보완적인 기간을 설정할 수 있다:

- 스테이션 외부에서 운송에 제공되거나 스테이션 외부로 인도되어야 하는 화물운송의 경우
- 수행될 다음 운송의 경우
- 화물의 신속한 취급을 위하여 적합하지 않은 노선
- 바다 또는 항해할 수 있는 내수에 의한
- 철도를 소유하지 않은 경로
- 2차적인 노선(secondary line)
- 일반적인 폭이 아닌 철도 노선
- 오퍼레이션 상의 곤란 또는 비정상적인 교통체증과 같은 비정상적인 상황의 이유로 인한

(c) 마감일은 또한 다음의 경우 연장될 수 있다:

- 적하증권에 기재된 항목과 관련된 차이가 나타날 때 일정한 확인을 수행할 필요가 있을 때
- 세관 당국 또는 행정 당국에 의하여 요구되는 수속절차를 준수하는 것이 요구될 때
- 운송 계약에서 변화가 발생하였을 때
- shipments 화물운송에 관한 특별한 주의가 필요할 때
- 결함 있는 화물에 대하여 환적 또는 교정을 하여야 할 필요가 있을 때

• 교통에 장애가 발생하였을 때

(d) 인도기간은 유예될 것이다:

• 고속: 일요일과 일정한 공휴일, 법과 규정이 이것을 규정하고 있을 때.

• 저속: 일요일과 법적 공휴일

• 고속과 저속: 토요일, 나라의 법과 규정이 이것을 규정하고 있을 때

(e) 다음 경우에 상품이 설정된 마감일 내에 인도되었다고 간주될 것이다.

• 상품의 도착이 고지되고, 수하인의 처분 하에 놓일 때

• 스테이션에서 인도되어야 하고 도착 고지의 대상이 아닌 적재화물을 처리하여, 상품이 수하인의 처분 하에 놓일 때

• 스테이션의 외부에 인도되어야 하는 적재화물을 취급하여, 상품이 수하인의 처분 하에 놓일 때

(8) 상품의 상태, 포장 그리고 표지

만일 철도가 명백한 파손의 사인을 보이는 상품을 운송을 위하여 받는 경우, 상기 상품의 상태를 적하증권에 기재할 것을 요구할 수 있을 것이다.

포장에 관하여, 그 성질상, 송하인이 제공하여야 하는 일정한 특별한 주의를 요구하는 일정한 상품이 있을 것이다. 적절한 철도 세관과 규정의 조건으로 보상을 위한 이용가능한 소치가 뒤따라야 한다. 만일 이러한 규정이 따르지 않는다면, 철도는 상품의 운송을 거절하거나 적하증권에 송하인이 이것을 준수하지 않았다고 기재할 수 있다. 어느 경우이든, 송하인은 절절한 포장의 결여로 인하여 발생하는 결과에 대하여 책임을 져야한다.

세부 적재 화물에서, 송하인은 각 짐에 다음을 기재할 의무가 있다.

• 수하인의 이름과 주소

• 도착지의 스테이션

만재 화물 차량에 의하여 수행되지 아니하면, 다음은 운송을 위하여 받아들일 수 없다:

• 파손되기 쉬운 물건
• 화물차에서 흐를 수 있는 것들
• 다른 짐들을 더럽히거나 파손시킬 수 있는 상품

상기 짐들이 포장될 수 있거나 파손되지 않고, 분실되지 않으며, 다른 짐들을 더럽히거나 파손시키지 않도록 함께 묶일 수 있는 것이 아닌 이상, 이것이 룰이다.

(9) 세관 또는 다른 행정 당국에 의하여 요구되는 서류들

적하증권과 세관 또는 다른 행정당국에 의하여 요구되는 수속절차를 준수하기 위하여 필요할 수 있는 서류들을 첨부할 의무는 송하인에게 있다.

이러한 서류들이 적하증권에 첨부되지 않거나 수하인에 의하여 인도되도록 만들어지지 않는다면, 송하인은 상기 서류들이 철도의 처분 하에 있을 스테이션, 세관사무실 또는 다른 기관의 사무실을 적하증권에 기재하여야만 한다.

한 번 서류가 수령되면, 철도는 그들을 수정하거나 그것들이 충분하다고 선언할 의무가 없다. 철도에 귀속시킬 수 있는 과실로 인하여 사라진 경우를 제외하고는, 송하인은 서류미비의 결과로서 발생할 수 있는 손상에 대하여 책임이 있는 당사자로 남는다. 그와 같은 경우, 철도는 책임 있는 당사자가 될 것이고, 상품의 분실의 경우에 지불되어야 할 금액보다 결코 많지 아니할 보상 금액을 지불하여야만 한다.

송하인은 세관과 다른 행정당국이 상품을 덮는 포장과 방수포에 관하여 설정한 규정을 준수하여야만 한다. 만일 그렇게 하지 않는다면, 철도는 이 책임을 지게 될 것이고, 상응하는 비용이 상품에 추가부담 될 것이다.

철도는 세관시설과 다른 행정당국의 시설들이 악화되거나 결함이 있는 그러한 적재 화물을 거절할 권한이 있다.

3.2 계약의 조건의 이행

(1) 상품의 운송과 적재

상품 인도 작업(delivery operation)은 출발지의 스테이션에서 시행되고 있는 룰에 의하여 규율될 것이다. 상품들을 적재하는 일은 각 스테이션에서 설정되어 있는 대로 송하인 또는 철도에게 달려 있을 것이다.

만일 적재가 송하인에 의하여 수행된다면, 송하인은 결함이 있다고 입증되는 경우 책임을 지는 당사자가 될 것이다. 적재가 송하인에 의하여 행하여졌을 때 상품의 적재가 결함이 있었다는 것을 입증할 부담은 철도에게 있다.

(2) 세관 또는 다른 행정 당국에 의하여 요구되는 수속절차

상품이 적재되었을 때, 철도는 그 자신이 그 것을 수행할 수 있거나 다른 대리인(agent)에 이 일을 위탁하여 같은 것을 준수하여야 할 책임이 있다.

송하인은 -적하증권에 의하여- 이러한 작업에 참여를 요구하거나 그 자신이 이러한 수속절차를 이행할 권한이 부여되어 있다. 두 경우의 어느 경우에도 관세와 다른 가능한 비용을 지불할 수 있다.

송하인이 그것들을 준수하는 것이 불가능한 특정한 스테이션에서 이러한 수속절차를 준수할 것을 지정한 곳에서 상황이 발생할 수 있다. 그와 같은 상황에서, 철도는 송하인에게 가장 유리할 방식으로 절차를 진행할 수 있다. 그렇지 아니하면, 상품의 도착의 스테이션이 세관 사무실을 갖고 있지 아니하다는 사실에도 불구하고, 상기 스테이션에 대한 국가의 법과 규정 하에서 받아들여진다면, 수하인이 상기 수속절차를 준수하는 것이 가능할 수 있다. 송하인에 의한 이러한 권리의 사용은 상품에 추가 부담되는 비용의 지불을 수반한다.

(3) 상품의 인도

철도는 쉬핑 에이전트(shipping agent)로부터 동일한 대가의 금액을 지불받고 도착지의 스테이션에서 수하인에게 적하증권과 상품을 인도할 의무가 있다. 쉬핑 에이전트에 의한 적하증권의 영수는 그의 책임인 신용 금액을 지불하도록 구속한다.

다음 상황은 상품의 인도로 이해한다:

- 세관 또는 소비 당국에 대한 상품의 인도
- 철도에 의한 보관 또는 운송 대리점의 점유 또는 공공 보관 장소에서의 보관

일단 상품이 도착지의 스테이션에 도착하면, 쉬핑 에이전트는 철도가 적하증권과 상품을 제공하여줄 것을 요구할 권한이 있다.

상품에 대하여 어떠한 멸실이나 손상이 발생한 경우, 쉬핑 에이전트 또는 수하인은 주장되는 손상 또는 멸실이 확인되자마자 그 물건의 수령을 거절할 권한이 있다.

(4) 비용의 지불

이는 송하인에 의하여 지불되어야 하고, 운송의 가격의 부분을 구성하여야 한다.

비용의 전부 또는 일부의 지급을 맡고 있는 송하인은 다음 요소의 하나를 언급하면서 이를 적하증권에 기재하여야 한다:

- '운임무료': 그가 운송의 가격에 대하여 전적으로 책임을 진다면.
- '운임무료, ...을 커버하는': 그가 운송의 가격 뿐 아니라 다른 비용을 책임진다면. 포함되는 비용을 구체적으로 표현하여야 한다.
- 'x에 달할 때 까지 운임무료': 그가 x에 달할 때까지 운송 가격에 대하

여 책임을 진다면

- ‘운임무료, x에 달할 때까지 커버되는’: x에 달할 때까지 운송의 가격뿐 아니라 다른 비용에 대하여 책임을 진다면.
- ‘모든 비용의 무료’: 모든 비용에 대하여 책임을 진다면
- ‘...의 무료’: 특정한 액수에 대하여 책임을 진다면

송하인이 책임을 지지 않는 그 비용들 전부는 수하인의 책임으로 간주될 것이다. 그러나 비용은 쉬핑 에이전트가 적하증권을 수취하지 아니하거나 그 권리를 행사하지 아니하였을 때는 언제나 송하인에 의하여 충족될 것이다.

도킹, 스토리지, 중량 계측 등과 같이, 그 수납이 수하인에 귀속시킬 수 있는 사실 또는 수하인에 의한 요구로부터 발생하는, 부대비용에 관하여, 악화되기 쉬운 물건이 있다는 사실에 기인한 부대비용에 관하여 송하인이 책임지는 것이 필요한 그런 경우를 제외하고, 이는 언제나 수하인에 의하여 지불될 것이다.

이러한 상황 내에서, 미리 그 비용에 대한 금액을 결정하는 것이 불가능한 경우가 있을 것이다. 그러한 경우에, 비용은 신고서(clearance report)에 들어갈 것이다. 그 비용들은 그 이후에 인도 데드라인의 만료 후 최대 30일의 기간에, 송하인과 금액을 해결하여야 하는 주제가 될 것이다. 미리 지불된 이용은 반드시 출발지의 스테이션에 의하여 적하증권과 그 제2사본에 기록되어야만 한다.

(5) 수납된 금액의 수정

관세가 불규칙하게 적용되거나 비용의 수납 또는 설정에 실수가 있는 경우에, 잉여 금액은, 직무상, 철도에 의하여 상환되어야 할 것이다. 그렇지 않으면, 만일 이 차이가 적하증권 당 4 계산 단위를 초과하면, 철도는 존재할 수 있는 부족한 차이를 지불받을 수 있다.

철도로 말미암은 부족한 차이의 지불은, 적하증권이 취소되지 않는다면, 송하인의 책임일 것이다. 이는, 만일 적하증권이 취소되었다면, 쉬퍼는 지불로부터 해방될 것이기 때문이다. 수하인은 추가의 부족한 차이 금액을 지불하여야 할 것이다. 철도로 인한 금액은 지불할 것의 통지의 영수일 또는 청구일 또는 이 어느 경우도 아니라면 소송계속일로부터 년 5%의 비율에 의한 이자가 붙을 것이다.

(6) 상환과 영업비

송하인은 그 적재화물에 대한 비용을 상품의 가치에 이르기까지 부과할 수 있다. 철도는 이 목적이 기재된 30일 이내에 수하인에 의하여 그 금액이 지불될 때까지 상환을 할 의무가 없다.

만일 상품이 전부 또는 부분으로서, 미리 그 상환이 징수되지 아니한 채 수하인에게 인도되었다면, 수하인에 대한 이의가 없는 이상, 철도는 송하인에게 손상된 금액의 지불을 하여야 한다.

인도 시에 현금을 지급하는 운송(shipping)은 세관에서 설정된 비율 금액을 징수하여야 하는 문제가 발생하고, 비록 운송계약의 변경에 의하여 현금지급이 무효로 되거나 감경되는 경우라고 하더라도 위 세관 금액은 지불되어야 할 것이다.

출발지의 스테이션에서 시행중인 규정에 상응하여 만들어진 것이 아닌 이상, 영업비는 받아들여질 수 없다. 영업비와 상환은 반드시 적하증권에 기재되어야 한다.

3.3 계약의 변경

송하인은 다음과 같이 계약을 변경할 권한이 있다:

• 상품이 출발지의 스테이션으로부터 이동되어야 한다는 것.

• 상품이 노선에 관하여 상세하게 알려져야 한다는 것

• 상품의 인도가 연기되어야 한다는 것
• 상품이 적하증권에 지정된 자가 아닌 사람에게 인도되어야 한다는 것
• 상품이 다른 스테이션에서 인도되어야 하거나 출발지의 스테이션으로 돌아와야 한다는 것
• 상환의 설정
• 상환의 증가, 감소 또는 취소
• 선불되지 아니한 적재 화물 비용 또는 받아들인 비용의 증가

운송에 참여한 국가들 사이에서 시행중인 보완적인 규정 또는 국제적인 관세는 언급한 것 이외에 수용된 다른 지시가 허여될 것이다. 이는 적재 화물의 분리와 관련되지 않는다.

이러한 지시는 서면진술로 보고되어야 하고, 부본을 만들어야 하며, 적하증권의 부본에 서명되어야 한다. 이것은 출발지의 스테이션에서 철도에게 제공될 것인데, 이는 스탬프를 찍어 송하인에게 반환될 것이다.

송하인이 분할상환의 증가, 감소 또는 취소를 요청할 때는, 함께 발행된 증명서를 제공할 것이다. 증명서는 수정된 후 이해 당사자에게 반환될 것이다. 취소의 경우에는, 반환되지 않을 것이다.

만일 철도가 부본의 제공을 요구하지 않고 송하인의 지시를 수행한다면, 이것이 수하인에게 전달되었을 때, 철도는 발생할 수 있는 그런 손상에 대하여 수하인에게 책임을 질 것이다. 그와 같은 경우, 보상은 상품의 멸실의 경우에 설정된 금액을 초과하지는 않을 것이다.

운송계약을 변경할 권리는 다음의 경우 소멸되게 된다:

• 적하증권이 수하인에 의하여 취소되었을 때
• 수하인이 상품을 수령하였을 때
• 수하인이 계약에 근거한 그의 권리를 사용하였을 때

• 일단 적재 화물이 도착지의 국가의 세관영역에 들어가 수하인이 지시를 할 권한이 부여되어 있을 때

이 시간 이후로, 철도는 반드시 수하인의 지시를 따라야 한다.

수하인은 계약을 변경할 자격이 있다.

수하인은 송하인이 도착지의 국가에서 운송에 상응하는 비용에 대하여 책임을 지지 않고, 또한 적하증권에 '수하인은 차후의 지시를 할 자격이 부여되어 있지 않다'는 고 기재되어 있지 아니한 때에는, 이 권리를 실행할 수 있다.

수하인이 주는 지시는 적재 화물이 도착지의 국가의 세관영역에 있을 때만 유효할 것이다.

다음 상황에서, 지시할 권한이 부여되어 있다:

• 상품이 루트에서 억류되어 있을 때
• 상품의 인도가 연기되었을 때
• 상품이 적하증권에 기재된 수하인 아닌 다른 사람에게 인도될 때
• 도착지의 같은 나라에 있다면, 상품이 적하증권에 기재된 것이 아닌 다른 스테이션에서 인도될 때
• 적재 화물이 세관 또는 다른 당국에 의하여 요구되는 수속절차를 준수할 때

송하인에 의하여 주어진 지시와 유사하게, 수하인에 의하여 주어진 지시는 또한 적재 화물의 분리를 내포하지 않는다.

이러한 지시의 모드는 반드시 철도에 의하여 설정된 견본에 상응하여 서면고지를 통하여 보고되어야 한다. 앞서와 같이 정해진 것과 다른 형식으로 발(發)해진 지시는 무효로 간주될 것이다.

계약을 변경할 권리는 소멸하게 된다:

- 적하증권이 취소되었을 때
- 상품이 수령되었을 때
- 계약에 근거한 수하인을 위한 권리가 사용되었을 때
- 수하인에 의하여 지정된 사람이 적하증권을 취소하거나 그 권리를 사용하였을 때. 이 사람은 계약을 변경할 권한이 부여되어 있지 않다.

철도는 차후의 지시를 수행할 것을 다음의 경우에만 거절할 수 있을 것이다:

- 이것이 가능하지 아니할 때
- 그것을 수행하는 것이 정상적인 서비스에 방해될 때
- 그것을 수행하는 것이 어느 국가에서 시행되고 있는 법과 규정에 위반될 때
- 상품의 가치가 -도착지의 스테이션에서 변화가 관련되어 있는 경우- 그에 부과될 수 있는 비용을 커버하지 않을 때

차후의 지시를 주는 당사자는 그것을 수행하는 것을 불가능하게 만드는 장애가 있자마자 가능한 빨리 통지되어야 한다. 만일 철도가 그와 같은 장애를 극복할 수 없다면, 차후 지시를 주는 사람은 초래되는 인노 결과에 대한 책임을 지게 될 것이다.

지시를 이행하지 못하는 경우, 철도는 지시를 불완전하거나 수행하지 않은 결과에 대하여 책임을 지게 될 것이다. 그것은 멸실의 경우 적용될 보상을 초과하지는 못할 것이다.

운송인이 계약을 변경할 권한이 부여되어 있는 다른 상황은 운송에 장애가 발생한 것인데, 그 경우 철도는 직무상 일정을 변경하여 상품을 운송하는 것이 유리한지 여부 또는 철도에게 이용 가능한 유용한 정보를 제공한다면, -송하인의 이익에서- 송하인으로부터 지시를 요구하는 것이 타당한지 여부를

결정하여야 한다.

운송의 계속이 가능하지 않다면, 철도는 송하인으로부터 지시를 요구할 수 있을 것이다. 송하인은 출발지의 스테이션과 상품이 위치하고 있는 곳의 스테이션 양쪽 모두에게 지시를 제공할 수 있을 것이다. 이러한 지시의 기재는 적하증권에 될 것이다. 이러한 지시는 장애가 일시적인 경우에는 필요하지 아니할 것이다.

또한 송하인이 운송에 대한 장애가 나타나는 경우에 선하증권에 사전 지시를 제공할 수 있는 가능성도 있다.

송하인으로부터 아무런 지시 없이 장애의 통지가 된 그 순간부터 합리적인 기간이 경과한 후에, 철도는 상품이 지연되고 있는 곳에서 시행되고 있는 인도 장애와 관련된 룰에 따라서 행동할 것이다. 만일 장애가 송하인으로 부터 받은 지시 이전에 중단된다면, 상품은 더 이상의 지시를 기다리지 않고 그 도착지로 보내질 것이다.

위와 유사하게, 철도는 송하인에 의한 일체의 인도 장애가 있을 때 보고하여야 할 것이고 송하인으로부터 지시를 요구하여야 할 것이다. 만일 장애가 지시가 도착하기 전에 중단된다면, 상품은 수하인에게 인도되어야 할 것이고, 인도의 통지가 송하인에게 주어질 것이다.

만일 수하인이 상품을 거절한다면, 송하인은 지시를 줄 수 있을 것이다 - 심지어는 적하증권의 부본을 제공할 수 없는 경우에도.

송하인은 인도에 대한 장애가 발생한다면 직무상 상품이 반환될 것을 요구할 수 있다. 그 사유가 적하증권에 기재될 것이다. 다른 경우에는, 상품의 반환은 송하인의 분명한 동의를 요구한다.

3.4 운송계약의 체결

운송 계약은 철도 운송업자가 운송을 위하여 적하증권이 부수된 상품을 수령한 때로부터 체결된다. 수령은 적하증권에 도착지의 스테이션의 인장을 날

인하거나 수령일을 포함하는 계산기(counting machine)의 표지로써 표시된다. 기재된 모든 프로세스는 만일 송하인이 요구한다면 그의 참석 하에 수행되어져야만 한다.

도장의 날인 또는 계산기에 의한 표시 이후, 적하증권은 계약과 운송계약의 내용의 증거를 구성할 것이다.

송하인이 책임을 지는 상품에 관하여, 상품의 중량 또는 벌크화물의 개수에 관하여 적하증권의 기재는, 만일 철도가 상기 중량 도는 상기 벌크화물의 개수를 확인하고 이것을 적하증권에 기재하였다면, 철도에 대하여 증거로서만 작용할 것이다.

철도는, 실질적인 결함이 중량이나 벌크화물의 개수의 차이와 상응하지 아니하는 것이 명백하면, 적하증권에 기재에 표시된 상품의 중량이나 벌크화물의 개수에 대하여 책임을 지지 않을 것이다. 이는 특히 화물차량이 출발의 봉인이 전혀 손대지 아니한 상태로 수하인에게 인도되는 경우일 것이다.

철도는 송하인에게 상기 사본을 반환하기 이전에, 상품의 영수와 적하증권의 사본에 운송을 인수한 날을 증명할 의무가 있다. 이 사본은 운송과 동반하는 적하증권 또는 운송장의 가치를 가지지 못할 것이다.

4) 책임과 소송

4.1 철도의 공동책임

적하증권과 함께 상품의 운송을 인수한 철도는 인도할 때까지 운송의 전부에 대하여 책임이 있을 것이다. 이후 상품에 대하여 책임을 지게 될 철도는 계약에서 근거할 수 있는 의무가 상정될 것이다.

책임은 다음의 상황에까지 확장될 것이다.

- 인도 마감일에의 지연
- 상품의 전부 또는 일부 멸실에게 기인하는 손해

• 상품이 입을 수 있는 손상

만일 이러한 사실들이 법적으로 권한이 부여된 사람의 결여, 그 사람의 지시 또는 상품의 특유한 결함에 기인하여 발생하였다면 책임으로부터 면제될 것이다.

또한 다음의 경우 파손 또는 멸실에 대하여 책임이 있을 것이다:

• 송하인과의 합의에 의하여, 무개 화물차량으로 운송을 수행할 때
• 포장이 필요함에도, 포장의 부족 또는 부재가 있을 때
• 송하인에 의한 선적 작업 또는 수하인에 의한 양하 작업 도중에 발생할 때
• 노출된 어떤 상품의 성질에 의하여 멸실이나 파손이 발생할 때
• 운송으로부터 배제되어야 하거나 또는 일정한 조건부로 인수되어야 할 물건을 불규칙적으로, 부정확하거나 불완전하게 지정하여 운송이 이루어질 때
• 생동물의 화물을 운송할 때
• 호위가 요구되는 화물을 운송할 때
• 선적이 송하인에 의하여 수행되었을 때, 결함 있는 화물

이 모든 상황들의 입증의 부담은 철도에게 있다.

4.2 재선적의 경우의 추정

상품이 재선적 되고 손상 또는 파손이 관찰될 때, 만일 운송이 철도의 안전한 보관 하에 있었고, 재선적 되는 스테이션에 도착하였을 때와 같은 상태로 재선적 되었다면 이는 최종계약의 운송 도중 발생한 것으로 추정된다.

4.3 상품의 멸실의 추정

인도 데드라인의 만료 후 30일 이내에 인도되지 않거나 수하인의 처분 하

에 놓이지 아니하면, 상품은 멸실된 것으로 추정된다.

보상에 대한 권한이 있는 당사자는 또한 만일 상품이 보상이 유효하게 지불된 순간부터 1년 이내에 상품이 발견되는 경우, 그 통지를 받을 것을 요구할 수 있다. 이 기간 동안 발견된다면, 통지의 영수 후 30일 이내에 그에게 반환하여달라고 요구할 수 있다.

4.4 상품의 멸실의 경우 보상액

계산은 다음의 방법에 의한다.

- 증권 거래소에 등록된 가격으로
- 만일 존재하지 않는다면, 현재 시장 가치에 따라서
- 위의 둘 다 없는 경우, 같은 성질과 품질의 상품의 일반적인 가치에 따라서, 운송을 위하여 인수된 그 날과 장소에서의

멸실된 총 중량의 킬로그램 당 17 계산단위를 초과하는 보상은 불가능하다. 보상은 운송의 가격, 관세 그리고 멸실된 상품의 운송으로부터 발생한 다른 지출을 포함 할 것이다.

4.5 수량감소(shrinkage)의 경우 철도 책임

이는 상품의 성질로 인하여 수량감소가 도중에 일정한 빈도로 일어나는 경우로 제한된다.

이러한 상황에서는 철도는 아래에서 기재한 허용한도를 초과하는 도중에서의 수량 감소에 대하여 책임 있다:

- 액체 상품 또는 젖은 상태로 운송할 것으로 인도된 상품에 대한 중량의 2%
- 도중에 수량감소 되기 쉬운 다른 상품에 대하여는 1%

손실이 허용한도를 정당화시키는 사유로부터 기인하지 않을 때 책임에 대한 이러한 제한을 유지하는 것은 가능하지 않다.

하나의 적하증권으로 운송되는 여러 개의 벌크 화물의 경우에는, 도중의 수량감소는 개별적으로 계산될 것이고, 이는 적하증권에 기재되어야 한다. 만일 상품의 전부가 멸실된다면, 도중의 수량감소에 기인한 감소는 보상에 있어 계산되지 아니할 것이다.

4.6 상품의 파손의 경우에 있어 보상액

파손이 일어난다면, 철도는 상품의 가치의 손실을 반영하는 금액을 지불하여야 한다. 가치하락의 비율은 도착지의 스테이션에서 결정된다.

보상의 정도는 다음을 초과할 수 없다:

- 전부 멸실의 경우에 달할 것과 같은 금액, 적재 화물의 전부가 파손으로 가치가 하락하였다면.
- 가치 하락된 부분의 멸실의 경우에 달할 금액, 만일 단지 적재 화물의 한 부분만이 파손으로 가치가 하락하였다면.

4.7 인도지연의 경우의 보상금액과 보상금액의 누적

상품의 전부가 멸실되었다면, 이 보상금액이 상품의 전부 멸실의 경우를 위하여 설정된 금액에 추가되는 것은 가능하지 않을 것이다.

만일 상품의 부분 멸실이 발생하였다면, 인도 데드라인의 초과에 대한 기재된 보상금액은 멸실되지 아니한 적재 화물 부분의 운송 가격의 3배를 초과하지 못한다.

인도 데드라인의 초과로 귀속시킬 수 없는 상품의 파손이 발생하였다면, 그 경우를 위하여 기재된 보상금액은 파손의 경우를 위하여 설정된 금액이 누적될 수 있다.

상품의 전부 멸실의 경우에 지게 될 금액을 초과할 때에는, 어떤 상황에서도 인도 데드라인의 초과의 경우를 위하여 설정된 멸실과 파손의 경우를 위한 보상금액이 누적될 수 없다.

관세에서는 설정된 다른 제한의 등급이 있다. 이는 철도가 예를 들어 가치 감소와 같은 특별한 운송조건을 승인한 상황이다. 그 결과, 보상금액은 또한 제한된다. 이러한 이유로 그와 같은 제한은 관세에서 기록되는 것이 필요하다.

만일, 인도에서 지연이 발생하였다면, 상품의 파손 또는 전부 또는 일부 멸실이 철도에 귀속시킬 수 있는 부실고지 또는 부실고지의 가능한 형태에 기인한 것이라고 입증된다면, 철도는 입증된 손해의 전부에 대하여 보상을 지불하여야만 한다.

이러한 보상 금액은 이자를 누적하는데, 이는 손상을 입은 당사자에 의하여 요구될 것이다. 이는 년 5%로 설정되는데, 만일 보상금액이 각 적하증권에 4 계산단위를 초과할 때 부담하게 될 것이다. 행정적인 청구가 된 날부터, 만일 그렇지 않다면, 법원에 소송이 청구된 날부터 누적될 것이다.

철도는 또한 대리인과 운송을 수행하기 위하여 고용한 다른 개인의 행위에 대하여 책임이 있다. 그러나 만일 철도 대리인과 다른 개인이 이해 당사자의 요구에 의하여 적하증권을 발행하거나, 또는 번역하거나 또는 다른 서비스를 행하는 때에는, 그와 같은 서비스를 하도록 한 개인을 위하여 행동한 것으로 간주될 것이다.

4.8 바다-철도 운송에서의 책임

이 형태의 운송을 위하여, 각 국은 멸실, 파손의 경우 또는 인도 데드라인의 경과의 경우, 이것들이 해상운송 도중에 -선박에 상품을 선적할 때부터 그것을 선박으로 양하할 때까지- 발생하였다고 입증하였을 때, 이에 설정된 책임의 면제의 적용을 실시할 수 있을 것이다.

면제의 사유는 다음과 같을 것이다:

- 선장, 해원, 도선사 또는 선박운항 또는 선박 관리에서 운송회사에 의하여 고용된 개인에 의한 작위, 주의태만 또는 부작위
- 선박의 불감항성
- 화재, 화재가 운송회사, 선장, 해원 또는 도선사에 의한 작위 또는 부작위로 인하여 발생한 것이 아니라고 입증되었다면.
- 해상 위난, 위험 또는 사고
- 해상에서 생명 또는 재화를 구하는 해난구조 또는 그 시도
- 적하증권에 기재된 쉬퍼의 승낙을 얻어 수행된 조건인, 화물칸이 아닌 선교에의 상품의 적재

비록 운송회사가 이 면제의 원인을 적용한다고 하더라도, 법적으로 권한이 부여된 사람이 멸실, 파손 또는 인도 데드라인의 경과가, 최초 기술(記述)된 자가 아닌 운송회사, 해원 또는 그의 피용인 측의 과실로 인한 것이라고 입증할 수 있다면, 운송회사는 계속하여 책임을 질 것이다.

만일 동일한 해상 운송이 다른 회사에 의하여 이루어졌다면, 책임제도는 모든 회사에게 동일할 것이다.

4.9 핵 사고의 경우 책임

철도는 손상이 핵 사고에 의한 것일 때 또는 핵시설을 작동시키는 당사가 책임이 있는 당사자로 설정되어 있을 때는 책임으로부터 면제된다.

5) 권리의 실행

5.1 부분 멸실 또는 파손의 확인

부분 멸실 또는 파손이 발견되거나 추정될 때 또는 이것들이 법적으로 권한이 있는 사람에 의한 것이라고 주장될 때, 철도는 상품의 상태, 그 중량, 손상의 범위, 그것이 발생한 원인과 시간이 기록되는 서류를 발행할 의무가 있다. 법적으로 권한이 부여된 사람은 그 서류의 사본을 제공받을 것이고, 만일 동일한 내용을 받지 않으면, 당사자에 의하여 지명된 전문가에 의하여 이 서류에 포함된 조건대로 확인을 할 것을 요구할 수 있을 것이다.

5.2 청구, 법적인 소송: 절차와 소멸시효

철도에 대한 모든 청구는 서명으로 이루어져야만 한다.

청구는 적하증권, 부본 그리고 적당하다고 간주되는 다른 서류에 첨부되어야 한다. 이것들은 원본이거나 법적 효력이 있는 사본일 수 있다.

송하인이 청구할 때, 청구에 적하증권의 부본을 청구하여야만 한다. 만일 적하증권이 없다면, 청구를 제기하기 위하여서는, 수하인에게 인증을 요구하거나 수하인이 그 적재 화물을 거절하였다는 것을 입증할 수 있을 것이다.

만일 수하인이 청구를 제기하는 당사자라면, 적하증권이 제공되어 있는 경우에는 적하증권을 제시하여야만 한다.

지불하여야 할 책임이 있는 당사자는 지불된 금액의 반환을 구하는 대상에게 이의를 제기할 수 있다. 상환과 관련된 법적인 조치는 전적으로 송하인에게 달려 있다.

계약의 결과로서 발생할 수 있는 여타의 법적 조치는 다음의 당사자에 달려 있다:

• 수하인이 적하증권을 취소하기 이전에 상품을 인수하거나 그 권리를 실

행할 때까지, 송하인

- 적하증권이 취소되고, 수하인이 상품을 인수하거나 그 권리를 실행할 때까지, 수하인

5.3 법적인 청구가 제기된 당사자

- 이것이 지불된 금액의 반환일 때, 소송은 다음의 당사자에 대해 제기될 수 있다:
  - 상기 금액을 받은 철도에 대해
  - 또는 초과 수익을 얻은 당사자에 대하여
- 이것이 상환과 관련된 소송일 때, 출발지의 철도에 대하여 소송 제기할 수 있다.
- 운송 계약에 근거한 다른 법적인 청구는 출발지의 철도, 도착지의 철도 또는 책임을 질 행동을 한 노선의 당사자에 대하여 제기될 수 있다.

비록 도착지의 철도가 상품이나 적하증권을 수령하지 아니하였더라도, 도착지의 철도에 대하여 청구가 제기될 수 있다.

원고가 여러 철도에 대하여 소송을 제기할 수 있을 때, 그들의 하나에 대하여 소송을 제기하는 것은 다른 사람에 대한 소송을 제기할 권리를 소멸시킨다.

5.4 관할

피고 철도가 소재하는 나라의 법원은 이러한 형태의 청구를 심리할 관할이 있다.

5.5 철도에 대한 소송의 소멸

인도 지연, 부분 멸실 또는 파손과 관련하여 철도에 대하여 소송을 제기할 권리는 그렇게 할 수 있는 당사자가 상품을 인수할 때 소멸된다.

그러나 이러한 상황이 된다고 하더라도, 소송은 다음의 경우 소멸하지 않는다:

- 소송을 제기할 수 있는 당사자가 철도에게 귀속시킬 수 있는 부실고지 또는 중대한 과실에 의하여 발생하였다는 것을 입증한다면.
- 첫 7일 내에, 청구가 인도기간에 지연에 관한 것이라면.
- 만일 청구가 부분 멸실 또는 파손에 기인한 것이라면:
  - 만일 멸실 또는 파손이 상품이 인수되기 이전에 발견되었다면
  - 만일 필요한 확인이 철도회사의 과실에 의하여 생략되었다면
- 외관상 명백하지 않고 오직 인수 후에만 확인될 수 있는 손상이 있을 때. 이러한 경우에, 손상이 발견된 후에 즉시 확인을 위한 소청이 제기되거나 - 인수 후 7일 이내에 - 또는 인수와 인도 사이의 인터벌에서 그 손상이 일어났다는 것을 설정하는 것이 필요하다.

일부 상품이 재선되었을 때, 이전의 운송형태의 하나로부터 발생한 부분 멸실 또는 파손에 대한 보상금액은 마치 단 하나의 계약이 관여된 것과 같은 방식으로 소멸하게 된다.

5.6 소멸시효

일반적인 원칙으로, 이러한 소송은 1년의 기간의 시효에 걸리게 된다.

그러나 2년의 소멸시효기간이 되는 다른 경우가 있다:

- 수하인으로부터 철도에 의하여 징수된 지출의 지불을 위한 소송일 때
- 철도에 의하여 만들어진 판매의 차액의 지불을 위한 소송일 때
- 부실고지 또는 가능한 부실고지에 의하여 야기된 손해에 관하여 근거한 소송일 때
- 사기의 경우에 근거한 소송일 때
- 재선적 되기 이전에 운송 계약의 하나에 근거한 소송일 때

소멸시효는 다음의 시점으로부터 개시된다:

• 인도 지연, 부분적인 멸실 또는 파손의 경우, 인도가 된 날부터

• 전부 멸실에 대한 보상의 경우에, 인도 데드라인의 만료의 날 이후 30일부터

• 지불 또는 운송의 가격, 부대 비용, 기타 비용 또는 초과 운임의 배상을 위한 소송이거나 또는 수정 또는 관세의 적용 또는 계산 실수에 대한 소송일 때:

  – 지불에 의한 것이라면, 지불된 날부터

  – 그렇지 않다면, 상품이 운송을 위하여 인수된 때부터, 만일 지불이 쉬퍼에게 상응하는 것이라면 - 또는 수하인이 적하증권을 인수한 때부터, 만일 수하인에게 해당한다면.

  – 계산서에 의하여 금액이 지불되는 것이라면, 철도가 위탁자에게 제비용 계산서를 인도한 그 날부터

• 철도가 반드시 수하인이 한 지불을 쉬퍼의 시간과 장소에서 반환하여야 할 때, 또는 그 반대의 경우에, 상환 요청이 된 그 날부터

• 배상의 문제일 때, 인도 만료 데드라인 이후 13일부터

• 다른 상황에서는, 그 권리가 실행될 수 있을 날부터

필요한 입증서류와 함께 철도에 대하여 제기된 소송의 경우, 소멸시효 기간은 철도가 서면으로 이의를 거절하고 그 서류를 반환한 그날 까지 유예될 것이다. 만일 청구가 일부 받아들여진다면, 소멸시효 기간은 법적으로 남아있는 부분의 청구에 대하여 다시 개시될 것이다. 청구 또는 답변의 영수와 서류의 반환의 영수에 대한 입증 책임은 그 사실을 주장하는 당사자에게 있다.

한 번 소송이 시효소멸 되면, 다시 실행될 수 없다. 소멸시효 기간의 유예와 중단은 모두 청구가 제기된 국가의 법과 규정에 의하여 규율된다.

6) 철도들 사이의 관계

6.1 철도들 사이의 회계의 해결

만일 한 철도가 다른 참여하는 철도들이 관계하는 하나의 운송계약으로부터 발생하는 비용들과 다른 채무들(credits)을 징수할 권한이 부여되어 있다면, 다른 철도들은 그에 상응하는 부분을 지불받아야 한다.

발송지의 철도(the shipper railways)는, 송하인이 이를 그의 책임으로 인수하고 이것이 적하증권에 그렇게 기재된 때에는, 징수되지 아니한 운임과 다른 비용에 대하여 책임이 있을 것이다.

만일, 그와 달리, 도착지의 철도가 운송 계약으로부터 발생하는 비용 또는 다른 채무들을 징수하지 않고 상품을 인도한다면, 운송에 참여한 다른 철도와 다른 이행 당사자에게 책임을 질 것이다.

만일 다른 참여한 당사자에게 지불할 책임이 있는 철도가 그렇게 하지 아니하였다면, 불복할 권리를 유지하면서, 그로부터 발생할 수 있는 결과를 감당하여야 할 것이다.

6.2 멸실 또는 파손의 경우 구제방법

만일 철도가 상품의 멸실 또는 파손이 발생한 경우 보상금액의 전부를 지불하였다면, 다음에 대하여 구상권(redress; 보상, 배상)을 가질 것이다:

- 손상을 일으킨 철도
- 철도들, 여럿이라면, 야기한 손상에 대하여 책임이 있는 각자. 각자가 일으킨 손상이 부분을 결정할 수 없다면, 보상의 부담은 그들 전부 사이에 분할될 것이다.
- 어떤 철도가 손상을 일으켰는지 결정할 수 없다면, 보상 책임은 그들 전부 사이에서 분할될 것이다.

또한 인도 데드라인을 충족시키지 못한 경우에 멸실 또는 손상의 경우를 위하여 설정된 것과 유사하게, 지불보상이 분할되는 방식으로 구체화되는 구상의 형태가 있다.

그 구상을 실행하려고 하는 철도는 그와 해결에 이르지 못한 철도 전부에 대하여 한 번에 그리고 그 고유의 기회로 그 소송을 제기할 수 있다. 원고가 선택하는 관할이나 피고 철도에 상응하는 관할은, 만일 여러 피고라면, 이 사건을 심리할 권한을 갖을 것이다.

5. 항공에 의한 물건의 운송

1) 도입

기준으로서 중량을 사용하면, 항공에 의한 운송은 EU 국가들 사이에서 이동하는 화물에서(약 0.1%), 외부 무역에서 이동하는 화물에서(수출의 0.9%, 수입의 0.32%) 매우 작은 역할을 수행한다. 만일 가치가 기준이라면, 그 때는 숫자가 각 4.0%, 24.5%, 23.3%로 증가한다.

국제 항공 화물 산업은 급격하게 변하고 기술적으로 움직이고 있는 반면, 분명하게 그것을 지원하는 법적인 시스템에 대하여는 그렇다고 말할 수는 없다. 실제로, 최근까지 바르샤바 협약이 최초로 1929년에 작성될 때까지 국제 항공 입법에서는 변화가 없었다.

최근 몬트리올 협약(MC)은, 70년 된 협약에 기술적인 발전과 현대적인 추세의 실질을 반영하여, 바르샤바 체제에 대하여 중요한 수정을 가하였다.

MC는 '몬트리올 의정서 4(MP4)'에 기초하고 있는데, 이는 조약용어로, 1929년의 바르샤바 협약에 대하여 1975년에 몬트리올에서 제안된 의정서의 4번째 수정이다. 24년 후에 MP4는 마침내 1999년에 선진 무역 국가에 의하여 채택된 후 대부분의 나라에서 작동하는 국제법이 되었다.

MP4와 MC 사이에는 큰 유사성이 있다. 둘 다 바르샤바 협약 이래 국제 화물법에서 주요 변화를 나타내고, 동일한 변화를 도입하였는데 이는 화물산업에 의하여 오랫동안 기대되어왔던 것이다. 사실, MC는 MP4 하에서 이룩한 화물과 관련된 진전의 모든 것을 채택하였다. 이를 뒤에서 더 자세하게 논의한다.

2) 바르샤바 협약

1929년의 바르샤바 협약은 지난 70년간 국제적 항공 관련 화물과 항공 운송 산업에서 사상자 청구를 규율하는 국제 조약이었다. 그것은 2개의 국제회의 결과물이었는데, 첫째는 1925년 파리에서 열렸고, 두 번째는 1929년 바르샤바에서 열렸는데, 파리 회의에서 만들어진 과도적인 국제항공법 전문가위원회(Comité International Technique d' Experts Juridiques Aériens, CITEJA)에 의하여 4년간의 작업이다.

항공이 불안한 안전 기록을 가진 초보산업으로 보상에 대한 과도한 소송으로부터 보호할 필요가 있던 당시에 작성된, 바르샤바 협약은 손해에 대한 항공운송인의 책임에 대하여 일련의 제한을 부과하였다. 오늘 날의 기준에 의하면, 이러한 제한은 매우 낮고, 심지어는 소위 바르샤바 체제를 구성하는 여러 수정 합의(프로토콜)[42]에 규정된 제한들은 현대 운송에 대하여는 대체로 부절한 책임 체제를 제공한다.

협약은 원래 2개의 주요 목표를 가지고 있었다:

- '항공 운송에서 발생하는 소송을 다루는 절차와 그 소송에 적용할 실체

42) 1955년 헤이그, 1961년 과달라하라(계약운송인이 아닌 사람에 의하여 수행된 항공에 의한 운송을 위한 추가적 협약), 1971년 과테말라, 1975년 몬트리올 제1 부가의정서, 1975년 몬트리올 제2 부가의정서, 1975년 몬트리올 제3 부가의정서, 1975년 몬트리올 제4 부가의정서.

법'에 관한 다른 법적 체제와 철학적 관점을 가진 나라들 사이에서 항공 산업에서의 단일성을 설정하는 것

• 산업 성장을 진작시키기 위하여 책임의 정당한 한계를 설정하는 것, 투자와 재정적 위험의 감수를 촉진하면서. 바르샤바 협약의 명백하게 최우선시 되는 목적은 사고의 경우에 항공 운송인의 잠재적 책임을 제한하는 것이었다. 책임 제한은 항공사들이 오퍼레이션을 확장하고 그들의 보험 비율이 계산될 수 있는 명확한 기초를 제공하기 위하여 필요한 자본을 육성할 수 있도록 하기 위하여 필요하다고 믿어졌다.

이 규정을 초안한 나라들은 책임제한을 설정하는데 직접적인 이해를 가지고 있는데, 거의 모든 존재하는 항공사들은 여러 체결국에 의하여 소유되거나 많은 보조금을 받고 있었기 때문이다. 초안자들은 또한 책임 제한은 소송을 줄일 것이라고 믿었다.

바르샤바 협약 룰은 쉬퍼가 값을 고지하거나 그들의 물건의 보호를 위한 보험을 들고, 산업으로 하여금 경제적 서비스를 제공하고 운송인과 보험회사들 사이에서 손실의 위험을 분산함으로써 그 능력을 확장하도록 장려하고 있다. 이러한 의미에서, 바르샤바 협약없이는, 서비스 비율은 거의 경제적이지 않다.

현재 135개 주체들이 바르샤바 협약의 원래의 양식 또는 그 수정된 양식의 하나에 가입하고 있다. 몇 나라들은 국제 운송인 책임과 관련한 법 또는 규정을 각기 채택하여 왔다. 게다가, 책임에 관련하여 운송인들 사이에서 사적인 임의 합의가 있다. 이 많은 문서들의 결과는 책임 제도의 짜깁기(patchwork)이다.

바르샤바 협약 원칙은 우뚝 솟아 있고, 그러나 말할 것도 없이 항공 산업은 1929년부터 변화하였다. 다음의 70년 동안 변화에 대한 많은 요구가 있어 왔다. 몬트리올 협약은 바르샤바 협약과 그 관련된 모든 문서들을 대체하고, 규정의 짜깁기와 사적인 임의합의에 대한 필요를 없애기 위하여 디자인 되었다.

3) 몬트리올 협약

몬트리올 협약[43]은 항공 운송인의 여객, 수하물과 화물에 대하여 국제 운송도중에 발생한 손해에 대하여 책임을 규율하는 현대화되고 단일한 법적 프레임웍을 설정한다. 이는 이 분야에서 현재의 국제적 체제, 1929년 바르샤바 협약에 기초한 시스템에 대하여 상당한 개선을 나타내고, 시간을 두고 그 체제를 완전하게 대체하는 것을 목표로 한다.

3.1 법적 지위

2003. 9. 5. 미국은 몬트리올 협약을 비준한 30번째 체약국이 되었고, 그리하여 바르샤바 협약을 대체하기 위하여 필요한 비준의 최소한의 수를 준수하게 되었다. 몬트리올 협약은 그러므로 30번째 비준서를 기탁한 60일 후인 2003. 11. 4. 효력이 개시되었다.

3.2 적용의 범위

MC는 일반적으로 1조에 의하여 두 체약국 사이에서의 비행 또는 그 나라가 체약국인지는 무관한 다른 나라의 합의한 경유지(stopping point)를 가진 한 체약국으로부터의 왕복 운송을 포함하여 상업적인 국제적인 항공 운송으로 제한되어 있다. 2조는 보상을 위하여 국가에 의하여 제공된 항공 운송을 커버할 수 있다고 규정한다.

3.3 정책적 목표

MC에 대한 공공 정책 목표는 1929년 초안자들의 목표와 동일하다. 주요 변화는 내부적으로 법을 강화시키고 바르샤바 협약의 원래의 목적을 피해가는 법적시도를 저지시키기 위하여 만들어져 왔다. 엄밀하게 화물 소송을 예측할 수 있는 능력을 가진 법적 책임 제도를 갖춘 MC는 소송과 보험비용에서

43) 1999년 항공에 의한 국제운송을 위한 일정한 규칙의 통일을 위한 협약(몬트리올 협약).

기대된 감소의 결과를 가져왔다.

이러한 변화는 또한 법에 의하여 산업기술을 따라 잡고, 한 나라에서 다른 나라에까지 소송 취급에서 단일성으로 돌아가려는 시도를 반영한다.

전 세계에 걸쳐 일관성 없는 법원 판결과 세부조항에 근거하여 법에 규정된 손해 제한을 회피하려는 법률가들에 의한 시도들이 단지 변화 뿐 아니라 항공 운송인, 주선인과 송하인에게 보다 호의적인 새로운 법적인 환경으로 이끌었다.

MC의 초안자들은 4개의 주요 정책 목표를 시도하였다:

- 1929년의 원래 초안자들의 기준을 재설정하는 것; 산업 성장을 장려하기 위하여 정당한 책임의 제한을 설정하는 것, 투자와 재정적 위험의 감수를 촉진하면서;
- 항공 화물 산업에서 극적인 기술적 변화의 70년을 반영하는 것
- 다른 법적인 시스템과 철학적 관점을 가진 나라들 사이에서 국제적 소송 단일성을 재설정하는 것; 그리고
- 산업을 위한 보험 비율이 산정될 수 있는 명확한 기초를 재설정하는 것

3.4 주요 룰

이러한 정책적 목표의 추구는 현재 MC에서 발견할 수 있는 6개의 주요 변화를 가져왔다:

- MC는 손상된 화물의 킬로그램 당 17SDR로 새로운 손해제한을 정의한다. 손해제한은 국제적 통일성을 재설정하고, 포럼쇼핑을 막기 위하여 더 이상 금의 가치 또는 국내 통화에 기초하지 않는다.
- MC는 각 당사자의 과실의 비율을 배분하기 위한 목적으로 분쟁 각 당사자의 행동을 필수적으로 비교하는 원칙인 상대적 과실의 보통법 원칙을 승인한다.

• MC는 (a) 화물의 내재적 흠; (b) 결함 있는 포장; 또는 (c) 세관 검사와 같은 정부 조치에 의하여 발생하는 손해로부터 운송인을 면책시킨다.
• MC는 증거를 제시하여야 하는 원고의 의무에 관한 룰을 바꾼다. 새로운 룰은 기술적이지만, 과거보다는 훨씬 공평하다.
• MC 4조는 전자 항공 운송장의 사용 또는 '운송의 기록을 담고 있는 일체의 다른 수단'에 의한 운송을 허용한다.
• MC는 바르샤바 협약 손해 제한을 벗어나기 위한 기초로서의 '악의적 비행'이라는 개념을 폐지한다.

비록 MC가 사람에 대한 상해와 승객의 수하물 청구에 영향을 미친다고 하더라도, 아래에서 설정된 요약은 화물에 대한 멸실 또는 손상에 대한 청구와 관계되는 이러한 실체적인 변화를 구체적으로 말하고 있다.

(1) 복합운송 현실

MC는 현대 항공 운송의 복합운송 성격을 진정하게 인정하는 다음 단계의 조치를 취한다.

MC의 새로운 18조 하에서, 모든 수단의 운송은 항공에 의한 것이라고 여겨질 것이고, 그래서 만일 운송 계약이 오로지 항공 수단으로 이동을 의도한다는 것을 반영한다면 몬트리올 협약 하에 커버되게 될 것이다.

예를 들어, 항공 운송인에 의한 물건의 운송이 로테르담에서 뉴욕까지 예약되어 있다면, 일체의 해상 또는 도로 연결은 항공 운송이라고 간주될 것이고 그래서 MC하에 커버될 것이다.

이 결과를 위하여 요구되는 전부는 항공 운송장이 일체의 도로 또는 해상 연결을 언급하지 않았다는 것이다. 18조를 위하여 만들어진 구체적인 문구는 다음과 같다:

만일, 위탁자의 승낙 없이 운송인이 항공에 의한 운송이 될 것이라고 당사자 사이에서 합의에 의하여 의도된 전부 또는 일부의 운송을 다른 운송 수단에 의한 운송으로 대체한다면, 다른 운송 수단에 의한 그와 같은 운송은 항공에 의한 운송의 기간 내에 있는 것으로 여겨질 것이다.

이 18조의 이익은 분명하다. 어떤 지역 법 또는 손해 제한이 복합운송 수단에 의한 국제 항공 운송의 어떤 특정한 부분의 화물 손해에 적용될 것인지에 대한 논쟁과 값비싼 법적 논의 대신에, MC는 하나의 법과 단일한 킬로그램당 17SDRs의 단일한 손해 제한에 종속하는 모든 측면의 이동에 대한 절차를 능률화하려고 한다.

(2) 보편적인 상대적 과실(comparative fault) 개념

'상대적 과실' 또는 '기여 과실(contributory negligence)'은 송하인의 어떤 행위가 운송인의 행위와 결합하여 화물 손상 또는 멸실을 일으키는 경우에 일어난다. 차등제(sliding scale)가 한 당사자 측의 과실이 화물 손실에 얼마나 기여하였는지의 정도를 결정하기 위하여 (a) 송하인 (b) 항공 주선인 (c) 항공운송인의 행동을 판단하는데 사용 된다. 예를 들어, 법원이 송하인의 단계에서 어떤 정형적인 실수가 1,000€의 손실이 초래된 화물 인도 잘못에 대하여 30%의 책임이 있다고 판단했다고 상상해보라. 그와 같은 경우, 운송인의 책임은 30%에 의하여 700€로 줄어들 것이다.

바르샤바 협약은 원래, 만일 송하인 측에 기여과실이 있다면 항공 운송인이 책임으로부터 전부 또는 부분적으로 면책될 수 있다고 규정하여, 이 공유된 과실의 개념을 인정하였다. 그러나 바르샤바 협약 하에서, 그 원칙은 그 사건을 심리하는 법원이 '기여 과실'을 그 국내법의 일부로서 인정하는 경우에만 적용될 수 있었다. 실로, 많은 대륙법 국가는 '기여과실'의 개념을 인정하지 않는다. 그래서 가장 중요한 바르샤바 협약의 목표를 위반하여, 나라에 따른 결과가 '기여과실'의 원칙이 관계되는 곳에서는 통일되지 못하였다.

MC 20조와 MP4 21조는 이 규정을 운송인과 항공 주선인에게 다른 나라에서 그 법적 원칙이 승인되는지 여부에 관계없이 '기여과실'의 방어를 제공하는 것으로 변경하였다. 지금은 법원에 의하여 바꿀 수 없는 조약의 문제이다.

(3) 증거를 제공할 의무

바르샤바 협약은 입증의 부담의 전환 대신 제한적인 책임의 수준을 설정한다. 그것은, 원고가 운송인 측의 과실을 입증하여야 하는 대신에, 운송인은 수하물 또는 화물에 대한 멸실 또는 손상에 대한 보상의 지급을 피하기 위하여 과실이 없다는 것을 입증하여야 했다. 이러한 국제적으로 일관된 제도의 이면에 있는 이유는 확실성을 제공하고 책임에 제한이 없으나 원고가 운송인이 과실이 있다고 입증하여야만 하는 할 때 생기는 법적 비용을 줄이고자 하는 것이었다.

이러한 논리에 따라, 바르샤바 협약 하에서 항공 운송장이 기계적으로 발행된 때에는 언제나 화물이 무사히 좋은 상태로 인수되었다고 상정되었다. 운송인은 심지어는 화물이 포장된 단위적재 장치인 로울러 적재함 트럭에서 떨어져 나왔고 그 내용물을 검사할 기회가 없었다고 하더라도, 무사히 좋은 상태로 화물을 인수하였다는 '상정'에 대하여 책임이 있다.

이러한 상황에서, 자신이 화물을 손상시키지 않았다는 것을 입증하는 것은 운송인의 의무이었다.

MP4와 MC 하에서는, 룰이 뒤집어졌다.

MC와 MP4는 둘 다 11조로 '화물의 중량, 부피 그리고 포장에 관련된 것뿐 아니라 포장의 개수에 관련된' 항공운송장에 있는 기재는 운송인에 대한 법적 추정 또는 상정으로 사용될 수 없다고 규정한다. 이 룰에 대한 유일한 예외는 항공 운송장이 화물이 '위탁자의 참여 하에 운송인에 의하여 확인되었다'고 구체적으로 기재하거나 또는 화물의 외관상 명백한 상태에 관하여 구체적으로 기재한 경우이다.

이는 부당변경에 관한 일체의 명백한 기재 없이 도착지에서 손상된 채 도착한 일정한 물건이 '포함되어 있다고 말해지는(부지약관)' 포장된 컨테이너를 수령한 항공 운송인과 주선인은 자동적으로 그들의 책임이 아니라는 것을 의미할 것이다. 그러나 운송인은 여전히 화물의 기재된 중량과 외관상 명백한 상태에 대하여 책임을 질 것이지만, 다른 모든 책임들처럼, 화물이 실제로 무사히 좋은 상태로 운송인에게 인도되었다는 것을 입증하여야 할 원고의 의무일 것이다.

이는 주요 증거를 제공하여야 하는 법적 의무를 전환하는데 있어 의미 있는 변화이다.

(4) 고의적인 불법행위(wilful misconduct)

MC는 잘못한 사람은 그의 잘못된 행동의 정도에 따라 보다 심하게 처벌받아야 한다는 법적 전통에 대하여 주요한 단절을 만든다. MC의 초안자들은 항공 운송이 관련된 곳에서 '고의적인 불법행위'라는 개념을 완정하게 폐지하였다. 원래의 바르샤바 협약 하에서, 운송인은 만일 사기, 부실고지 또는 국제적 불법행위 같은 것들에 대하여 책임이 있다고 밝혀지면, 그 손해제한을 상실할 상황이었다. MC의 초안자들은 그러한 모든 고려들을 제거하였다.

MC의 22조 하에서, 고의적인 불법행위의 입증은 운송인에게 책임제한의 이익을 박탈하지 못한다. 이러한 수정이전에는, 악의적인 불법행위는 송하인에게 제한을 피할 수 있는 능력을 제공하였었다.

그러나, 그 어떠한 의도적인 불법행위라고 하더라도 그 에 대한 결과가 없다는 이러한 변화로부터 잠재적인 도덕적 위험(moral risk)이 발생한다. 요점을 예시하자면, 의도적으로 화물에 화재를 일으키는 것도 MC하에서는 손해제한의 방어의 손실을 초래하지 않는 것 같다.

영악한 법적 논쟁에 의하여 바르샤바의 손해제한 규정이 회피되는 것을 지켜본 수년 후에, 몬트리올 초안자들은 메시지를 보냈다. 지금부터는 바르샤바 협약 손해제한은 MC에 의하여 수정된 대로 있을 것이기 때문에, 송하인은 화물 보험을 들도록 잘 권유된다. 영악한 논쟁을 하는 것은 의미가 없을 것이다.

그러나 이 문제에 있어 MP4와 MC 사이에서 가장 중요한 차이의 하나는 MP4는 손해제한이 '손해를 발생시킨 상황이 무엇이라고 하더라도 제한은 초과될 수 없다'[44]는 것으로서 난공불락이라는 것에 관하여 매우 명백하다는 것이다. 이는 합의와 같은 운송인의 책임제도에 대하여 다른 법적 수단을 도입할 여지를 남기지 않는다. 다른 한편, MC는 송하인에게 합의에 의하여 운송인의 책임을 가중시킬 기회를 제공한다. 이렇게 함으로써 송하인은 운송인의 악의적인 불법행위를 송하인과 운송인 사이의 관계를 규율하는 법을 사전적으로(*ex-ante*) 도입할 수 있다.

(5) 통일적인 손해 제한

바르샤바 협약 하에서 관찰되는 화물 손해제한은 중량에 기초하고 있다. 바르샤바 협약 하에서 손해제한은 1929년부터 금의 가치에 기초하고 있다. 미국과 같은 대부분의 나라들은 킬로그램 당 미화20불로 설정하고 있다. 불행하게도, 오스트레일리아와 같은 다른 나라들은 제한을 정하는 가이드로서 금의 현대가치를 사용하고 있는데, 일 킬로그램에 약 미화 400불에 달한다. 원래 1929년 조약의 목표의 하나를 직접적으로 위반하여, 최근에는 소송이 제기되는 나라에 따라 특별한 청구의 결과가 나오고 있다.

예를 들어, 만일 화물이 시드니에서 로스앤젤레스로 이동 중에 손상되었다면, 원고는 로스앤젤레스에서 시민이 얻을 수 있는 한도를 훨씬 초과하는 손해회복의 결과를 낳을 수 있는 킬로그램 당 미화 400불의 제한을 갖고 있는

44) 그럼에도 불구하고, '고의적인 불법행위' 개념은 MP4와 MC하에서 승객과 수하물의 취급에 적용될 수 있을 것이다.

오스트레일리아에서 언제나 손해회복을 추구하려고 할 것이다.

이러한 상황을 바로잡기 위하여, MC와 MP4의 22조는 최대 책임 제한을 킬로그램 당 17SDRs으로 바꾸었다.

게다가, MP4는 MP4의 24조에서 구체적으로 규정하고 있는 것처럼 책임의 공식적 제한은 존중되어야 한다고 규정한다: '손해 제한은 책임을 일으키는 어떤 상황이라고 하더라도 초과할 수 없다.' MP4의 이러한 기재는 운송인의 책임을 증가시킬 가능성이 없다는 것을 매우 명백하게 하고 있다. 그러나 이러한 법적 성격은, 22조에서 규정하고 있는 것처럼 MC에서는 존재하지 않는다: '운송인은 운송 계약이 이 협약에서 규정된 것 보다 더 높은 책임의 제한 또는 무엇이든지 간에 책임의 무제한에 따라야하는 것으로 규정할 수 있다.' 달리 말하면, MC 체제에 따르는 나라에서는 운송인의 책임을 증가시키는 합의를 하는 것이 가능하다.

MC 18조(4)와 MP4 18조(5)는 또한 만일 '하역, 인도 또는 운송을 위하여, 일체의 손해는, 반대의 입증의 대상이 되는, 항공 운송 도중에 발생한 사건의 결과이었다고 추정 된다'고 기재함으로써 손해추정을 확장하고 분명하게 하고 있다.

(6) 책임제한의 계산

운송인의 책임에서 오랫동안 다루어진 이슈 중의 하나는 특정한 적재 화물에서 손상을 입지 아니한 카고(cargo)의 중량의 제한을 산정하는데 있어 적재 화물의 손상을 입은 부분에 더해질 수 있는지에 관한 문제이었다.

전통적인 기준은 특정한 적재 화물의 손상을 입은 부분만이 특정한 청구의 가치를 계산하는데 사용되는 것이었다. 그래서 만일 4박스 중 2박스가 손상을 입었다면, 단지 2박스만이 청구를 하는데 계산될 수 있었다. 이는 대위변제 변호사가 만일 하나의 부분에 대한 손상이 운송되는 전체 시스템의 가치나 기능성을 하락시켰다면 전체의 적재 화물의 중량이 고려되어야 한다고 성공적으로 논쟁하였다는 것을 말한다. 그래서 500킬로그램의 컴퓨터 시스템에 대하여 단 1킬로그램의 부품이 손상을 입었다면, 1 킬로그램에 대한 손상에 대한 정상적인 기준에 의한 20€(또는 당시의 '1000분의 1 분말도 900의 65mg 금(65 milligram gold of millesimal finess 900)'에 가치와 동등한)이 아닌, 1 킬로그램 장치에 대한 100,000€의 손해제한이 될 것이다.

MC와 MP4는 22조에서 이와 같은 접근을 채택하였다. 정확한 문구는:

...거기에 포함된 대상의 카고의 일부분의 파손, 멸실, 손상 또는 지연이 같은 운송장에 의하여 커버되는 다른 포장화물의 가치에 영향을 미칠 때...그 포장화물 또는 포장화물들의 전체 중량이 책임의 제한을 결정하는데 또한 고려되어야 할 것이다.

달리 말하면, 손상된 부분이 전체 적재 화물의 중요부분이라면, 그 때는 운송인은 손상된 부분의 중량에 대한 그의 책임으로 제한할 수 없다.

(7) 책임제한의 예외

MC 18조는 명시적으로 다음 경우에 운송인의 책임에 대한 전통적인 예외를 채택한다:

- 그 화물의 내재적 결함, 성질 또는 약점
- 화물의 결함 있는 포장
- 전쟁행위 또는 무장투쟁
- 세관이 검사 중에 일으킬 수 있는 손상과 같이 화물의 입출에 관한 공공당국의 행위

바르샤바 협약의 규정과 그 관계된 문서들과 일치하여, MC 20조는 운송인이 전체적으로 또는 부분적으로 그 자신이 예를 들어, 보상을 청구하는 사람

이 과실 또는 부당한 작위 또는 부작위에 의하여 손상을 일으키거나 기여하였다는 것을 보여줌으로써 책임으로부터 면책될 수 있는 상황에 대하여 상세하게 규정한다(상대적 과실에 관한 서브섹션을 보라).

(8) 청구의 서면통지 요구는 변하지 않았다.

원래의 바르샤바 협약에서와 똑 같이, 청구의 서면 통지는 특정 기간 내에 주어져야 하고, 소송은 2년 내에 제기되어야 하며, 그렇지 않으면 지연으로 인한 화물손해에 대한 청구는 무효로 될 것이다.

(9) 문서화

MC의 3조에서 11조는 국제 항공 여객, 수하물, 화물 운송에 대한 문서화 요구를 논한다. 가장 중요하게, 그들은 MP4에서 이룩한 화물산업에 이익을 보호한다.

모든 사람들이, MC에서 가장 기다린 규정은 바르샤바 협약의 수정된 5조이다. MC의 4조와 MP4의 5조는 위탁자가 항공 운송장을 '항공 운송장은 인도되어야 한다' 또는 '수행되어야 할 운송의 기록을 보존하고 있는 다른 어떤 수단도 위탁자의 승낙으로, 항공 운송장의 인도를 대체할 수 있다'는 요구조건으로 '발행'하고 '교부'할 것을 요구하는 기재를 대체한다. 전자 항공 운송장의 사용을 명확하게 한 것도 이러한 변화이다. MC 이전에는 항공 운송인은 '서면'항공 운송장을 발행할 것이 요구된다고 명확하게 설정되어 있었다. IATA[45]는 현재 그와 같은 서면 항공 운송장이 각 미화 5불이나 6불의 비용이 든다고 산정하고 있다. 그래서 기술의 문제를 제외하더라도, 전자 항공 운송장의 이슈는 경제적으로 중요하다.

---

45) 국제 항공 운송 협회. 원래는 1919년에 설립되어, 세계의 가장 큰 항공사를 포함하여 대략 280개의항공사들이 함께 합쳤다.

(10) 법적인 세부조항은 없어졌다 - 운송장 체크리스트

MC의 또 다른 특징은 시대에 뒤떨어지고, 의미가 없게 되었으며 종종 남용되는 법적 세부조항의 영향에 대한 바르샤바 협약의 취약점을 제거하였다. 이 목적을 위하여, MC는 바르샤바 협약의 8조를 다룬다.

바르샤바 협약의 8조는 항공 운송장은 1929년 초안자들이 의무적이라고 보았던 정보의 사실상 체크리스트를 담고 있을 것을 요구하였다. 이 정보는 다음과 같은 것들을 포함하였다.

- 송하인과 수탁자의 이름과 주소
- 포장화물의 개수
- 중량 - 부피
- 선적된 물건의 성질
- 포장화물의 유형
- 표지와 개수

이러한 요구되는 정보의 어떤 것이라도 항공운송장에서 제외되어 있다면, 운송인에 대한 손해제한은 가능하지 아니하였다.

8조의 하나의 특별한 가공할 요구조건은 비행을 위한 모든 경유지(stopping point)는 출발시와 노착지에 덧붙여 리스트 되어야 한다는 것이었다. 1929년에는, 이 정보는 송하인이 최종 도착지에 이를 때까지 연장된 기간 동안 한 나라에서 다른 나라에 화물을 추적할 수 있게 할 것이라는 이유로 중요하다고 믿어졌다. 경유지(stopping place)의 목록은 또한 송하인으로 하여금 화물이 적대 국가를 통과할 것인지 여부를 알게 할 수 있었을 것이다.

오늘날, 화물은 마스터 항공운송장 넘버의 사용으로 추적된다. 전화 또는 인터넷에 의하여 절차는 즉각적이고 전자적이다.

8조의 전체 개념은 오래전에 쓸모없게 되었다. 항공 운송장에 '경유지(stopping place)'의 목록에 대한 상업적 현실성은 없다. 오로지 변호사가 국가의 국제적인 의지를 무시할 매우 기술적인 기회가 있을 뿐이다.

산업은 조잡한 서류의 준비와 8조의 결함에 대한 높은 비용을 지불하였다. 아직도, 바르샤바 협약은 엄격하게 해석되어야만 하는 조약이기 때문에 이러한 상황을 교정하기 위한 아무 것도 할 수 없었다. 바르샤바 협약은 오로지 국가의 법률에 의하여서만 변할 수 있다.

지난 수십 년 동안 얼마나 일이 불합리하게 되었는지의 실례를 타이핑(TAI PING)의 사례에서 볼 수 있다. 이 사례는 앵커리지와 나리타를 경유하여 시카고에서 홍콩으로 항공기 부품의 고가치 적재 화물의 이동에 관한 것이었다. 불행하게도, 승무원이 항공운송장에 앵커리지와 나리타를 '경유지'로서 기입하지 아니하였다. 그 때, 공교롭게도, 적재 화물이 분실되었다.[46]

이 전체 사례의 유일한 의미 있는 측면은 아마도 송하인 측에서 타이핑 보험 회사에 의하여 청구 금액 전부 지불의 결과를 초래한 화물 보험을 가입하는 선견지명이었다. 지불 뒤에, 타이핑 보험 회사는 노스웨스트 항공사에 대하여 손실을 구상하는 소송을 제기하였다.[47] 소송에서, 노스웨스트 항공사는 즉시 바르샤바 협약의 1320 미국 $의 제한 하에서 보상을 제의하였다. 타이핑 보험 회사는 그 제의를 거절하고, 노스웨스트 항공사는 8조를 위반하여 선하증권에 '경유지'로서 앵커리지와 나리타를 누락하였기 때문에 그 손해 제한의 이익을 누릴 수 없다고 주장하였다.

노스웨스트는 이 사건을 졌다. 전체 사건은 쉬퍼나 운송인이 '경유지'를 체크조차 한 적이 없거나 심지어는 화물을 추적하려는 시도조차 하지 아니하였다는 의미에서 법적 세부조항의 기초 위에서 결정되었다는 것은 분명하다.

항공 운송장에 앵커리지와 나리타에 대한 공항 코드를 타입하지 아니한 것

46) Tai ping Insurance Company, Ltd and Jetegar Ltd, v. Northwest Airlines, Inc., d/b/a Northwest Origent Cargo, United States Court of Appeals, Case No.1520 August Term, 1995.

47) 그와 같은 소송은 '대위'로 알려져 있는데, 화물 보험 회사가 화물 이익에 대하여 청구금액을 지불한 것에 대한 보상을 얻기 위하여 소송을 제기할 때이다. 오늘날의 모든 화물 청구 소송의 대부분은 항공운송주선인과 운송인에 대한 보험회사에 의한 '대위'이다.

은 노스웨스트에 단순한 재앙이었다. 바르샤바 협약의 미화 1,320불의 손해제한을 지급하는 대신, 노스웨스트는 미화 231,000불에 이자를 가산한 금액의 판결을 두드려 맞았다. 66킬로그램에 대한 킬로그램 당 미화 2.50불의 기초위에서 이 적재 화물에 대한 수입을 계산하면, 그 결과는 노스웨스트에게 미화 165불의 적재 화물의 수입이다. 만일 순가치 베이스에서 노스웨스트의 적재 화물에 대한 비용을 공제하면, 그 결과는 노스웨스트에 대략 미화40불의 수입이 되었을 것이다.

노스웨스트는 아무도 절대로 실제로는 신경 쓰지 않을 항공운송장의 인쇄상의 실수 때문에 그 원래의 미화 40불을 돌려주고 5803번의 동일한 적재 화물 운송을 할 필요가 있었을 것이다.

이를 바로 잡아, MC와 MP4는 항공 운송장을 발행하지 않거나 항공 운송장에 일정한 특정사항(출발지, 도착지, 등)을 리스트 하지 아니한 것은 운송인으로부터 협약의 책임 제한의 이익을 빼앗을 수 없는 것으로 손해제한의 통일을 하였다(9조).

MC의 5조는 '항공 운송장은 다유 명세를 포함하여야 한다...' 또는 운송인은 그/그녀의 책임을 제한하는 능력을 상실한다고 요구하는 문구를 대체하였다. MC 하에서는, 항공 운송장은 단지 '출발지와 도착지의 장소의 표시, 탁송물의 중량의 표시'를 갖을 섯만이 필요하고, 만일 출발지와 도착지가 한 계약당사자의 영토 내에 있으나 다른 나라에서 경유하는 경우와 다른 나라의 영토내에 경유지가 있는 경우만이 포함될 필요가 있다.

MC 하에서는, 5조를 준수하지 아니하는 것은 제한 능력의 상실을 초래하지 않는 것처럼 보인다.

MC와 MP4는 출발지와 도착지 나라들 모두 그것을 채택하였을 경우에만 적용된다는 것을 명심하는 것은 중요하다. 그래서 스페인에서 안도라에 가는 화물이 관련된 청구에서는, 스페인은 MC를 채택하였지만 안도라는 채택하지 아니하였기 때문에 구 바르샤바 협약이 적용될 것이다. 그와 같은 상황에서,

운송이 서면 항공 운송장을 발행하지 아니하고, '경유지'를 리스트하지 아니하면, 손해제한의 상실을 초래할 것이다.

(11) 관할

MC의 33조(1)은, 바르샤바 협약처럼, 다음의 경우 운송인에 대한 소송이 제기되는 것을 허용한다:[48)]

- 그의 법인이 있는; 또는
- 그의 영업의 주된 사무소가 있는; 또는
- 표가 구입된 곳; 또는
- 화물의 도착지의.

(12) 운송장의 당사자가 아닌 실제 운송인

MC의 39조에서 48조는 운송의 전부 또는 일부가 운송 계약의 당사자가 아닌 운송인에 의하여 제공되는 경우(예를 들어 공동 운항 작업; code-share operation, 화물혼재업자; freight consolidators)의 오퍼레이션에서의 승객과 위탁자의 권리를 정의한다. 규정은 과달라하라 협약(Guadalajara Convention)에서 설정된 선례에 따른다. 40조에 따라서, 협약 하에서 클레임이 발생할 때는, 클레임을 제기하는 자는 운송이 인수된 곳에서 운송인에 대하여 또는 사고 시에 비행기를 조종한 공동 운항(code-sharing) 운송인에 대하여 소송을 제기할 수 있다.

(13) 국가의 유보(reservation)

항공에 의한 국제 운송의 맥락에서 통일성을 설정하려는 기본적인 목적을

---

48) 승객 사망 또는 부상에 부가하여 그리고 관련하여, MC 33(2)조는 매우 귀중한 보충적인 '제5' 관할에 관한 규정을 포함한다: 운송인이 그 서비스의 제공을 시작하는 장소 또는 마치는 장소로서의 승객의 영구적인 주거. 희생자 그리고/또는 그의 가족들이 희생자의 나라에서 외국의 운송인을 제소할 수 있는 처음이었기 때문에 승객에 대한 사망 그리고 상해 보상에 대한 소송을 촉진시키는 것은 매우 중요하다고 간주되었다.

달성하기 위하여, MC는 그에 대하여 국가 당사자가 얻을 수 있는 유보를 제한한다. 57조는 국가가 만들 수 있는 단 2 가능한 유보를 기술한다. 이러한 유보는 국가가 협약의 적용으로 면제될 수 있도록 한다: (a) 국가 항공기의 오퍼레이션 그리고 (b) 군대에 의하여 임차(charter)된 항공기의 오퍼레이션. 이러한 제한된 유보는 바르샤바 협약과 그와 관련된 문서들 하에서 얻을 수 있는 유보와 일반적으로 일치한다. 국가 항공기 오퍼레이션과 관련된 유보는 주권 국가의 기능과 의무와 관련된 비 상업적인 오퍼레이션을 위한 경우에만 얻을 수 있다는 것을 명확하게 하기 위하여 재고되었다.

(14) 송하인의 책임

MC의 10조는 확장되어, 송하인이 화물에 관련된 상세한 내용의 정확성에 대하여 책임을 지도록 하고 송하인으로 하여금 그 상세한 내용의 불규칙성, 부정확성 또는 불완전함이 운송인이 책임져야 할 항공 운송인 또는 일체의 제3자에 대하여 야기한 일체의 멸실 또는 손상에 대하여 책임을 지도록 함으로써 운송인에 대하여 보다 큰 보호를 제공하고 있다.

(15) 결론

위에서 기술한 규정들은 MC 하에서 항공 운송 산업과 그의 고객들에 누적되는 많은 이익을 반영한다. 규정 자체에서 반영되지 아니한 하나의 주된 이익은 통일성의 이익이다.

6. 복합운송

물건의 국제적인 운송이 하나 이상의 운송 수단이 관계하여 점차적으로 문전 서비스(door-to-door)의 기반 위에서 증가됨에 따라, 운송의 세계는 지난 수 세기동안 상당히 변화하여 왔다. 운송 이용자들은 중단됨이 없는 믿을 만하고 비용 경제적인 컨테이너화[49]된 문전 운송을 요구하고 있고, 그들의 적재 화물이 정시 인도되는 데에 있어 운반되는 운송수단은 덜 중요한 것으로 간주한다.

컨테이너에 저장된 물건은 배, 철도 차량, 도로 차량 또는 항공기와 같은 다른 운송 수단에 의하여, 한 운송 수단에서 다른 운송수단으로 이동할 때 분류 또는 확인을 위하여 짐을 푸는 것 없이 출발지로부터 최종적인 도착지까지 운송될 수 있다. 점진적으로, 점점 더 많은 물류 오퍼레이터들이 하나의 단일한 운송 계약 하에서 전 운송 체인에 대한 책임을 지고 있다. 화주는 복합운송에 관계된 물건의 멸실 또는 손상의 경우에, 운송 전체에 대하여 책임이 있는 하나의 단일운동 오퍼레이터(multimodal transport operator, MTO)를 추구하는 것이 필요하였다. 그러나 화물 책임 제도는 수단별로 분리되어 있고, 화주에게 투명하고 통일적인 책임 제도를 제공하지 않는다. 이는 화물 멸실 또는 손상의 시간과 장소가 설정될 수 없는 경우에 불확실성과 처리하여야 하는 클레임과 소송으로 인하여 보다 많은 비용을 초래할 것이다. 전체적으로, 물건의 복합운송의 국제적인 법적 프레임웍에 대한 필요가 있었다.

1) 정의와 법적 체제

복합 운송은 의미는 다음과 같다.

복합운송 계약에 기초하여 복합운송 오퍼레이터에 의하여 물건을 책임지

49) 2003. 1. 13.에 출판된 UNCTAD 리포트(UNCTAD/STDE/TLB/2003)에 의하면, 세계 항구 컨테이너 처리량, 즉 항구에서 일어나는 이동 수량은 1965년의 0에서 2000년의 225.300,000 이동으로 성장하여 왔다. 컨테이너 교통량은 2010년까지 거의 500,000,000 이동으로 2배보다 더 많게 예측 된다; 이는 년간 6.9 %의 성장률을 나타낸다. 지구적으로는 주요 컨테이너의 흐름은 아시아, 유럽과 북 아메리카 사이이지만, 모든 지역에서 의미있는 흐름이 있다. 같은 보고서에 의하면, 컨테이너화 된 화물에 대한 세계 해상 무역은 1997년부터 2006년까지 약 10억 톤에 달하는 2배 이상이 될 것이라고 평가된다. 이러한 컨테이너화 된 화물의 대부분은 그의 최종 도착지에 도달하기 전에 하나의 운송수단 이상에 의한 운송이 관계될 것이다. 특별히, 일체의 문전 거래(door to door transaction)의 최초 그리고 최종 구간은 보통 도로 또는 보다 적은 범위 내에서 철도와 같은, 다른 운송수단이 관여될 것이다.

게 된 한 나라에 있는 장소에서 다른 나라에 위치한 인도를 위한 지정된 장소에 까지 적어도 다른 2 운송수단에 의한 물건의 운송.[50)]

복합 운송에서 또 다른 중요한 용어는 '복합 운송 오퍼레이터(MTO)인데, 이는 다음을 의미한다.

자신을 위하여 또는 자신을 위하여 행동하는 다른 사람을 통하여 복합 운송 계약을 체결하고, 대리인 또는 위탁자를 위하여 또는 복합 운송 오퍼레이션에 참여하는 운송을 위하여서가 아닌 본인으로서 행동하는, 그리고 계약의 이행에 대하여 책임을 지는 것으로 상정되는 일체의 사람.[51)]

복합운송 오퍼레이션은 예를 들어 바다, 도로, 철도 또는 항공과 같은 수개의 단일한 운송수단의 단계로 이루어져 있다. 이들의 각 운송단계는 의무적인 국제 협약 또는 국내법에 따라야 한다.

복합운송을 규율하는 통일된 법적 프레임웍을 설정하려는 여러 시도에도 불구하고, 그러한 법적 제도는 시행되고 있지 않다. 1980년 물건의 국제적 복합운송에 관한 유엔협약(MT 협약)은 법적으로 시행되기 위한 충분한 비준을 얻지 못하였다. 복합운송증권에 관한 UNCTAD/ICC Rules은 1992년 1월에 시행된, 법석 효력을 갖고 있지 않다. 그것은 복합운송증권에 들어가는 표준계약 조건이다. 룰은, 그 계약적인 성격으로, 의무적인 법과 상충되는 경우에는 효력이 없을 것이다.

이 주제에 관하여 폭넓게 받아들여질 수 있는 국제적 법적 프레임웍의 부재는 각 개별 정부와 지역적/소지역적인 정부간 기구로 하여금 현재 존재하는 불확실성과 문제를 극복하기 위한 입법의 주도권을 갖게 하는 결과를 가져왔다. 복합운송의 법적 체제와 관련된 이미 존재하는 혼란과 불확실성에 더하

---

50) 1980년 물건의 국제적 복합 운송에 관한 유엔 협약의 1(1)조
51) 1980년 물건의 국제적 복합 운송에 관한 유엔 협약의 1(2)조

여질 개별적이고도 다기의 법적 접근의 확산에 관하여 우려가 표명되어 왔다.

(1) 단일 운송 - 적용되는 국제협약

다음은 단일 운송에 적용되는 다양한 국제협약의 목록이다:

- 해상운송
  - 선하증권에 관련된 일정한 규칙의 통일을 위한 국제협약(헤이그 룰), 1924;
  - 1924년 선하증권에 관련된 일정한 규칙의 통일을 위한 국제협약을 수정하는 의정서, 1968(헤이그-비스비 룰);
  - 1968년 의정서에 의하여 수정된 1924년 선하증권에 관련된 일정한 규칙의 통일을 위한 국제협약을 수정하는 의정서, 1979;
  - 해상에 의한 물건의 운송에 관한 UN협약, 1978(함부르크 룰).
- 도로운송
  - 도로에 의한 물건의 국제운송을 위한 계약에 관한 협약, 1956(CMR).
- 철도운송
  - 철도에 의한 물건의 국제적 운송을 위한 계약에 관련된 통일규칙(CIM), 철도에 의한 국제적 운송에 관한 협약에 대한 부속서 B(COTIF), 1980. 5;
  - CIM-COTIF를 수정하는 의정서, 1999.
- 항공운송
  - 항공에 의한 국제운송에 관련된 일정 규칙의 통일을 위한 협약(바르샤바 협약, 1929;
  - 헤이그 의정서, 1955;
  - 몬트리올 제4 의정서, 1975;
  - 몬트리올 협약, 1999

복합운송에 대한 통일적인 책임제도의 부재로, 각 단계의 운송에 대한 책임은 관련된 단일운송 협약 또는 국내법에 의하여 정하여지는데, 책임문제 같은 이슈에 대한 다양한 접근을 채택하고 있다. 예를 들어, 현재 시행되고 있는 모든 운송 법 협약은 책임의 금전적 제한을 규정하고 있는데, 그 관련 있는 수준은 상당히 다양하다. 이 이슈에 대하여 보다 좋은 접근을 위하여 표 3.1로 관련 금액의 개요를 제공한다.[52)]

표 3.1 시행되고 있는 국제 단일운송 협약 하에서의 운송 수단에 따른 책임의 제한을 단순화한 개요

바다			도로	철도	항공
헤이그 룰: £100/kg (대략 114 SDR/kg)	헤이그/비스비 룰: 2 SDR/kg 또는 666.67 SDR/포장	함부르크 룰: 2.5 SDR/kg 또는 835 SDR/포장	CMR: 8.33 SDR/kg	COTIF/CIM 17 SDR/kg	바르샤바 협약 17 SDR/kg

다른 문제는 단일 운송에 적용되는 이러한 의무적인 협약이 하나 이상의 운송수단이 관계되는 계약에 또한 영향을 주는 범위인데, 이러한 협약들 중 일부는 또한 그 적용범위를 복합운송에 확장하고 있다는 것을 명심하여야 한다. 예를 들어, CMR(2조), CIM(2조)과 몬트리올 협약은 구체적으로 하나 이상의 운송수단에 의한 물건의 운송을 취급하는 규정을 포함하고 있다.

봉인된 컨테이너에 의하여 물건이 운송되는 경우, 멸실, 손상 또는 인도 지연이 일어난 운송단계/수단을 식별하기가 종종 어렵다. 현행의 규정 프레임웍 하에서는 그러나, 운송인의 책임의 발생과 그 범위 모두 결정적으로 다음에 달려있을 것이다:

52) 여기에서 사용되는 축약어는 1924년 헤이그 룰; 1979년에 수정된 1968년 헤이그-비스비 룰; 1978년 함부르크 룰; 1978년 제네바 의정서에 의하여 수정된 1956년 CMR; 1980년 COTIF/CIM; 1975년 몬트리올 협약에 의하여 수정된 1929년 바르샤바 협약을 뜻한다.

• 손실이 운송의 특정한 단계와 수단으로 국한될 수 있는지 여부
• 상당수의 잠재적으로 적용될 룰과/또는 규정이 제기된 법정지에서의 법원 또는 중재 판정소에 의하여 관련 있는 것으로 간주되는지 여부

그래서 운송법의 가장 큰 결점은 다음이라고 생각된다:

다른 운송수단을 규율하는 룰 사이에서 가장 큰 차이. 책임의 다른 근거, 책임의 다른 제한, 다른 법적 가치를 가진 다른 서류, 소송제기에 대한 다른 시간제한. 단일운송이 여전히 지배적이었을 때 이러한 개별주의가 그와 같은 엄청난 문제를 구성하지 않았다고 아마도 말해질 수 있는 경우, 그 문제점은 다른 운송 수단, 그리고 불가피하게 그들의 다른 법적제도를 하나의 계약에 의하여 규율되는 하나의 운송 오퍼레이션으로 결합하려는 시도가 만들어질 때 눈에 띄게 분명해진다.(De Wit, 1995)

복합운송에 대하여 광범하게 받아들여질 수 있는 법적 프레임웍의 설정은 어려운 작업이라고 입증되었다. 수년에 걸쳐, 통일법 형태로 문제를 해결하려는 몇 차례 시도가 있어왔으나, 그 어떤 것도 만족할만한 결과를 주지 못하였다.[53] 물건의 복합운송에 관한 1980년 유엔 협약은, 복합 운송 계약에서 발

53) 최초의 시도는 사법의 통일을 위한 국제기구(UNIDROIT)에 의하여 만들어졌고, 1930년대로 거슬러 올라간다. UNIDROIT 내에서의 작업은 1963년 그 집행위원회에 의하여 '물건의 국제적인 복합 운송에 관한 협약 초안'의 승인의 결과를 가져왔고, 이것은 그 후 전문가 특별위원회에 의하여 수정되었다. 이것은 국제해사기구(CMI)의 1969년 '복합운송에 관한 협약 초안 -토교 룰'의 마련과 채택으로 이어졌다. UNIDROIT와 CMI에 의하여 마련된 협약 초안은 1970년에 UN 경제위원회의 내륙 운송 위원회(UN/ECEC)의 후원으로, '로마 초안'으로 알려진 단일한 문서로 결합되었다. 이 초안은 1970년과 1971년에 UN/ECE와 정부간 자문기구(IMCO)의 회의에 의하여 더 수정되어, 'Transport Combin de Marchandises'의 프랑스 두음문자인 'TCM 초안'으로 더 잘 알려진 '물건의 국제적인 복합운송에 관한 협약 초안', 으로서 알려지게 되었다. TCM 초안은 결코 초안 단계를 넘어가지 아니하였다. 그러나 그 규정은 결과적으로 발틱·국제해사협의회(*현 발틱 국제해운동맹*, Baltic and international Maritime conference, BIMCO)의 Combiconbill과 같은 그리고 국제상업회의소(International Chamber of Commerce, ICC)의 '복합운송서류에 관한 표준 룰'에서 표준 선하증권으로 반영되었다. UNTAD는 무역개발 이사회(Decision 96)에 의하여 설치되었고, 광범위한 조사 후에, 최종적으로 1980년 물건의 국제적인 복합

생하는 소송에 대한 수정된 통일 책임 시스템으로서 기능하는, 시행하는데 필요한 충분한 서명과 비준을 얻지 못하였다. 1992년부터 시행된 복합운송증권에 관한 UNCTAD/ICC 모델 룰은 강제적인 법의 지위를 갖지 못하나, 계약에 편입되면 상충되는 계약적 규정 보다 더 우선시될 것이다. MT 협약과 UNCTAD/ICC 룰 모두 강제적인 법에 우선권을 준다.

이러한 두 법적 수단은 그러나 그들이 복합운송계약에 광범하게 채택되고 있고, 그들의 규정과 룰이 지역적 그리고 국내적 복합운송법의 일부가 되고 있기 때문에 복합운송을 규율하는 현행의 법적 제도에 아주 큰 영향을 주고 있다. 그들의 범위와 내용에 대하여 다음 두 서브섹션에서 기술하기로 한다.

2) 1980년 물건의 국제 복합운송에 관한 유엔 협약

2.1 법적 지위

비록 MT 협약은 시행되기 위하여 충분한 비준을 받는데 성공하지 못해 그 자체로는 아무런 의무적인 효력을 갖지 못하고 있다고 하더라도, 그 규정은 수많은 나라/지역에서 제정되는 입법 형태에 중요한 영향을 미치고 있다.

2.2 적용의 범위

MT 협약은 만일 복합운송계약에서 규정된 바와 같이 책임을 인수하거나 물건을 인도한 장소가 계약체결국가에 위치하고 있다면(2조), 두 나라의 장소들 사이에서의 모든 복합운송의 계약에 적용된다. MT 협약은 복합운송과 부분 운송과 사이에 선택하는 수탁자의 권리를 인정하고 있는 반면, 그 규정은 MT 협약의 규정 내에 해당하는 복합운송의 모든 계약에 의무적이다(3조).

운송에 관한 유엔 협약(MT 협약)의 채택으로 이어지는 협약 초안을 준비하였다. 1986년에 1980년 물건의 국제적 운송에 관한 유엔 협약이 시행되기를 기다리는 동안, UNTAD/ICC(무역과 개발을 위한 유엔 협의회와 국제상업회의소)의 연합 실무그룹은 복합운송서류를 의한 새로운 일련의 룰을 설정해 내었다.

2.3 문서화

MT 협약은 양도 가능한 그리고 양도 불가능한 복합운송 증권, 그 내용, 유보와 증거적인 효력(5-10조)을 커버하는 문서화에 관한 광범위한 규정을 포함한다.

2.4 책임

물건의 멸실, 손상 뿐 아니라 인도 지연에 대한 복합운송 오퍼레이터(MTO)의 책임은 '추정된 과실 또는 부주의'에 기초하고 있다, 말하자면 MTO는 멸실, 손상 또는 인도 지연을 일으킨 사고가 물건이 그의 책임 하에 있는 동안에 발생하였다면, MTO가 자신, 그의 사용인 또는 대리인 또는 그가 계약의 이행을 위하여 사용한 서비스를 제공한 다른 모든 사람이 그 사고와 그 결과를 피하기 위하여 합리적으로 요구될 수 있는 모든 조치를 취하였다는 것을 입증하지 못하는 이상, 책임이 있다.

MT 협약은 지역적인 그리고 지역적이지 않은 손해 모두에 대하여 MTO의 책임의 통일 시스템을 채택하는데, 이는 동일한 책임 제도가 멸실과 손해가 발생한 단계에 관계없이 모든 복합운송에 적용된다는 것을 의미하는데(16조(1)), 지역적인 손해의 경우에 MT 협약 보다 더 높은 책임제한을 규정하는 국제 협약 또는 의무적인 국내법의 적용에 근거하여 책임의 제한이 결정되는 경우를 제외한다(19조).

MTO의 책임의 기간은 물건을 책임지고 있는 동안의 전체 기간을 포함하는데, 이는 물건을 그의 책임으로 인수한 그 때부터 인도시까지이다(14조). MTO는 또한 그의 고용인 또는 대리인 또는 계약의 이행을 위하여 사용한 서비스를 제공한 다른 모든 사람의 작위와 부작위에 대하여 책임이 있다(15조)

물건의 멸실, 손상에 대한 MTO의 책임은 포장당 또는 다른 운반 단위 당 920 SDR[54], 또는 멸실 또는 손상된 물건의 총중량의 킬로그램 당 2.75 SDR

---

54) 회계 단위는 국제통화기금(International Monetary Fund, IMF)에 의하여 정의된 특별인

중 큰 것으로 제한되어 있다. 그러나 만일 복합운송이 계약에 따라 해상 또는 내수운송을 포함하지 않는다면, 제한액은 대체되는 포장당 제한이 없이 멸실 또는 손상된 물건의 총중량의 킬로그램 당 8.33 SDR이라는 높은 수준으로 올라갈 것이다(18조 (1)과 (3)).

인도 지연으로 인하여 초래된 손실에 대한 MTO의 책임 제한은 운임의 비율을 에 근거하여 계산될 것인데, 복합운송계약 하에서 지불될 총운임을 초과하지 않는 범위 내에서 지연된 물건에 대하여 지불될 2.5배 운임과 동등한 금액이다(18조 (4)).

그러나 멸실, 손상 또는 인도지연이 그와 같은 멸실, 손상 또는 지연을 일으킬 의도를 가지고 또는 그와 같은 멸실, 손상 또는 지연이 일어날지도 모른다는 것을 알면서도 부주의하게 행하여진 MTO의 작위 또는 부작위로부터 초래하였다는 것을 입증 된다면, MTO는 그 책임을 제한할 자격이 없다(21조).

2.5 시효(Time limit)

MT 협약은 소송이 시효제한에 걸리는 것을 막기 위하여서는 2년 내에 국제 복합운송에 관련된 법적 절차가 시작되어야 한다고 규정한다. MTO에 의하여 하청계약자에 대한 배상을 구하는 구상소송은, 절차가 제기된 국가의 법에 의하여 허용되고 다른 적용되는 국제적인 MT 협약의 규정에 반하지 않는다면, 제한 기간의 만료 후에도 가능하다(25조).

2.6 관할

관할과 관련하여, MT 협약은 국제 복합운송에 관한 청구를 위한 소송을 제기하는 청구인에게 넓은 선택권을 준다. 원고는 다음 장소의 하나에서 소송을 제기할 수 있다고 분명하게 규정한다.

- 피고의 주된 영업소 또는 거소;

출권이다.

• 복합운송계약이 체결된 장소;
• 물건에 대한 책임을 인수한 장소 또는 인도의 장소; 또는
• 합의되고 복합운송증권에 증거가 있는 다른 일체의 장소(26조).

2.7 중재

국제적 상업 분쟁에서의 증가하는 추세에 따라, MT 협약은 또한 사법절차에 대한 대안으로서 중재를 인정한다. 당사자들은 서면으로 MT 협약 하에서 그들의 분쟁을 중재에 제기할 수 있다고 합의할 수 있다. 중재의 장소와 관계없이, 관할에 관하여 적용될 수 있는 대로, 동일한 선택권이 청구권자에게 적용될 수 있다(27조).

3) 복합운송증권에 관한 UNCTAD/ICC Rules

3.1 법적 지위

UNCTAD/ICC 룰은 법적 효력을 갖고 있지 않고 순전히 계약적 성질로서, '서면'에 대한 일체의 공식적인 요구 없이 그리고 하나의 또는 여러 운송 수단이 관계되는 단일 운송 또는 복합 운송을 위한 계약인지 또는 증권이 발행되었는지 여부와 관계없이, 운송계약에 편입되었을 때만 적용된다(UNCTAD/ICC 룰 1).

3.2 적용의 범위

일단 UNCTAD/ICC 룰이 계약에 편입되면, UNCTAD/ICC 룰은 일체의 상충하는 계약적 규정에 우선하는데, MTO의 책임 또는 의무를 증가시키는 한에 있어서는 예외이다. 그러나 UNCTAD/ICC 룰은 복합운송계약에 적용되는 국제 협약 또는 국내법의 의무적인 규정에 반하지 않는 범위 내에서만 적용될 수 있다(13조).

3.3 문서화

UNCTAD/ICC 룰은 증권에 담긴 정보의 증거적 효력이 포함된 '양도가능의' 그리고 '양도불능의' 복합 운송 증권을 발행할 가능성을 예정하고 있다(UNCTAD/ICC 룰 2.6과 3). 그러나 UNCTAD/ICC 룰의 순전한 계약적 성질 때문에, 복합운송증권에의 UNCTAD/ICC 룰의 편입이 모든 관할에서 양도가능 증권을 창설하는 효력을 갖는지 여부는 의심스럽다. 복합운송증권에 담긴 정보의 증거적 효력에 관한 UNCTAD/ICC 룰 3은, '송하인의 중량, 짐, 계산', '송하인이 포장한 컨테이너' 또는 유사한 표현과 같은 반대의 기재가 인쇄된 문구로 포함되어 있거나 증권에 첨가되어 있지 않는 이상, 그와 같은 정보는 MTO에 의하여 증권에 기재된 대로 물건에 대한 책임을 인수한 명백한 증거(prima facie evidence)가 될 것이다. 이러한 사전 인쇄 조항은 증권의 증거적 가치를 상쇄시킨다는 것을 의미하는데, 이는 분명히 바람직한 일이 아닐 것이다. 더 나아가 그와 같은 정보에 대하여 신의를 가지고 행동하는 복합운송증권이 수탁자에게 이전되었을 때에는 반대의 증거가 허용되지 않는다고 UNCTAD/ICC 룰은 규정한다.

3.4 책임

MTO 협약과 유사하게, UNCTAD/ICC 룰 하에서의 MTO의 책임은 추정 과실 또는 태만의 원칙에 기초하고 있다. 이는 MTO는, 멸실, 손상 또는 인도 지연을 일으킨 사고의 발생이 물건이 자신의 책임 하에 있는 동안 일어났다면, 그가 그 자신, 그의 사용인 또는 대리인 또는 계약의 수행을 위하여 그의 서비스를 이용한 다른 모든 사람의 과실이나 태만이 그 손실 또는 인도 지연을 일으키거나 기여하지 않았다는 것을 입증하지 않는 이상, 물건에 대한 멸실 또는 손상, 인도 지연에 대하여 책임이 있다는 말이다(UNCTAD/ICC 룰 5.1). UNCTAD/ICC 룰 하에서 MTO의 책임의 기초는 MTO 협약 하에서의 기초와 유사하다고 하더라도, 그들 사이에서는 중요한 차이가 있다.

첫째, MTO 협약과 다르게, UNCTAD/ICC 룰 5.1 하에서, MTO는 MTO에 의하여 수용되었던 정시 인도의 이익에 관하여 위탁자가 고지하지 않은 이상 차후의 인도 지연으로 인한 손해에 대하여 책임이 없다. 둘째, 만일 복합 운송에 해상 또는 내수 운송이 개재되면, MTO는 다음에 대하여 책임이 없을 것이다.

그와 같은 멸실, 손상 또는 인도 지연이 그 운송 동안 다음에 의하여 일어났을 때, 해상 또는 내수에 의하여 운송된 물건에 관한 멸실, 손상 또는 인도 지연

- 항해 또는 선박의 관리에 관한 선장, 선원, 항해사 또는 운송인의 사용인의 작위, 태만 또는 과실
- 화재, 운송인의 실질적 과실 또는 관여에 의하여 일어나지 않은 이상.(UNCTAD/ICC 룰 5.4)

그러나 이러한 방어는, 멸실 또는 손상이 선박의 감항능력의 부재에서 야기되었을 때는 언제나, MTO가 항해를 시작할 때 선박이 항해를 감당할 수 있도록 요구되는 정상적인 주의 의무를 다하였다는 것을 입증하여야만 한다는 우선적인 요구에 따르도록 되어 있다(UNCTAD/ICC 룰 5.4). UNCTAD/ICC 룰 5.4의 규정은 MTO의 책임을 해상 또는 내수 운송에 대한 헤이그-비스비 룰과 양립하도록 의도되어 있다.

MT 협약과 유사하게, MTO의 책임의 기간은 물건을 그의 책임 하에 인수한 그 때부터 인도의 시간까지의 기간을 포함한다.

나아가 MTO는 또한 그의 피용인, 대리인 또는 계약을 이행하기 위하여 그의 서비스를 사용한 다른 일체의 사람의 작위, 부작위에 대하여 책임이 있다(UNCTAD/ICC 룰 4.2).

물건에 대한 멸실 또는 손상에 대하여 UNCTAD/ICC 룰에 의하여 설정된

제한 금액은 분명히 MT 협약의 제한금액보다 더 낮다. 그래서 UNCTAD/ICC 룰 6.1에 따라서, 물건의 성질과 가치가 위탁자에 의하여 고지되고 MT 증권에 삽입되어 있지 않는 이상, MTO는 포장당 또는 단위당 666.67SDR, 또는 멸실되고 손상된 물건의 총중량의 킬로그램당 2 SDR 중 더 큰 것에 동등한 금액을 초과하는 금액에 대한 물건의 멸실 또는 손상에 대하여 책임을 지지 아니할 것이다. MT 협약에서와 동일한 방식으로, 보다 높은 제한이 계약에 따라서 복합 운송이 해상운송 또는 항해를 포함하지 아니하는 경우에 규정되어 있다. 그와 같은 경우 MTO의 책임은 해상운송에 보다 더 적정할 포장제한에 일체 근거하지 않고, 멸실 또는 손상된 물건의 총 중량의 킬로그램 당 8.33 SDR을 초과하지 않는 금액으로 제한되어 있다.

MT 협약과 유사하게, MTO의 책임 제한에 관한 특별한 규정이 지역화 된 (localized) 손해의 경우에 만들어져 있다. UNCTAD/ICC 룰 6.4 하에서, 멸실 또는 손상이 운송의 한 단계에서 일어났을 때, 적용되는 국제적인 협약 또는 의무적인 국내법이 다른 책임 제한(그리고 MT 협약에서 규정된 대로 보다 높지 않은 제한)을 규정하는 것에 관하여서는, 만일 그 구체적인 운송 단계에 관하여 개별적인 계약이 되어 있었다면, 그 때는 그와 같은 멸실 또는 손상에 대한 MTO의 책임의 제한은 그와 같은 협약 또는 의무적인 국내법의 규정에 근거하여 결정될 것이다.

물건의 인도 지연 또는 그에 뒤따르는 멸실 또는 손상에 대한 MTO의 책임은 복합운송계약 하에서 운임(freight)과 동동한 금액을 초과하지 않는 금액으로 제한되어 있다(UNCTAD/ICC 룰 6.5).

MTO는 멸실, 손상 또는 지연이 그와 같은 멸실, 손상 또는 지연을 일으킬 의도를 가지고 또는 그와 같은 멸실, 손상 또는 지연이 일어날 수도 있다는 것을 알면서도 부주의하게 행하여진 개인적인 작위 또는 부작위로부터 야기되었다는 것이 입증되면, 그의 책임 제한을 주장할 수 없다.

3.5 시효(Time limit)

UNCTAD/ICC 룰 10은 9개월의 시효기간을 설정한다. 그래서 MTO는 화물의 인도 후 또는 화물이 인도되었어야 할 그 날로부터 9개월 내에 소송이 제기되지 않는 이상 책임으로 면제될 것이다. 이는 MTO로 하여금 헤이그-비스비 룰과 같은 대부분의 단일 운송 협약이 1년의 시효기간을 설정한 것처럼, 계약을 이행한 운송인에 대하여 구상소송을 제기할 가능성을 허여하고 있다. MT 협약은 2년의 기간을 규정한다.

3.6 관할과 중재

MT 협약과 달리, UNCTAD/ICC 룰은 관할과 중재를 다루는 규정을 전혀 갖고 있지 않다. 현재 실무에서 사용되고 있는 복합운송증권은 보통 일체의 분쟁은 MTO가 그의 주된 영업소를 가지고 있는 장소에서의 법에 따른 법원에 의하여 결정된다고 규정한다.

제4장

물류 서비스 공급 계약
: 창고보관과 자원

04 물류 서비스 공급계약 : 창고보관과 자원

1. 서론

이미 설명한 대로, 3PL 프로바이더는 오늘날 단순히 운송서비스를 넘어선 것을 제공한다. 시장은 3PL 프로바이더를 전통적인 운송영역을 넘어서는 역량을 제공하고 발전시키는, 달리 말하면 부가차기 서비스를 제공하여야만 하는 '솔루션 제공자(solution provider)'로 인식되도록 요구하여 왔다.

이 장은 물류계약 중 운송에 관여하지 않는 측면에 집중할 것인데, 물류계약은 서비스 그 자체가 아니라 서비스의 관리에 관계되어 있기 때문에 일반적으로 부가가치를 제공하지 않는다고 알려져 왔다. 그러나 우리의 관점에서는, 당사자들이 이 이슈들을 건설적인 방법으로 접근한다면 그들은 비용을 절감하고 보다 더 나은 서비스를 제공할 수 있을 것이다.

첫 번째로 창고를 생각해 볼 것이다: 3PL 프로바이더의 주된 의무와 책임과 기타 창고활동과 관련된 일반 계약조항

두 번째로, 이 장에서 직원에 관한 쟁점을 언급할 것이다. 아웃소싱은 보통 일자리 상실로 이어지기 때문에 노동관계에서 주된 쟁점이 되어 왔다. 점증적으로, 근로자 대표들은 정보가 주어져야 하고 일체의 가능한 아웃소싱 전에

협상을 하여야 한다고 주장하여 왔다; 때로는 그들은 아웃소싱 제안을 연구하기 위한 공동 경영 조합 위원회가 설정되어야 한다고 제안하기도 한다. 다음의 주요 문제에 집중할 것이다: 인력의 아웃소싱과 기타 비지니스 활동 양쪽의 경우, 아웃소싱 상황에서 법적 의무는 무엇인가? 파견 근로자들이 언제 고객의 '사실상의' 피용자가 되는가? 그리고, 아웃소싱 시나리오에서 어떤 특별한 의무가 유럽 규정과 조약에 의해 부과되어있는가?

최종적으로, 이 장은 물류 계약에서 발생하는 보험 이슈를 일반적인 원칙과 온갖 종류의 관련된 위험, 실무, 권리와 의무에 대한 엄밀하고 종합적인 연구를 통하여 다룰 것이다.

2. 창고보관

1) 창소 소유자의 의무

1.1 창고보관의 의무

'보관' 형태 계약의 본질은 위탁자로부터 요구받았을 때 자산을 점유함으로써 다른 당사자의 자산을 저장하는 의무를 받아들이는 수탁자에 있다. 연역적으로, 전문 수탁자가 해야 하는 창고보관에 관련된 특정한 의무를, 즉 보관된 자산에 관하여 취하여져야 할 필요가 있을 수 있는 구체적인 조치를 밝혀내는 것, 결정하는 것은 가능하지 않다.

그러나 일반적으로 이러한 형태의 계약적 합의는 다음 요소를 포함한다.

- 수탁자는 보관된 자산의 일체의 손실 또는 도난을 방지하기 위하기 위한 필요한 감시에 대한 책임이 있다.
- 수탁자는 보관된 자산을 그 성격에 따라서 보존하여야 한다.

• 자산을 저장하는 것과 관련된 의무를 준수하여, 수탁자는 필요하다고 여겨지는 일체의 부가적인 직원과 피용인들을 고용하여 사용할 수 있다.
• 원칙적으로, 수탁자는 보관된 자산에 대하여 부보할 의무는 없다.

그러나 보관된 자산의 저장에 관한 수탁자의 의무는 꽤 넓은 범위의 수행의 적정한 형식을 준수하는 것으로 구성되어 있을 뿐 아니라, 게다가 전자를 떠맡음에 있어 일정한 정도의 주의를 준수해야할 의무를 포함한다. 이는 성실활동의 의무로서 언급될 수 있다. 이 장에서는 전문 수탁자로부터 요구될 수 있는 주의의 정도를 결정하는 방법을 논의하고 창고보관 의무 체제 내에서 주의가 충족되는 기능을 분석할 것이다.

1.2 배달 전에 있는 상태에서 설정을 유지할 의무

자산은 저장과 그것의 반환에 관한 수탁자의 의무가 청구할 수 있는 것이라는 상정 하에서 배달되어 진다. 그러나 전문 보관의 경우, 수탁자는 최초로 계약적 관계에 들어선 그 순간부터 시작하여 창고보관의무를 확실하게 수행하기 위하여 -심지어는 그 자산이 아직 도달되지 아니한 경우에도- 그리고 그것의 올바른 기능과 작업을 확실하게 하기 위한 것과 같이, 필요한 상태와 보안 조치를 유지하여야 할 것이나.

여기에서 분석하는 의무는, 엄밀하게 말하면, 그 자체로는 창고보관의무의 요소를 구성하지 않고 오히려 전문적인 주체와 시설의 소유자로서 그들의 지위를 위하여 수탁자에게 부여된 독립적인 의무를 형성한다.

1.3 감독의 의무

자산을 창고 보관할 의무는 수탁자가 처음에 자산을 수령한 순간부터 요구될 것이다. 비록 의무의 구체적인 내용은 각 경우에 상황에 따라 다를 수 있지만, 결코 놓칠 수 없는 최소한의 요소가 있다. 예를 들어, 수탁자가 보관된 자산의 보안에 대한 영향을 끼칠 수 있는 일체의 새로운 국면을 필연적으로 신속하게 알아내야 하는 그들의 감독의무를 수행하지 않아도 되는 보관 계약을 체결하는 것은 상상할 수 없다. 자산에 대하여 손실, 손상 또는 도난으로 대표되는 위험에 관한 높은 정도의 보안을 보장하기 위하여, 감독활동은 본질적으로 적절하다. 더 나아가 감독의무는 또한 수탁자가 그들이 창고 보관 의무의 기간 내내 해야 할 수도 있는 기타 다른 의무들을 적절하고 알맞게 준수하여야 한다는 것을 상정한다. 예를 들어, 그 의무들은 각 경우에 있어, 필요한 것으로 채택될 보존 조치를 가능하게 하는 적당한 감독 시스템을 설정하는 것을 포함하는데, 이는 수탁자가 이 시스템을 착수하여 하거나 또는 위탁자에게 필요성 또는 이 수단들의 편리성에 관하여 정당하게 알려야 할 의무가 있는 경우이다.

감독활동을 상정하는 중요성은 수탁자에게 위탁자에게 보관된 자산에 생길 일체의 수량감소나 손상을 '발견 즉시' 통지할 의무를 부과한다.

그런 이유로, 수탁자는 특정한 상황을 고려하여, 착수한 활동의 전문적 특질과 보관된 자산의 본질에 필요하고 충분하다고 여겨지는 감독 메커니즘을 제공하여야만 한다. 이러한 파라미터 안에서, 수탁자는 적당하다고 판단되는 물적 도구(알람, 화재감지, 폐쇄카메라 등)와 직원을 선택하여야 할 때 일정 정도의 재량이 있을 것이다. 그러나 어떤 경우에도 그들은 법적으로 부여된 그러한 도구들과 그들의 고객에 대한 명시적 또는 묵시적 제안에 포함될 수 있었던 그러한 도구들을 제공할 것이다.

그래서, 위에서 언급한 내용에 기초한 필요하다고 여겨지는 감시 메커니즘의 부재는, 보관된 자산의 실질적 손실, 도난 또는 가치하락에 책임을 전가할 여지를 봉쇄한 채, 일체의 결과에 대하여 창고 보관의무의 위반의 경우를 구성할 수 있다.

1.4 보존의 의무

원칙적으로, 수탁자는 그것의 특질에 상응하여, 그리고 손상을 일으킬 것 같은 일체의 내부 또는 외부의 해로운 작용에 대하여 자산을 보존하여야 한다. 이것은 보관된 자산이 수탁자의 통제 범위 내에 있다는 것 뿐 아니라 보관 중에 있는 기간 동안 자산의 물리적 경제적인 온전함을 보장하는 수단이다.

일반적인 보관의 경우, 수탁자는 상황에 맞는 그러한 모든 보존 조치를 취할 의무가 있다. 그러나 일반적인 보관에 대한 보존의무의 내용은 보통 엄격한 방법으로 정해진다. 그 내용은 상대적으로 넓은 범위의 오퍼레이션의 형태를 취할 수도 있는데, 그 오퍼레이션은 활동의 기술적 집합적 특질에 의하여 정해진 표준 지침을 준수하여 자산에 관하여 수행되어야만 한다.

동시에, 때때로 전문적인 수탁자의 보존의무는 내용에 있어 일시적인 수탁자보다 보다 더 제한된다. 이는, 수탁자가 그들의 의무 범위 내에서, 특히 그들의 전문성에 기초하여 특정한 자격을 갖춘 수준의 주의가 요구될 수 있다는 사실과 양립될 수 없다.

사실상, 수탁자는 가능한 범위 내에서, 외부의 작용의 영향 때문에(예를 들어, 특정한 온도나 습도를 유지하는 것 또는 화재나 홍수의 위험을 예방하거나 대처하기 위한 메커니즘을 제공하는 것) 보관된 자산의 일체의 가치가 하락되는 것을 피하기 위하여 필요한 자원을 제공할 것을 일반적으로 떠맡는다. 그 대신, 보관된 자산의 특정한 특질에서 발생할 수 있는 일체의 손상이나 수량 감소에 관한 한, 특정한 자산에 관한 조치를 취할 능력 뿐 아니라, 의무의 범위가 수탁자에 대하여 전적으로 제한되어 있는 것이 일반적이다.

그러나 원칙적으로, 자산의 온전함을 보존하는 것을 고려하여 수탁자의 의무의 범위와 관련된 능력은, 그 특정한 본질에 기인한 위험에 관하여, 저장을 위하여 보관된 물건의 특정한 성격, 논의되고 있는 설정의 조건들 그리고 용법과 당사자들의 명시적 또는 묵시적인 합의에 의하여, 각 경우에 있어, 결정될 것이다. 그래서 주차장 또는 감독되고 있는 주차구역에 대한 계약의 경우에, 회사는 감시활동을 떠맡아야 하고, 외부 작용의 영향에 의한 손상으로부터 그 설정수준으로 주차된 차량들을 보호하여야 한다. 그러나 일반적으로 그리고 반대의 합의가 있지 않는 한, 회사는 심지어는 각 차량의 상태를 알고 그에 상응한 조치를 취할 주목할 만한 가능성이 있는 경우에도, 차량의 특질에 기인할 수 있는 일체의 손상에 관하여 차량을 보존하고 유지할 의무가 없다. 다른 경우들에 있어서는(예를 들어 가죽 코트, 카펫, 가구의 저장), 수탁자가 떠맡아야 할 활동은 보관된 물건의 청결한 상태, 패키징 상태 등을 유지하는 것으로 제한되는데, 이는 정적인 환경 조건을 유지함으로써 결과적인 보존이 요구되는 것이다.

논의의 문맥 속에서, 보관된 물건의 보존의 면에서 손상이나 수량감소가 발생할 경우에, 수탁자는 창고보관 의무의 범위에 관하여 설정된 제한에 기여하는 모든 데이터와 상황을 답변하고 입증할 책임이 있다. 그러한 증거의 부재의 경우, 수탁자는 손상을 피하기 위하여 필요한 모든 보존 활동을 수행할 상정된 의무가 있고, 그 손상은 이러한 의무의 위반에 기인하여 구체적으로 발생한다고 여겨진다.

다른 한편으로, 수탁자에 의하여 수행된 일체의 행동은 어떠한 경우에도 신뢰의 요구에 부응하여야 하고 이러한 동일한 요구들이 일정한 상황 하에서 수탁자에게 부과될 수 있다는 것은 의심의 여지가 없는데, 그들로 하여금 통상적인 활동의 범위 밖에서 보관된 물건에 관하여 일정한 처리를 준수할 것을 요구한다. 그러나 일반적인 원칙으로, 수탁자가 그들의 의무 준수를 고려하여 인정해야만 하는 변경을 위한 여지를 결정하여야 할 때, 약간의 제한적인 기준이 적용되어야 한다. 근본적인 원칙은, 일체의 예상치 못한 경우를 고려하여, 위탁자에게 정당한 통지를 제공하는 것인데, 그래서 위탁자는 가장 적당하다고 여겨지는 조치들을 채용할 수 있다. 오로지 이러한 가능성의 부재에서 수탁자는 정상적인 수행의 범위를 넘어서는 조치들을 취할 임무, 심지는 의무를 가질 것이다.

2) 책임

운송을 위하여 설정된 책임 체제는(면제, 책임의 제한, 시효 기간 등) 창고에서 발생한 손상의 경우에는 적용되지 않는다는 것은 상식이다.

그러므로 3PL 프로바이더에게 저장이 맡겨진 상품이 어떤 손상을 입는다면, 적용될 책임 체제는 다음과 같이 요약될 수 있다.

(a) 책임 시스템 : 일반적인 원칙으로, 보관 하에 있을 때 일어난 상품에 대한 일체의 손상에 대하여 3PL 프로바이더의 측에 책임이 있다고 상정한다.

(b) 3PL 프로바이더의 책임에 이르는 사실 : 운영자는 그들이 위탁받은 상품에 대한 일체의 부분적인 또는 전체적인 손실, 그리고 일체의 부분적인 또는 전체적인 파손 또는 손상에 대하여 책임져야 한다.

(c) 책임의 범위 : 3PL 프로바이더는 저장과 보관을 위하여 상품이 배달된 순간부터 같은 상품이 고객 또는 고객의 지시에 따라 제3자에게 배달될 때까지 책임이 있다.

(d) 책임의 양 : 3PL 프로바이더는 상품의 가치 뿐 아니라 요구될 수 있는 그것의 총액에 대하여 책임이 있다. 그가 책임이 있다는 사실 때문에 책임의 정도에 관하여 아무런 제한 없이 야기된 일체의 손상에 대하여 책임이 있다. 요약하여, 3PL 프로바이더는 모든 손상(제한 없이)에 대하여 책임이 있다.

(e) 책임의 면제 : 3PL 프로바이더는 손실 또는 손상이 다음의 결과로 일어나는 경우를 제외하고 허위 진술, 유책 또는 부주의의 경우에 책임이 있다.

- 예상치 못한 상황 또는 불가항력;
- 보관시키는 당사자 측의 실수
- 상품의 본질과 특별한 결함, 그러나 오직 다음 경우만

- 손상을 방지하기 위한 필요한 모든 것이 하여지고 그리고,
- 고객이 즉시 통지받는다면

그래서, 저장 회사는 면제 사유로서 그 사업 활동의 범위를 넘어서는 상황의 동시발생을 주장할 수 있다. 이러한 점에서 특별한 예방적 조치를 취하도록 계약을 통해서 강제할 수 없다; 나아가 특정한 활동의 상황과 성격을 고려하여 볼 때, 심지는 필요한 조치를 채택하더라도, 구체적으로 피할 수 없었던 일정한 상황이 –비록 예측 가능하더라도– 있다.

이것은 고객에게 알려할 임무와 연결하여 보아야만 한다: 채택할 수 있는 조치와 구체적인 조치가 불가능한 위험을 보고할 임무; 고객의 비용으로, 이러한 만일의 사태를 커버할 수 있는 보험을 들 여지가 있다는 것을 고객에게 알릴 임무

(f) 시효 : 손실 또는 손상의 경우 저장 회사를 상대로 소송을 제기할 수 있는 조치를 취할 수 있는 시효기간은, 운송중인 상품에 대한 일체의 손상 또는 손실에 허용된 기간과 달리, 일반법에 의하여 정하여지고, 보통은 중단될 수 있다.

요약하면, 위탁 당사자의 책임에 관련된 가장 기본적인 측면은 다음과 같다(또한 표 4.1을 보라):

- 책임은 손상에까지 미치는 것 뿐 아니라 야기된 일체의 결과적 파손을 포함한다.
- 책임 제한이 없다
- 예측하지 못한 상황과 불가항력을 제외하고는 책임을 면제하는 특별한 사유가 없다.
- 소송을 제기하기 위하여 주어진 시간 내에 이의를 제기할 필요가 없다.

표 4.1

	Liability regime: deposit/storage of merchandise
system	Liability for presumed culpability
generating facts	Total loss partial loss Damage or breakage
scope	from the receipt of the merchandise until its delivery to the recipient
amount	Damages
exoneration	unexpected circumstances *force majeure* culpability of the depositing party · In principle, the recipient is not liable for any damages that arise as a result of the nature and particular defect of the merchandise, provided: – The necessary steps to prevent or remedy the damage were taken – The depositary party was notified of the damage

3. 직원

1) 도입

아웃소싱은 노동관계에서 중요한 이슈가 되어 왔는데, 그것은 보통 일자리의 상실로 이어지기 때문이다. 점증적으로, 근로자들의 대표들은 가능한 아웃소싱에 대한 사전 정보와 상의, 또는 심지어는 아웃소싱 제안을 검토할 노사 공동경영 위원회를 주장하고 있다. 몇몇 나라에서는 근로자들의 대표를 반대하는 것은 회사들이 아웃소싱을 통하여 비용을 줄일 중요한 기회를 갖는 것을 어렵게 한다.

2) 법적 프레임웍

아웃소싱 비즈니스 활동에 대한 최초의 법적 프레임웍은 EU가 '사업의 양도, 사업장 또는 사업장의 일부의 양도시 근로자의 청구권 보호에 관한 가맹국 법규의 통일'(77/187/ECC)이라는 제목의 입법지침을 채택한 1997년에 만들어졌다. 이것은 '기득권' 또는 '사업양도' 입법지침으로 알려져 왔다.

이 입법지침은 민영화, 외부계약, 강제경쟁입찰, 민간투자사업, 합병의 결과 한 사용자에서 다른 사용자로 이전된 근로자들의 권리를 보호하기 위하여 규정되었다.

다른 모든 유럽 입법지침처럼, 가맹국의 법으로 전환되어야 했다. 이러한 법들은 곧 TUPE라는 머리글자를 얻었다.

근로자들이 위에서 언급한 변동의 하나로 이전되면, 고용계약으로부터 발생하는 이전하는 양도인 조직의 권리와 의무는 양수인에게 이전된다. 노동조합은 이 규정들을 근무조건과 급여에 대한 피해를 개선하는데 창조적으로 사용하였다. 놀랍지 않게, 언제 입법지침에 기초한 국내 규정이 적용되는지 그리고 그들이 의미하는 바가 무엇인지에 대하여 많은 분쟁이 있었다.

원래의 입법지침이 부닥치게 된 많은 어려움(영국 정부의 TUPE 규정의 일부로서 정부 민영화 승인에 대한 거절과 같은)에 비추어, 1994년에 유럽위원회는 새로운 입법지침(98/50/EC)을 제안하였다. 98 입법지침은 '양도'의 정의를 확장하고, 그 적용을 공공, 민간 그리고 비영리조직까지 그 적용을 분명하게 하였다. 또한 가맹국이 연금권을 보호하도록 요구하였고, 대표되지 않은 근로자들을 포함하여 근로자와의 협의를 요구하였으며, 어떤 정보가 그들에게 제공되어야 하는지 특정하였다. 도산 사업을 그 적용범위로부터 제외하고 '기업회생에 도움이 되는' 계약으로 변경시키는 합의를 허용하는 새로운 입법지침의 규정들은 아마도 근로자들에게 덜 유용하였을 것이다. 이것은 변하여, 98 입법지침이 2001년에 수정되었다(입법지침 번호 2001/23/EC). 이 최후 버전의 입법지침은 약간의 변화를 도입하였다; 가장 중요한 변화는 연금 계획의 양도와 도산 후의 양도와 관련된다.

입법지침과 대응하는 국내법은, 유럽 사법재판소 판결과 국내 판결들과 사이에 차이를 보이는, 매우 빈번하게 불일치하는 사법 분석의 주제이어 왔다. 그러나 이 장에서 필요할 때에 약간의 쟁점에 대하여 다른 접근 뿐 아니라 덜 의문스러운 사실을 제공하기 위하여 노력할 것이다.

어떤 합의의 어떤 규정도(고용계약이건 아니건) 입법지침에 의하여 승인된 권리를 제외하거나 제한하는 한에 있어서는 무효라는 것을 첫머리에서 강조하는 것은 필수적인데, 일체의 아웃소싱 활동에 대한 중요한 영향이 있다는 것을 연구가 보여주듯이

다음은 입법지침의 주요한 원칙의 목록이다.

- 기존의 고용주에 의하여 고용된 근로자는 사업주체가 바뀔 때 자동적으로 같은 조건과 근무환경으로 새로운 고용주의 근로자가 된다. 마치 그들의 고용계약이 처음부터 새로운 고용주가 체결된 것과 같다. 그래서 근로자의 고용의 계속성은 보호되고, 그들의 고용계약 하에서의 고용의 조건과 근무환경도 같게 된다.
- 근로자들은 선발된 대표자들 또는 승인된 노동조합을 통하여 양도에 관하여 정보를 제공받고 상의를 할 권리가 있다.
- 근로자들은 해고가 인력에서의 변화를 수반하는 경제적인, 기술적인 또는 구조적인 이유가 아닌 한 양도와 관련 있는 어떤 이유로든 해고로부터 보호된다.

2.1 입법지침의 범위

(1) 입법지침의 적용

입법지침과 채택된 국내법이 언제 적용되는가의 이슈는 규정과 이를 다루는 재판소의 판결의 가장 복잡한 국면이어 왔다. 입법지침에 포함된 사업의

구체적인 정의가 없다. 노동재판소 뿐 아니라 유럽재판소와 영국재판소에 의하여 만들어진 결정은 양도된 사업의 해석을 결정하고 자산의 매각에 의한 영업의 매각, 합병, 라이선스 또는 가맹점의 변화 그리고 계약자에게 특별한 기능을 이전(즉, 아웃소싱)과 같은 것들을 포함한다.

입법지침을 적용하기 위하여 양도가 상거래일 필요는 없다; 그러므로 입법지침은 자선단체와 같은 비상업적 조직 뿐 아니라 공공부문의 조직을 포함 한다. 주된 기준은, 입법지침이 적용될 것인지 여부를 결정하는, 새로운 고용주에게 양도된 후에 사업이 그 정체성을 유지하는 정도이다. 이것을 분석함에 고려될 요소들은 자본, 근로자, 고객의 신뢰와 작업순서와 같은 무형자산이 사업과 함께 양도되는지 여부를 포함한다. 유럽 사법재판소의 한 결정은 대부분의 직원이나 자산이 양도되지 아니하는 노동 집약적 양도에 입법지침이 적용되는지 여부에 관하여 의문을 제기하였다. 또 다른 유럽 사법재판소의 결정은 입법지침이 두 공공조직 사이의 양도에 적용될 수 있을 것인지 여부에 대하여 불확실성을 만들어냈다. 그러나 스페인과 독일에서의 여러 사건에서, 입법지침은 공공기관에 의한 외부 계약 합의를 정하는 것과 비록 유일한 이전될 유형자산이 근로자들 자신일지라도 어느 계약자로부터 다른 계약자로의 전환을 커버한다고 설정되었다. 이 장의 뒤 부분에서 이 쟁점으로 돌아와 중요한 최근의 국면전개와 그 실질적 함의에 대하여 기술할 것이다.

'사업'의 개념을 분석할 때 부여되는 첫 번째 질문은 사업을 구성하는 '실체'가 실제로 어떤 것인지 이다.

영국 노동 최고재판소[55]는 '실체'를 설정하는 다음의 가이드라인을 만들어 냈다

- 하나의 특정한 작업 계약에 국한되지 않는 안정된 경제적 실체이고, 구체적인 목표를 추구하는 활동의 실행이 가능한 조직화된 사람과 자산의 단체일 필요가 있다.

55) *Cheesman* v *Brewer Contracts Ltd*[2001] IRLR 144(EAT)

• 실체는 충분히 조직화되고 자치가 가능하여야 하지만 반드시 중요한 자산을 포함할 필요는 없다.
• 청소와 경비를 포함하여 어떤 분야에서는, 실체는 그 인력층(manpower)으로 요약될 수 있다.
• 공통적인 작업을 수행하는 근로자들의 조직화된 그룹은 경제적 실체에 이를 수 있다; 그리고
• 활동 그 자체는 실체가 아니다 -이것은 인력, 관리인력, 작업이 조직화되는 방법, 적절한 곳에서 이용 가능한 기능적 자원의 정체성을 요구한다.

'사업'의 정의에서 '실체'의 부분을 설정한 후 언제 '사업'이 한 고용주에서 고용주로 '양도'되는가의 정의를 설정할 것이다.

다음은 '양도'에 관하여 설정한 영국 노동 항소 재판소의 가이드라인이다.
• 결정적 기준은 논의되고 있는 실체가 그의 정체성을 보유하고 있는지 여부인데, 그 오퍼레이션이 계속되는지 또는 재개되는지 여부에 의하여 나타내질 개연성이 있다;
• 노동 집약적인 상황에서는, 새로운 고용주가 단지 논의되고 있는 활동을 추구하는 것 뿐 아니라 그 과업을 수행하기 위하여 전에 고용되었던 인력의 대부분을 인수하는 양도 후에 실체는 그 정체성을 유지할 수 있다;
• 거래를 특징짓는 모든 요소를 고려하는 것이 필요하지만, 각자는 단일한 요소이고 어느 것도 고립적으로 고려될 수는 없다;
• 그러므로 유형의 자산이 양도되었는지 여부, 양도 시 무형자산의 가치, 근로자들의 대부분이 새로운 고용주에 의하여 고용되었는지 여부, 고객들이 양수되었는지 여부, 양도 전·후 그리고 양도 중, 만일 있다면 연기된 기간 동안의 활동의 유사성 정도를 고려하는 것과 관련이 있다;

- 영업 또는 사업의 유형이 관련이 있고, 이것은 각 기준에 부가될 중요성의 정도에 영향을 미칠 것이다;
- 비록 자산이 보유되고 그 실체를 운영할 것이 요구된다고 하더라도, 그 부재가 양도를 불가능하게 하지 않는다;
- 외부 계약 서비스를 제공하는 신·구 사업 또는 신·구 계약명의자에 의하여 제공되는 서비스 사이의 유사성은 그 자체로는 관련된 양도를 설정하기에 충분하지 않다;
- 신·구 사업 사이의 계약적 연결의 부재는 관련 없는 양도를 나타낼 것이나, 그 자체로는 필요한 것이 아니어서 결정적인 것은 아니다;
- 만일 근로자들이 양도되지 않는다면, 그 이유는 관련 있는 양도가 있는지 여부를 결정하는 것과 관련이 있다;

이 가이드라인의 독자는 입법지침을 이행하는 규정이 너무 복잡하고 모호하다는 인상을 받을 수 있다.

그러나, 단순화를 위하여, 다음은 인정된 '양도' 사례들의 리스트이다.

- 새로운 고용주에게 영업 또는 사업의 양도에 이르는 상황에서 재화와 용역을 제공하는 계약이 양도된 경우;
- 개별 거래자의 사업 또는 파트너십의 전부 또는 일부가 매각되거나 또는 양도된 경우;
- 만일 다른 회사가 주식만의 인수가 아니라 자산을 매수하거나 인수하여 그 영업을 운영한다면, 회사 또는 그 일부가 다른 회사에 의하여 매수되거나 인수된 경우;
- 두 회사가 존속을 그만두고 제3의 회사를 형성하는 경우;
- 같은 그룹에서 두 회사 사이의 양도.[56]

---

56) C-234/98, *G.C. Allen and Others* v *Amalgamated Construction Co. Ltd,* ECR 1999 사건에서 유럽 사법재판소(European court of Justice)에 의하여 '이전(Transfer)'으로

규정은 양도된 사업의 규모에 관계없이 적용된다. 그래서 규정은 수천 명의 근로자가 있는 큰 영업의 양도와 작은 영업(상점, 술집, 주유소와 같은)의 양도에도 동등하게 적용되고, 공공과 민간 영역에 동등하게 적용된다.

다음은 사업의 '양도'라고 고려되지 않아서 입법지침에 의하여 규율되지 않는 일반적인 활동의 리스트이다.

- 주식인수에 의한 양도, 회사의 주식이 새로운 주주에게 매각된 때 -영업의 양도가 없기 때문에 같은 회사가 계속하여 고용주가 된다;
- 자산만의 양도{예를 들어, 장비만의 매각은 포함되지 않지만, 장비를 포함한 계속기업(going concern)의 매각은 포함될 것이다};
- 영업 전부 또는 일부의 양도가 개입되지 않는 재화와 용역을 제공하는 계약의 양도(이 선택의 보다 상세한 것은 이 챕터의 뒷부분인 S zen 사건의 논의에서 다룬다);
- 청산 중 회사의 수익성 있는 부문의 분리매각

이와 관련해서, 최근에 개정된 입법지침이 항해중인 선박에 관계된 오퍼레이션을 구체적으로 배제한 것을 언급하는 것은 중요하다. 이것은 항해중 고용의 특별한 성격을 고려하여 결정되었고 해상 영역에 보다 큰 탄력성을 제공하기 위하여 고안되었다.

(2) '근로자'의 정의

일반적으로, 입법지침은 일체의 사람에게 적용될 것이다:

- 각 가맹국의 국내법에 의하여 정의된 고용계약 또는 고용관계에서 일하는 것;
- 직업소개소를 통하여 고용된 것; 또는
- 나라의 서비스 하에서 또는 그 서비스로 사무실을 유지하는 것.

판결되었다.

직업소개소를 통한 근로자인 경우, 임금을 지불할 책임이 있는 당사자는 (직업소개소 또는 고객회사) 입법지침의 목적에서 고용주이다.

(3) 양도에 있어 고용주의 지위

입법지침에서, 사업이 양도될 때, 기존의 고용주와 새로운 고용주의 지위는 다음과 같다:

- 새로운 고용주는 양도 직전에 그 사업에 고용되었거나 양도에 관한 이유로 부당하게 해고되지 않았다면 고용되어 있을 모든 근로자들의 고용 계약을 인수한다. 고용주는 어떤 근로자를 고용할지를 고르거나 선택할 수 없다.
- 새로운 고용주는 그 고용계약에서 발생하는 모든 권리와 의무를 인수하는데, 형사책임과 근로자의 직업 연금 계획에서의 노령, 질병(거동불가), 유족 급여규정과 관계된 권리와 의무는 제외된다.
- 새로운 고용주는 근로자를 위하여 만들어지고 양도 직전에 발효된 일체의 집단적인 합의를 인수한다. 양수인은 집단적 합의의 해지일 또는 만기일까지, 또는 다른 집단적 합의의 발효 또는 적용시까지 집단적 합의의 조건을 준수할 의무가 있다.
- 새로운 고용주나 기존의 고용주 그 누구도 해고의 이유가 인력에 있어 변화를 수반하는 경제적, 기술적 또는 구조적인 이유(ETO)가 아닌 한, 정당하게 양도 또는 그것과 관련된 사유로 근로자를 해고할 수 없다. 그와 같은 사유가 없다면, 해고는 부당할 것이다. 그와 같은 사유가 있고 그것이 해고의 사유이거나 주된 사유라면, 노동 재판소가 그 사유를 해고를 정당화하기에 충분한 사유로 취급하여 고용주가 합리적으로 행동하였다고 결정하는 경우, 해고는 정당할 것이다. 만일, 이 경우에, 정리해고의 상황이 있다면, 일반적인 정리해고절차가 여전히 적용될 것이다. 그러나 여러 재판소는 보통 ETO 사유의 매우 좁은 정의에 대한 방어만

을 허용하고 있다는 것을 강조하는 것은 중요하다. ETO 사유의 범위 내에 해당하기 위하여서는, 고용주는 해고가 필요하였고 게다가 그들 계획의 목표가 인력에서의 변화를 달성하기 위하였다는 것을 보여줄 수 있어야만 한다. 예를 들어 해고가 오로지 영업의 보다 높은 수익을 실현하기 위하여 수행되었다면, 고용주는 이를 주장할 수 없다.

- 새로운 고용주는, 고용계약이 그렇게 규정하지 않는 한, 일체의 양도된 근로자의 고용의 조건을 일방적으로 악화시킬 수 없다.
- 기존의 그리고 새로운 고용주는 반드시 근로자들의 대표에게 알리고 상의하여야 한다.

(4) 양도에 있어 근로자의 지위

사업이 양도될 때, 기존의 또는 새로운 고용주의 근로자의 지위는 다음과 같다.

- 양도 직전 사업에 고용된 근로자들은(또는 양도에 관한 사유로 부당하게 해고되지 아니하였다면 그렇게 고용되어 있을 자) 그들이 기존의 고용주 또는 새로운 고용주에게 양도에 반대한다는 것을 통지하지 아니하는 한, 자동적으로 새로운 고용주의 근로자가 된다.
- 근로자들의 계속 고용의 기간은 양도에 의하여 중단되지 아니하고, 법에서 정한 고용 권리를 부여받기 위한 계산에서는, 계속 고용 기간이 시작된 날짜는 구 고용주에 의하여 고용이 시작된 날이다. 이것은 근로자들의 조건에 관한 서면에 명시되어야 한다; 만일 그렇지 아니하거나 또는 계속 고용 기간이 시작되는 날짜에 관하여 분쟁이 있으면, 그 문제는 노동 재판소에 회부할 수 있다.
- 양도된 근로자들은 기존의 고용주와의 고용계약 하에서 존재하는 모든 권리와 의무를 보유하고, 이것들은 새로운 고용주에게 양수되는데, 직업연금 계획 하에서의 노령, 질병 또는 유족 급여에 관계된 기존의 고용주의 권리와 의무는 양수되지 않는다는 예외가 있다. 만일 새로운 고용주

가 연금 합의를 포함하여 그에 필적하는 모든 조건을 제공하지 아니하면, 근로자들은 부당 해고를 주장할 수 있다.

- 양도로 인하여 부당하게 해고되었다고 주장하는 근로자는 노동 재판소에 소청할 권리가 있다.
- 양도의 결과 고용조건에 있어 보다 나쁜 근본적인 변화가 있음을 발견한 양도된 근로자들은 일반적으로 고용주의 조치가 그들을 사직하게 만들었다는 이유로 그들의 계약을 해지하고 노동재판소에 부당해고를 주장할 권리를 가진다. 근로자들은 개별 사건에서 상황이 중요하게 변하여 근로자들을 해치지 않는 한, 오로지 그들의 고용주의 정체성이 변하였다는 것을 근거로 이러한 형태의 주장을 해서는 안 된다.

위 두 경우에, 노동 재판소가 그 사유를 해고를 정당하기에 충분한 것으로서 취급하여 인력에 있어 변화를 수반하는 경제적, 기술적 또는 구조적인 사유가 해고의 주된 사유이고 고용주가 그 상황에서 합리적으로 행동하였다고 결정하지 않는 한, 관련 있는 양도를 이유로 한 해고는 부당하게 될 것이다. 심지어는 해고가 정당하다고 여겨진다고 하더라도, 근로자들은 정리해고 급여를 받을 수 있다.

(5) 상의와 정보의 권리와 의무

고용주는 승인된 노동조합 또는 선출된 근로자 대표와 상의할 의무가 있다. 이러한 요구는 새로운 또는 기존의 고용주에 의하여 고용되었는지 간에, 양도에 의하여 영향을 받을 모든 근로자들에게 개별적으로 적용된다. 고용주는 적절하다면, 승인된 적절한 노동조합의 대표 또는 선출된 근로자들의 대표에게 알리고, 상의할 것이 요구된다. 만일 근로자들의 대표가 존재하지 않는다면, 고용주는 근로자들이 양도가 발생하기 전에 대표자들을 선출하도록 허용하여야 한다. 상의는 제안된 조치에 대하여 근로자 대표의 합의를 모색을 위하여 고용주에 의하여 수행되어져야 한다.

근로자 대표는 원래의 고용주와 새로운 고용주 양쪽으로부터 다음 정보에 대한 자격이 있다.

- 관련 있는 양도가 발생한다는 사실;
- 양도의 사유;
- 양도가 일어난 날짜 또는 근사일;
- 근로자들에 대한 양도의 법적, 경제적 그리고 사회적인 의미;
- 이전과 관련하여 기존의 또는 새로운 고용주에 의하여 제안된 조치들.

근로자들의 참여에 관하여 의무를 준수하지 못한다고 해서 양도의 유효성을 감소 시키지는 않는다. 그러나 그러한 사실은 다음에 열거한 사람이 고용주에 대하여 이의를 제기하는 결과를 낳을 수 있다.

- 해고된 근로자 또는 양도의 결과로 인하여 사직할 권리가 있다고 여겨지는 상황에서 사직한 근로자. 청구가 기존의 고용주에 대할 것인지 또는 새로운 고용주에 대하여 제기될 것인지 여부가 확실하지는 않다. 일정 범주의 근로자들은 부당 해고를 주장할 자격이 없다;
- 만일 고용주가 정보 또는 상의 요구를 준수하지 않는다면, 선출된 또는 노동조합의 대퓨자;
- 해고된 또는 해고 외에 손해를 입은 대표자 또는 입후보자
- 고용주에 의하여 불합리하게 휴가를 거절 당하거나 그의 고용주가 휴가에 대한 적절한 급여를 거절한 대표자는 또한 노동재판소에 호소할 수 있다
- 고용주가 승인된 노동조합 또는 선출된 대표자와의 관련하여서 이외에 정보와 상의 요구를 준수하지 아니한 경우의 침해받은 근로자
- 정리해고 급여를 주장하고자 하는 근로자

대표자들은 구체적으로 이 목적을 위하여 선출될 필요는 없다; 고용주는

존재하는 상의기구에게 알리고 상의하는 것이 적절하다면 그 기구에게 알리고 상의할 수 있는데, 그 기구는 예를 들어 직원위원회와 같은 회원들이 선출된 기구이다.

국회는 보통 얼마나 많은 대표자들이 선출되어야 하는지 또는 그들이 선출되는 절차를 구체화하지는 아니한다. 노동재판소는 고용주가 요구에 상응하여 알리고 상의하지 않았다는 주장을 결정함에 있어, 법률의 목적이 충족될 수 없는 합의가 있는지 여부를 고려하기를 원할 것이다.

그러므로 고용주는 다음 문제에 대하여 그 여부를 고려할 필요가 있다:

- 합의가 양도에 의하여 침해된 근로자의 모든 범주를 충분히 커버하는지, 상이한 그룹의 이해 사이에서 합리적인 균형을 제공하는지 여부
- 근로자들이 후보를 지명하고 고려하는데 충분한 시간을 갖고 있는지 여부
- 근로자들(어떤 이유로든 작업장에서 부재한 사람을 포함하여)이 자유롭게 누구에게 투표할 것인지를 결정할 수 있는지
- 유사한 선거를 위한 일체의 정상적인 회사의 관습과 실무가 있는지, 만일 그렇다면, 그것을 어길 정당한 사유가 있는지

선출된 대표자의 해고는 그 사유 또는 주된 사유가 근로자의 대표자로서의 지위와 활동에 관계된다면 자동적으로 부당할 것이다. 선출된 대표자는 또한 그들의 지위 또는 활동을 근거로 한 해고 외에 일체의 손해를 입지 아니할 권리가 있다. 선거 입후보자는 같은 보호를 받는다. 노동 재판소가 해고가 부당하다고 판단하면, 고용주에게 근로자를 다시 복귀시키거나 다시 고용하고, 적절한 배상을 하도록 명령할 수 있다.

그들의 고용을 다른 고용주에게 양도시키는 효과를 가지는 영업의 양도에 관하여 상의 받지 못한 근로자는 위에서 언급한 대로 상의부재에 기초하여 배상을 청구할 자격이 있다.

그와 같은 상황에서 근로자에게 지급하여야 할 책임이 양도하는 고용주 또는 고용계약을 양수하는 고용주에게 있는지에 관하여 약간의 혼란이 있어 왔다. 일반적으로, 입법지침에 의하여 규율되는 양도에 관련하여 발생하는 청구에 대한 책임은 양수인의 책임이다(또한 아래의 서브 섹션 4.3.2.1.6 '입법지침 하에서 양도 거래에서 양도된 책임'을 보라). 그러나 상의에 실패한 배상의 문제에 관하여 영국 노동 항소 재판소에 의한 엇갈린 결정이 있어 왔다. TGWU 사건에서[57] 상의할 책임은 양도인에게 남아 있다고 판단되었다. 이 판단 이유는 만일 그렇지 않다면, 근로자에게 알리고 상의를 준수하여야 할 아무런 동기가 없고 나아가 영업양도 입법지침의 목적에 반하게 된다는 것이다. 그러나 다른 사건에서[58] 그와 같은 배상책임은 양수인의 책임이라고 결론 내려졌다.

(6) 입법지침 하에서 양도 거래에서 양도된 책임

과거의 법원은 입법지침에 의하여 양도인에 의하여 양수인에게 양도되는 것이 정확하게 무엇인지에 관한 의문에 대하여 항상 일관되게 대답하여 온 것은 아니다. 최근의 영국 항소법원의 몇몇 결정은[59] 마침내 그 법을 명확하게 밝혔다.

영국 항소법워은 TUPE가 적용되는 사업의 양도 이전에 손해를 입은 근로자들에 대한 2사건을 처리하였다. 법적인 그리고 실제적인 쟁점은 양도 이전에 발생한 그 손해들에 대하여 양도인의 책임인가? TUPE에 의하여 양수인에게 양수되는가? 이었다.

이 사건에서의 그 다음 쟁점은 고용주의 책임보험 정책의 이익은 TUPE에 의하여 양도될 수 있는지 여부 이었다.

결정은 입법지침의 목적은 근로자들의 권리를 보호하는 것이다. 그러므로

---

57) *TGWU* v *Mckinnon*[2001] IRLR 597

58) *Alamo Group(Europe) Limited* v *Tucker and Twose of Tiverton*(EAT/994/01)

59) *Martin* v *Lancashire County Council* and *Theresa Bernadone* v *(1) Pall Mall Services Group (2) Harringay Health Care NHS Trust (3) Independent Insurance Limited*[2000]

그 권리는 계약에 의하여 제한되지 않을 뿐 아니라 계약에 '관련되는' 사람들을 포함한다. 따라서 일체의 복잡한 책임도 계약의무와 함께 양도된다.

고용주의 책임 보험 하에서의 양도인의 권리가 TUPE에 의하여 양도될 수 있는지 여부에 관한 더 깊은 쟁점으로 돌아가면, 판사는 '양도에서 근로자는 그의 고용주에 대하여 권리를 박탈 당하지 않는다는 것을 보장하는 방식으로' TUPE가 해석되어져야 한다는 것은 중요하다고 생각하였다.

양수인이 보험을 들었다고 하더라도,[60] 이것은 근로자가 양수인에게 양도되기 전의 책임을 커버할 것 같지 않다. 그러나 양도인은 '그의 근로자에 대한 책임에 관한 고용주의 보험 정책 하에서 그의 보험자로부터 만회할 확정 또는 불확정 권리'를 갖고 있다. 양도인의 보험자는 그러한 책임에 관하여 보험료를 받았었고, 왜 TUPE가 그 보험자로 하여금 그 책임을 면하면서도 그 보험료를 받을 수 있도록 해석하여야 하는지에 대하여는 아무런 이유가 없다. 거기에서 배상은 양도인의 보험자로부터 지급되어야 한다고 판단되었다.

최근에 수정된 입법지침은 양도일에 존재하는 고용 계약 또는 고용관계로부터 양도일 전에 발생하는 의무에 관하여 양도인과 양수인의 공동 책임을 설정하였다. 우리는 위에서 언급한 사건들과 유사한 사건에서 새로운 입법지침이 어떻게 해석하는지를 알기 위하여 새로운 유럽재판소의 판결을 여전히 기다려야 한다.

새로운 입법지침은 또한 양도인은 당시 양도인에게 알려진 양도될 모든 권리와 의무를 양수인에게 알릴 의무가 있다고 설정하였다. 그러나 양도인 측의 불고지가 양수인과 양도인에 관하여 양도인의 권리 또는 의무와 일체의 근로자의 권리에 영향을 미치지는 아니할 것이다.

(7) 지불유예와 파산에 있어서의 사업의 양도

유럽재판소의 입법지침에 관계된 많은 사건들에 있어 빈번하게 발생하는 문제는 회사가 지불유예 또는 파산에 처한 상황에서의 사업의 양도에 관련 사

60) 1969년 고용인의 책임(강제보험)법에 의하여.

건에서 근로자들이 또한 보호받을 수 있는 범위에 관한 것이다. 이 문제에 관한 유럽재판소 판결은 지불유예 관련 모든 사건에서 입법지침이 적용되지만, 파산에 관하여는 가맹국들은 자유롭게 그들의 결정에 도달할 수 있다는 것이다. 이러한 접근에 깔려 있는 아이디어는 이러한 문제 사업체들에게 회생할 기회를 넓혀주기 위한 충분한 탄력성을 부여하는 것이었다.

이러한 구별은 수많은 상황 속에서 남용되었다. 네덜란드의 익숙한 사례는 회사가 파산을 선언함으로써 고용주가 해고에 대한 배상을 규율하는 노동규정을 우회하기 위하여 시도하였던 Ammerlaan에 관한 사건이다. 비록 네덜란드 법원이 파산 관련법이 남용되어 왔다고 판결하였지만, 네덜란드 법은 파산에서 신탁관리자에 의하여 해고된 근로자를 고용주로 하여금 다시 고용토록 강제하는 면에서 아무런 의지를 제공하지 않았다.

최근 수정된 입법지침은 이 쟁점에 관하여 최초로 언급하였다. 근로자의 계약적 권리는 원래의 고용주가 법원의 명령에 의하여 파산이 선고되거나 지급불능의 사유로 문을 닫는 절차에 따라야 할 상황에서는 양도되지 않는다는 유럽재판소의 종래 판결들을 유지하였다.

그러나 남용된 파산 절차의 사례를 제한하기 위하여, 입법지침은 파산 또는 지급불능 절차의 기관에 대한 유일한 또는 주요 사유가 사업양도 입법지침 하에서의 고용주의 법적의무를 피하기 위한 것이라면, 그 때는 입법지침은 그 고용주에 의하여 효력이 발생한 양도에 적용된다는 것을 입법지침은 강조한다.

3) 아웃소싱과 TUPE : Süzen 사건

Süzen 법원 판결은 입법지침이 자동적으로 적용되는 한 공급자에서 다른 공급자로 외부 계약 서비스를 양도하는 사건과 그렇지 아니한 다른 사건 사이에서 일관성 있는 프레임웍을 제공하였다. 그러나 몇 고용주들은 경쟁에서 이기는 것이 존재하는 근로자의 권리를 존중할 필요가 없이 비용을 절감할 수 있도록 가능하게 하기 때문에 서비스 부문에서 계약을 두고 격렬하게 경쟁을

벌이면서 이 판결을 최대한 이용한다고 생각되더라도, 노동조합과 고용주 양쪽 모두 대부분의 사건에서는 차이가 거의 없다고 느낀다.

Süzen 사건에서의 결정은 즉각적으로 영국 무역산업부에 대하여 TUPE 협정 하에서 판결이 의미하는 바가 무엇인지를 정확하게 분명하게 하라는 요구로 이어졌다. TUPE는 매우 광범위하게 사업의 양도에 적용되는 것으로 넓게 받아들여졌고, 심지어는 넓은 해석에 반대한 기업들도 그 기초 위에서 계약을 입찰하고는 했다. 관심 있는 당사자는 이를 분명하게 하는데 오래 기다릴 필요가 없어졌는데, Süzen 사건에서 유럽의 판결에 뒤따라 영국최고법원은[61] 새로운 판결을 적용하였기 때문이다.

Süzen 사건에서 고객에 대한 서비스를 제공하는 계약의 전환은 그 자체로는 양도가 아니라고 하였다.

이 판결에 따라, 양도라고 간주되기 위하여서는 다음을 준수하여야 한다:

- 한 사업에서 다른 사업으로 중요한 유형자산 또는 무형자산을 양도하는 것 또는,
- 새로운 고용주가 계약의 조건을 이행하기 위하여, 전임자에 의하여 할당되어진 대로 인원수 또는 기술의 면에서 인력의 대부분을 고용하는 것.

아웃소싱에 관하여 추후 다섯 개 이상의 유럽재판소 결정이 Süzen 사건에서의 판결을 승인하였다.[62]

3.1 노동-집약적 아웃소싱 계약을 위한 판결의 함의

실제적 측면에서, Süzen 사건의 판결은 노동 집약적인 기능, 일반적으로 청소, 보안, 관리 등에서 종종 일어나는 것처럼 자산이 양도되지 아니하는 아웃소싱 형태의 상황에서 양도가 발생하였는지 여부는 인력의 대부분이 고용

61) *Betts and Others* v *Brintel Helicopters Ltd* 사건에서.

62) Vidal(C-127/96), Santner(C-119/96), Montana(C-74/97)[1997] IRLR 132, Hidalgo (C-173/96) and Ziemann(C-247/96)[1996] and a more recent decision *Temco Services Industries* v *Imzilyen*[2002] IRLR 214.

되었는지 여부에 달려있다는 것을 의미한다.

노동 재판소는 Süzen 사건을 뒤따를 것이라고 기대되므로, 노동 집약적 기능에서 입법지침의 적용을 피하기를 원하는 사람들이 직원 수나 기술의 면에서 인력의 대부분을 고용하지 아니하는 것은 주목할 만할 것이다. 그러나 경고의 의미로 첫째, 근로자를 고용하지 않는다는 사실이 저절로 입법지침의 적용을 막을 수 없을 것이다. 자산이나 근로자들이 양도되지 않는 Unison 사건의 영국 최고법원 판결에서처럼 여전히 사업양도 입법지침일 수도 있는 일정한 사건이 있을 수 있다.[63] 이 사건에서 RCO는 NHS Trust가 그 오퍼레이션을 양도한 새로운 병원에 청소 용역 전문가를 제공하는 계약을 따냈다. 오로지 TUPE가 적용되지 않는 것을 전제로, 물러나는 계약자의 근로자들에게 일자리를 제공하였다. 근로자들은 조건을 거부하였고, 근로자들과 자산은 양도되지 아니하였다. 항소법원은 그럼에도 불구하고 TUPE가 적용된다고 판결하였다.

법원이 새로운 입법지침을 피하기 위하를 원하는 고용주의 동기, 양도된 일자리의 특질(非전문가 일자리와 대조하여 전문가)을 고려할 때, 또는 근로자와 자산을 제외한 다른 요소들이 양도를 가리킬 때 발생한다.

영국 법원이 노동 집약적 계약에서 근로자를 인수하지 아니하는 사유는 정당한 원인을 가지고 있다고 판결할 때 Süzen 사건이 적용되고, 양도는 입법지침에 의하여 규율되지 않는다고 결론 지워진다.

다음은 이 접근을 보여주는 최근의 두 케이스 이다:

- Williams 사건은[64] 보안 서비스의 전환을 다루었다. 보안 서비스를 요구하는 은 새로운 계약자는 기존의 계약자의 직원은 일체 고용하여서는 아니 된다고 명시하였고 그 결과 한 명의 직원도 양도되지 아니하였다. 게다가, 자산 양도도 전임 계약자와 현 계약자들 사이에 없었다.
- 국방부는[65] 군부대의 경계 서비스 기능을 계약자로부터 사내로 돌렸다.

63) *RCO Support Services* v *Unison*[2002] EWCA Civ 464.
64) *William* v *Lockhart Security Services Ltd*(EAT/1395/01).

국방부에 의한 자산 양도나 직원 고용은 없었다. 직원을 고용하지 아니한 이유는, 전략적 사유로 미래에 군부대를 위한 무장 가드가 필요하였는데 계약자의 가드는 무기를 운송할 자격이 없었다. 그래서 국방부는 계약자의 직원을 고용하지 아니하는 정당한 경제적 이유를 가지고 있었고, TUPE 양도는 없었다.

3.2 자산 의존형 아웃소싱 계약을 위한 판결의 함의

경제적 실체가 자산 의존형 기능에 해당할 경우, 조사에 있어 다른 접근이 채택되어야 한다. 노동 집약적 기능과 달리, 여기에서 직원의 양도는 TUPE 양도가 있는지 여부에 대하여 덜 결정적 요인이다. 자산과 다른 물건들의 양도가 보다 더 중요해진다. 유럽재판소는 Oy 사건에서 그렇게 판결했다.[66] 이 사건은 헬싱키의 수많은 버스 노선의 버스운영자의 변동을 다루었다. 전임 계약자에 의하여 고용된 45명의 근로자들 중에 33명이 새로운 운영자에 의하여 비록 덜 유리한 조건이었지만 고용되었다. 관련된 버스 노선의 기능과 연결된 차량이나 기타 자산은 양도되지 않았다. 새로운 고용주에 의하여 다시 고용되었던 2명의 버스 운전사는 사업 양도가 일어났고, 전임 버스 운영자에 의하여 누렸던 것과 같은 조건으로 고용될 권한이 있다고 주장하면서 핀란드 법원에 제소하였다. 여기에서 유럽재판소는 입법지침은 적용되지 않는다고 결론 내렸다. 노동 집약적 기능에서는 자산이 이전되지 않더라도 양도일 수 있지만, 만일 사업이 공장이나 장비와 같은 실질적인 자산을 사용하는 것에 달려있다면 서비스의 공급은 필수적으로 인력만 기초하고 있는 활동이라고 여겨지지 않는 것이 정당하고, 다른 요소들이 고려되어야만 한다. 이 사건에서 버스 없이 버스 노선을 운영하는 것이 가능하다. 그것은 자산 의존형 서비스이고 버스는 양도되지 않았기 때문에서 비록 대다수의 근로자들이 고용되었더라도 입법지침의 관점에서는 양도가 없다.

---

65) *Ministry of Defence* v *Carvey*(EAT/202/00)

66) *Oy Likenne AB* v *Liskojarvi and Juntunen*[2001] IRLR 171.

그림 4-1 Applying the Undertaking Directive

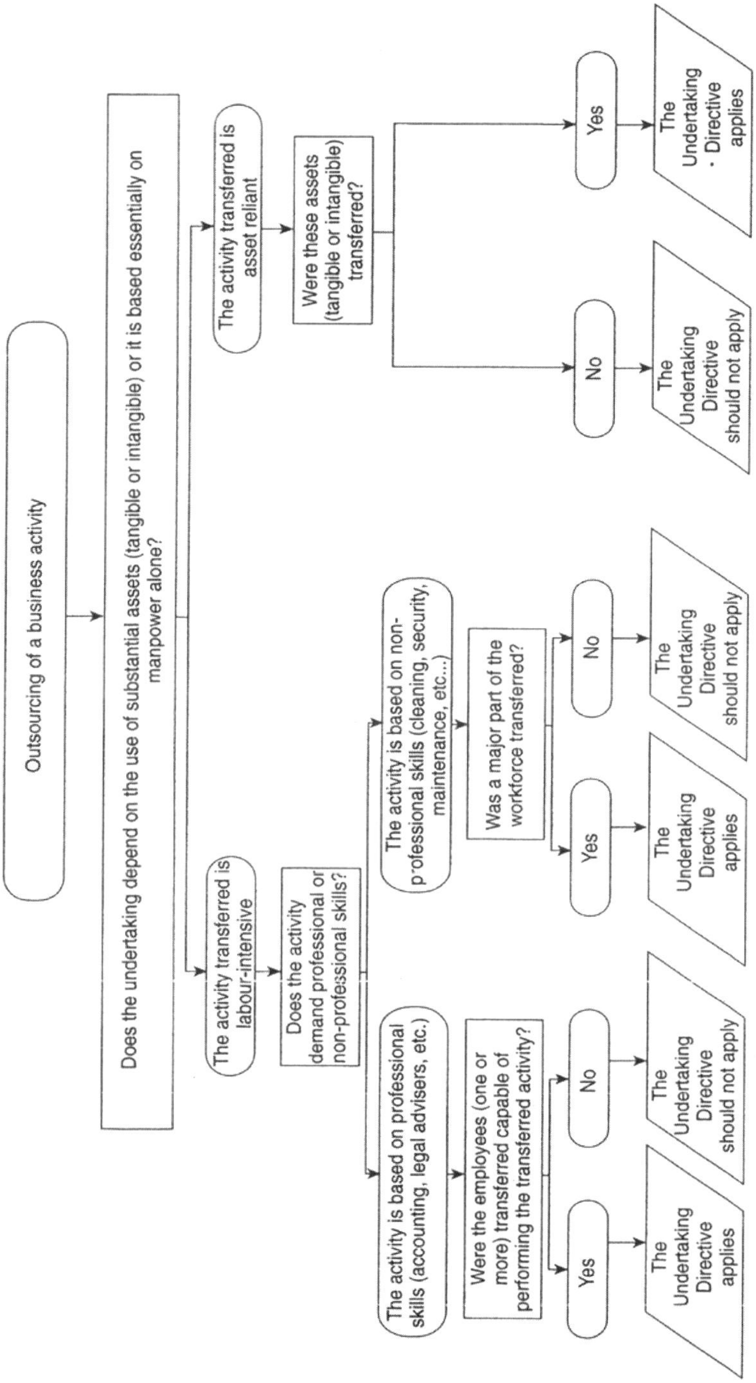

3.3 서비스 아웃소싱 계약

Süzen과 Oy 유럽 법원 사건을 말 그대로 받아들여 양도 입법지침이 적용되지 않는 지위를 유지하기 위하여 근로자 또는 자산의 부재에 의존하는 것은 가능하다. 예를 들어 이 지위는 당사자가 서비스를 제공함에 있어 非 양도 입법지침 응찰을 고려하게 할 수 있다. 그러나 영국법원에서 非 TUPE 입장을 채용하는 것은 상당한 위험을 안게 되고, 그래서 그 법원들은 외관 사실을 뒤돌아보고 다른 기준을 또한 적용한다. 그러나 최근의 유럽재판소의 판결은 적어도 대부분 장래 사건을 위하여 중요한 참조점으로 적용되거나 적어도 기여할 것이기 때문에 4.1에서 대강을 살펴본 기본을 이해하는 것이 중요하다.

4) 파견근로 소개소

4.1 도입

오늘날 영업 관리에서 필요한 복잡성과 창조성은 고용주-근로자 관계에 의하여 대표되는 노동시장의 단순성을 무관하고 고전적인 것처럼 만든다. 오늘날, 노동자가, 오직 그들의 일부만이 법적으로 근로자로서 회사에 고용되어 있지만, 나란히 일하면서 같은 작업을 이행하는 것을 보는 것은 더 이상 놀랍지 않다. 동시에, 공급자의 근로자가 저스트-인-타임 시스템에서 최종 공정을 조립하면서 고객의 회사의 현장에서 일하는 것을 보는 것은 드문 일이 아니다.

법적인 세계는 현실세계를 뒤따라 왔고 오랫동안 실제로 일어난 것을 규율하려 왔다. 새로운 기준은 더 이상 고용주 -근로자 관계의 대립적 요소가 없는 이러한 고용의 형태를 설정하여만 했다.

일반적으로, 그리고 우리의 논의를 위하여, 3형태의 개인 근로자(회사와 대조하여)를 규정할 수 있는데, 그들은 법적으로 고려됨이 없이 회사를 위하

여 일하고, 그 결과 회계적으로 그 회사에 근로자가 된다:

- 회사에 그의 전문적 서비스를 제공하는 프리랜서
- 다양한 과업을 수행하는 회사의 구내에서 일하는 파견근로 소개소의 근로자
- 고객 기업 영업의 특정한 과업을 수행하기 위하여 계약된 회사의 근로자

이 논의의 목적을 위하여 회사의 근로자가 아닌 후자 형태의 근로자에 집중할 것이다.

파견근로 소개소는 근로자를 고용하여 그들을 일시적으로 외부 회사에 '대여'하는 것을 전문으로 한다. 그 영업은 근로자들의 권리가 남용되거나 단순히 '망각되지' 않도록 신중하게 규제되고 있다. 그러므로 파견근로 소개소는 국내적, 국제적으로 파견근로 소개소의 활동을 규율하는 구체적인 규정이 있다. 이 챕터에서는 이 규정과 고객 회사에 대한 그 실제적 함의를 살펴본다.

파견 근로자와는 다른 또 하나의 근로자들의 그룹은 고객의 구내에서 일하는 3PL 프로바이더의 근로자들이다. 그들은 별개의 그룹을 형성하는데, 그들은 전형적으로 사용자의 회사에 있어 활동의 전체적인 작업 단위(예를 들어, 연금 관리, 사무 지원 서비스, 공급자의 조립 공정의 부분)를 구성하고, 이러한 일에서 무기한으로 있으며(그리고, 그래서, 아마도 일시적이 아닌), 채용 회사의 급여대상 명단으로 양도되었음에도 불구하고 계속하여 일하고 있는 회사의 이전 근로자일 것 개연성이 있다.

작업 또는 서비스 계약 하에서 사용자 회사의 영업 부분을 수행하는 회사의 근로자들의 작업은 위에서 말한 대로 다른 일련의 규정에 의하여 규율된다. 이 규정은 재판소 결정에 의하여 보충되어 왔는데, 그들의 근로자를 사용하는 또 다른 회사에 의하여 행하여진 하청 서비스 활동과 준거법을 준수하지 아니하는 한 대부분의 경우에 있어 불법적인 활동으로 간주되는 근로자들의 단순 양도 사이에 명확하게 구분을 할 것을 요구한다.

1997. 6. 19.자 민간 직업소개소(PREAs)와 파견근로 소개소(TWAs)에 관한 ILO(국제 노동 기구) 181호 컨벤션의 채택은 이러한 상황전개를 인정하고 동시에 민간 주선인이 일시적 또는 유연한 인력을 공급하는데 있어 중요한 역할을 할 수 있거나 이미 하고 있다는 것을 강조한다.

파견 근로자의 2가지의 주요 범주가 있다: (1) 실제로 작업을 수행하는 다른 사용자 회사에 단기간 양도하는 채용회사 또는 파견근로 소개소의 근로자들 (2) 기한부 고용 계약을 하거나 사내의 노동력의 일부분을 형성하는 회사 그 자체가 직접 고용한 근로자들, 즉 무기한으로 대기하고 필요할 때는 회사 내에서 전직을 한다.

다음 챕터에서 파견근로의 규정에 있어 최근의 전개에 관하여 주로 파견근로의 전자의 형태에 집중하여 살펴본다.

4.2 파견근로 소개소와 파견 근로자

(1) 파견근로 소개소 정의

ILO는 파견근로 소개소(TWA)를 다음과 같이 정의한다.

국내법 하에서, 근로를 감독하고 그와 합의된 계약을 체결하는 제3사용인에게 사용하게 할 목적으로, 그의 법적 근로자가 되는 근로자를 충원할 자격이 있는일체의 자연인 또는 법인(ILO Convention 1996)

원래, 파견 근로자는 출산 휴가 중인 여성 근로자 또는 병가 중인 근로자를 대체하기 위하여 고용되었다. 그 기간 동안 파견근로 부문은 완전히 관리적인 기능을 위한 것이었는데, 후에 점점 많은 회사가 파견 근로자를 제품 수요의 갑작스럽거나 단기적인 변화를 대처하기 위한 것으로 사용하기 시작하였다.

기업이 탄력적이어야 할 필요성이 커지고 있다는 것이 1980년대와 1990년대 몇몇 유럽 국가에서 이 부분에 있어 놀랄만한 성장의 많은 부분을 설명한다.

많은 유럽 국가와 미국에서, 정상적인 기업은 다른 고용주에게 근로자를 대여할 법적인 가능성을 갖고 있다; 그러나 라이선스가 요구되는 나라에서는 (스페인 같은), 이러한 기업들은 또한 라이선스가 필요하다.

(2) 파견근로자의 정의

파견근로자의 정의는 다른 국내법에 의하여 다르다. 프랑스 법에서는, 예를 들어, 기한부 고용 계약은 최대 중단 없이 18개월 기간으로 제한되어 있다. 만일 계약이 그 기간을 넘어 연장되면 그 때는 즉시 그 수반하는 모든 결과를 포함하여 영구고용계약으로 다시 분류된다.

파견근로는 프랑스에서 매우 엄격하게 규정되어 있고 사용자가 파견 근로자를 고용하는 것은 단지 일정한 매우 특정한 이유가 있는 경우이다.

- 근로자가 부재하거나 영구히 그만두는 경우, 정규 근로자를 대체하는 것;
- 기업의 활동이 일시적으로 증가하는 경우에 직원을 공급하는 것;
- 계절적 고용의 경우

주된 결과는, 사용자 회사가 이러한 엄격한 규정을 준수하지 아니하면 재판소는 즉시 고용계약이 영구적인 고용계약이 되는 것으로 간주하는 것일 것이다.

사용자 회사와 파견근로 소개소의 관계는 무엇인가? 이 질문은 다음 챕터에서 논의할 것이다.

프랑스에서, 파견 근로자의 서비스를 고용한 최초 2일 내에, 계약이 사용자와 파견근로 소개소 사이에 체결되어야만 한다. 이 계약은, 근로자가 고용된 목적, 근로자가 종사하게 될 근로의 형태, 양도의 기간과 때로는 그 양도의 갱신가능성, 같은 지위에 있는 회사에서 일하는 근로자들이 받는 급여에 상응하여야만 하는 보수, 채워질 지위의 주된 성격의 대강을 정하야만 한다.

사용자는 법과 단체협약에 의하여 규정된 바에 따라 그의 회사에서 파견근로자의 모든 근로 조건에 대한 책임이 있다. 프랑스에서 파견 근로자는 작업시간, 야근, 週 휴일 그리고 보안에 관하여 사용자의 다른 모든 근로자와 완전히 동일한 권리를 누린다. 사용자는 또한 파견 근로자에게 회사의 다른 근로자들에 이용가능한 모든 시설에 접근을 제공할 의무가 있다.

만일 이러한 규정들이 완전히 준수되지 않는다면, 파견 근로자는 고용 계약의 재분류를 요구할 수 있고 사용자에게 형사책임이 부과될 수 있다. 어떤 경우에도 프랑스에서 18개월 후에 파견 근로자는 자동적으로 영구 고용자로 간주된다.

4.3 몇 EU나라에서의 파견근로

(1) 영국

1980년대와 1990년대 동안 영국은 제품 시장에서 점점 더 격변하고 경쟁적인 상황에 대한 대응으로 탄력성을 옹호하는 최전단의 나라이었다.

전통적으로, 산업계에서 영국 시스템은 고용의 최소한의 조건의 근거로서 입법 보다는 집단적인 협상에 의존하였다. 그래서 많은 유럽 입법 시스템과 대조적으로, 최소 임금과 근로시간을 규율하는 일반적으로 적용할 수 있는 입법이 없었다. 1970년대에 몇몇 개인적인 고용에 관한 권리가 마침내 입법되었으나, 이러한 개인적인 권리의 대부분은 그 범위에 있어 부분적이어서 '근로자'가 되는 기준을 충족시키는 노동에 종속되는 그 범주로 제한되었다. 많은 임시 근로자는, 일정한 기간을 넘어 고용관계가 유지되기 위하여서는 상호

의무가 요구되는 것으로 해석되어 왔던 개념인, 필요한 '상호의무'의 결여 때문에 이러한 권리로부터 배제되다.

영국법은 기업에 의하여 직접적으로 고용된 파견근로자와 소개소를 통하여 고용된 파견 근로자를 구별한다. 회사에 의하여 직접 고용된 파견 근로자는 고용 기간에 따라 고용 보호에 접근할 수 있다. 그러나 파견 근로자가 소개소를 위하여 일하고 삼면 관계의 일부로 제공되어졌다면, 그 때 중요한 것은 그 계약에서의 고용의 분류이다.

영국에서 파견 근로자를 공급하는 유일한 제한은 사용자와 산업적 분쟁에 휘말려 있는 근로자를 직접 대체하기 위하여 발생할 때 이다.

사용자의 직접적인 의무에 관계되는 한, 사용자에게 의무를 확대하는 약간의 고립적인 규정이 있다. 성적 차별, 인종적 차별 입법은 구체적으로 계약 근로자에 적용되고, 성적인 근거로 차별하는 그 상황에서의 사용자는 고용주와 같은 방법으로 책임이 있다. 영국에서 건강과 안전 입법이 틀을 잡는 방식은 사용자는 실제로 회사 구내에서의 건강과 안전 규정에 관한 어떤 종류의 사고나 위반에 대하여도 책임이 있다는 것을 의미한다. 그것을 넘어서, 보호적인 입법은 오로지 근로자에게만 적용된다.

(2) 스페인

1993년 후반까지, 스페인은 노동시장에서 일체의 주선을 금지한 몇 나라의 하나이었다. 이 금지는 거의 절대적인 것이었다. 파견근로 소개소의 활동은 노동력의 인신매매를 형성한다고 간주되어, 불법적이라고 취급되었다. 이러한 상황은 1993년 후반부터 1994년 중반까지 사이의 기간 동안에 변화되었다. 이러한 변화에는 여러 가지 이유가 있다: 극심한 경제 불황, 높은 실업률, 노동의 수요와 공급을 관리하려는 시도에서 공공고용부문의 상대적으로 저조한 실적, 제조 공정과 근로를 조직하는 방법에서의 급속한 변화, 새로운 제조 활동의 등장, 새로운 직업과 새로운 기술, 다양한 노동 수요의 압력과 최종적으로 일자리를 만들어내는 경제력을 증가시키는 것을 목적으로 하는 노동입법의 광범위한 개혁의 일반적인 맥락의 도입.

1993년 겨울에, 경제 불황과 상당한 일자리 상실로 말미암은 심각한 상황에 대응하기 위한 시도로, 스페인 정부는 고용을 촉진시키는 비상조치를 담고 있는 칙령 제18/93호를 도입하였다. 이 새로운 규정은 비영리 직업소개소에 대한 금지를 없앴을 뿐 아니라 다른 회사에 일시적으로 양도하는 것에 의하여 근로자를 고용하는 것을 합법화하였다. 이는 파견근로 회사에 관한 1994. 6. 1.의 법률 제14/94로 이어졌다. 그 다음 해에 스페인 정부는 직업소개소와 고용에 대한 통합 서비스 뿐 아니라 파견근로 회사를 다루는 규정을 도입하였다.

스페인은 또한 민간 직업소개소에 관한 1997년의 제181호 ILO Convention을 비준하였다.

법률 제14/94호는 TWAs를 그의 영업이 사용자 회사에 대하여 일시적인 기초 위에서 그 회사에 의하여 고용된 근로자를 이용 가능하도록 하는 것으로 이루어져 있는 회사로서 정의한다.

그러므로 다른 기업에 일시적으로 양도하는 것을 목적으로 한 근로자를 고용하는 것은 스페인에서 합법적인 활동으로 받아들여져 왔다.

그러나 오로지 인가된 파견근로 소개소만이 다른 기업에 일시 그들을 양도하기 위하여 근로자를 고용할 수 있다. TWA의 범위를 넘어 근로를 양도하는 어떤 조치도 여전히 그에 따른 책임이 뒤따르는 노동에 관한 불법적인 인신매매로 간주된다.

TWAs는 직업소개소 계약에서 진정한 고용주인데, 그의 목적은 빈자리를 채우려는 고용주에게 근로자를 단지 연결시키려는 것이고, 그것이 정상적인 상황에서는 그들의 유일한 업무이다.

진정한 고용주로서, TWAs는 근로자들의 노동력을 조직화하고 관리할 책임이 있고, 상업적 협의의 목표로서 그들 자신이 일정한 근로와 서비스를 만들 의무를 상정하지는 않는다.

TWA의 합법적 범위를 밖으로 일시적으로 근로자를 양도하는 것은 노동에 관한 불법적인 인신매매의 경우로 간주되고, 그와 같은 위반을 저지른 고용주에게 무거운 책임이 수반된다. '사회 질서 법에서 위반과 제재'[*Ley sobre infracciones y sanciones en el orden social*]는 근로자에 대한 불법적인 양도에 연루된 행동에 대하여 가혹한 경제적 제재를 부과한다. 형사적 측면이 관계되는 한, 스페인 형법은 근로자들을 불법적으로 거래한 집단에 대하여 징역 2년에서 5년과 6-12 개월 벌금[67]의 형벌을 설정하고 있다. 나아가, 관계된 근로자는 자신의 선택에 따라 그들을 양도한 기업 또는 그들이 양도된 기업의 영구 근로자가 될 권리가 법적으로 부여되어 있고, 그들의 새로운 근로조건은 그 기업에서 같은 또는 유사한 지위에서의 근로조건과 동일하여야만 한다. 스페인 법원의 판결에 의하면, 이러한 권리는 계약이 효력이 있는 동안 또는 양도의 상황이 계속되는 동안 존재한다. 그와 같은 가능성을 고려할 때, 계약을 체결하는 기업은 파견 근로자를 제공하는 기업이 정상적인 법적 상황에 있어야 한다는 것, 즉 소개소 근로자들이 사실상 사용자의 근로자로 간주되는 상황을 피하기 위하여 적절한 공식적인 허가를 얻는 것에 주의를 기울여만 하고 확실하게 하는 것은 분명히 중요하다. 한편, 이것은 TWAs가 관여할 수 있는 유일한 활동이고, 노동시장에서 다른 형태에는 관여할 것이 허가되어 있지 아니하다.

TWAs는 사전의 행정적인 인가를 얻었을 때만 활동할 것이 허락되어 있다. 행정적인 인가는 먼저 1년이 발부되고, 1년씩 2번 연장될 수 있다. 그 후 TWAs는 무기한 활동할 수 있는 인가가 발부받을 수 있다.

---

67) 스페인 형법은 벌금의 새로운 시스템을 도입하였다. 이 시스템 하에서, 일정한 경우 유죄 판결을 받은 자의 물질적, 재무적인 상황이 고려된다. 이 시스템은 2가지 방법에 기초하고 있다: 첫 번째 방법은 시간을 규정 한다 – 법은 최소한과 최대한의 시간제한을 규정하고, 판사는 이 제한 사이에서 주어진 사건에서 저질러진 범죄의 심각성에 기초하여 특정한 기간을 결정한다; 두 번째 방법은 판사가 각 사건에서 유죄 판결을 받은 자의 경제적 자산에 기초하여 결정해야 하는 한도를 정한다. 이것은 벌금의 최종 금액은 매일의 한도에 기초한다는 것을 의미하는데, 그것은 선험적으로 인식할 수 없다.

스페인에서, 파견근로 계약은 '임시고용' 계약, 즉 일정한 상황에서만 허용되고, 일정한 파견의 필요 즉 분명하게 제한된 시간 프레임이라는 사용자의 필요를 충족시키기 위한 것이다. TWA의 입법을 따라서, 이 계약은 '임시고용' 본질을 계속유지 하고, TWA는 이러한 형태의 계약만을 발효시킬 수 있다. 그래서 TWA는 심지어는 근로가 일시적이라도, 사용자 기업의 어떤 종류의 근로를 수행하기 위하여 근로자를 양도할 수 없다.

TWA와 사용자 기업 사이에서 사용자 기업에게 근로자를 일시적으로 양도하는 것으로 귀결될 수 있는 4가지 경우이다:

- 특정되지 않은, 그러나 모든 경우에 있어 한정된, 기간 동안 주어진 근로 또는 서비스를 수행하는 것
- 상황적 시장 수요, 밀린 일(잔무) 또는 초과 수요를 충족시키는 것
- 그들의 지위가 그들을 위하여 유보되어 있어야만 하는 사용자 회사의 근로자를 대체하는 것
- 영구히 직책을 맡아야 하는 사람을 선발하는 또는 승진시키는 절차 동안 정상적으로 맡게 될 영구적인 직책을 일시적으로 채우는 것

근로자들이 일시적으로 사용자 회사에 양도될 다른 상황은 없다. 게다가, 법은 명확하게 TWA 또는 사용자 회사가 4가지 특별한 경우에 어떤 계약을 체결하는 것을 금지한다:

- 파업 중인 사용자 회사의 근로자를 대체하는 것;
- 근로자의 건강 또는 안전에 관하여 특별히 위험하다고 될 것으로 규정에 의하여 선발될 그러한 활동 또는 근로를 수행하는 것;
- 이전에 영구적인 직원에 의하여 맡겨진 직책을 채우는 것, 그 직원은 사용자 회사에 의하여 더 이상 채워질 필요가 없다는 기초 위에서 이전의 12개월 동안 해고되었던 자이다.

• 만약에 계약이 근로자를 다른 파견근로 소개소에 양도하는 것에 관여된다면

TWA와 사용자 회사 사이의 어떤 계약도 서면으로 작성되어야 한다. TWA와 사용자 회사 사이의 계약으로 근로하는 근로자의 근로를 관리하고 통제하는 권능은 근로자들이 사용자 회사에서 근로하는 동안은 후자에 의하여 집행된다.

TWA는 제재를 부여하는 권한을 갖고 있고, 그러므로 사용자 회사는 사용자 회사가 계약 위반을 구성한다고 여기는 근로자 측의 어떤 행동 징후라도 TWA에게 보고하여야만 한다.

사용자 회사와의 계약 하에서 근로하는 TWA의 근로자들은 근로 조건에 관하여 제기하고자 하는 어떤 이의의 경우에도, 그들이 거기에서 일하고 있는 동안은 그 사용자 회사의 근로자들의 대표에 의하여 대표된다.

결과적으로, TWA와 사용자 회사 사이의 계약으로 고용된 근로자들은 그들의 근로를 수행하는 근로조건에 관하여 근로자들의 대표를 통하여 사용자 회사에 대하여 이의를 제기할 수 있다.

그러나 이 대표자들은 파견근로 회사에 대하여 제기하는 어떤 이의에 있어서도 근로자를 대표하지 아니 한다.

최종적으로, 사용자 회사는 파견근로 회사와 사용자 회사 사이에 체결된 모든 계약과 그 체결 이유에 관하여, 그 계약이 효력을 발생하기 전 10일 내에 근로자들 대표에게 알려야만 한다.

4. 보험

1) 보험 등급과 준거법

대부분의 사람의 활동은 불확실성의 요소와 발생할 수도 있는 일체의 결과의 지배를 받는다. 이러한 결과들은 자연에 있어 매우 다양하고 무엇보다도 경제적 세계에서 그렇다.

옛날부터 사람은 다양한 방법으로 이러한 예기치 못한 그리고 우연한 사고로부터 자신을 보호하려 애써왔다. 사용하여 왔던 방법들 중의 하나가 보험계약을 통하여 손해와 손실로부터 자신을 보호하여 왔다. 이것들의 목적은 계약의 일방 당사자가 계약의 상대방을 위하여 우연한 또는 예측하지 못한 사건으로 인하여 발생한 일체의 부정적인 재무적 손해를 감소시키기 위한 것이다.

그러므로 계약 당사자가 노출하게 될 사건의 본질을 구분하는 것으로부터 보험의 여러 다른 존재형태가 생겼다는 것은 이해할만 하다. 이러한 보험의 종류의 분석은 2가지 주요 기준에 집중할 것이다.

(a) 손해를 감소키기 위한 수단에 관하여, 보험은 다음일 것이다:

1. 객관적 보상 보험: 이 형태의 보험은 대상의 실가에 기초한 미리 합의되었던 구체적인 평가금액에 기초하여 일체의 손해를 커버한다. 이 범주는 고정자산의 이해에 영향을 미치는 일체의 해로운 사건(화재, 운송, 절도 그리고 자동차 보험, 재보험 등)에 대한 모든 형태의 보험을 포함한다.
2. 주관적 보상 보험: 이 경우, 손해의 구체적인 평가를 제공하는 것은 불가능하기 때문에 가치는 재무적 위험을 커버하고자 하는 당사자에 의하여 주관적으로 미리 계산된다. 이 범주는 오로지 사망, 생존 그리고 그 혼합이라는 3가지 관점에서 사람의 일생에 관한 보험을 커버한다.

(b) 보험의 대상에 관하여, 다음을 구별할 수 있다:

1. 물건에 관한 보험. 이 형태의 보험에서 이익은 직접적으로 구체적이고 정해져 있는 물건에 대한 것이다. 이 범주는 도단, 가축에 관한, 화재 그리고 육상 운송에 관련된 이슈를 대비한 보험을 커버한다.
2. 고정자산에 관한 보험. 부보한 이익은 자산의 전체 또는 부보한 당사자의 일부분에 영향을 미친다(공공책임보험, 자동차 보험과 재보험).
3. 사람에 관한 보험. 이 형태의 보험은 사람에 의한 해로운 사건에서 기인하는 일체의 재무적 위험을 커버한다(생명보험, 질병과 재해보험).

2) 보험계약의 개념과 법적 성질

보험계약은 보험료를 수수하는 방법으로, 그 위험이 보험의 목적인 사건이 발생한 경우에 피보험자에게 야기된 손상에 대하여 합의된 한도로 보상해야 하거나 또는 자산의 수준, 소득 또는 기타 합의된 조항을 충족시켜야 하는 계약으로 정의힐 수 있다.

이 정의에 상응하여, 법이 요구하는 정책은 양자적 그리고 쌍무적인 계약의 존재가 의무적이기 때문에, 보험계약은 일정한 형식을 갖는 계약으로 나타날 것이다. 이 이유는 두 계약 당사자의 의무는 계약에 발생하는 것이기 때문이다. 이러한 계약적 성격은 양 당사자가 경제적 이익을 추구하기 때문에 부담스러운 성격이 있다; 먼저 이러한 계약은 우연성을 내포하는데, 이는 어떤 상황에서 보험자가 합의된 보상을 지급하여야 하는지 여부, 언제 지불해야하는지의 여부, 그리고 보상의 액수를 정하는 것이 인간의 계산 밖이기 때문이다. 또한, 만일 내용이 한 번의 단일한 보상으로 종료되지 아니하고 오히려 계속적인 보상 지급이 있으면 이는 상속의 성격을 띠게 되며; 일반적인 용어로 피보험자가 보험자에 의하여 미리 준비된 정책의 일반조건에 예속되는 경우 준수의 의무도 발생시키고; 보험자가 보험계약에 앞서 특정한 당사자에게 보험을 파는 것이 가능한 경우 이는 기업적인 또는 전문적인 성격을 띠기도 한다.

3) 보험계약의 요소

3.1 인적 요소

모든 보험 관계에서는 두 사람이 필요하다: 보험자와 보험계약자

(1) 보험자

보험료를 받는 대가로 일체의 손해에 대하여 보상할 의무가 있는 사람이다. 보험자는 필요적으로 보험을 파는 실체로 인가받아야만 하고, 예산경제부에 등록해야만 하며, 보험자가 될 수 있는 능력은 공공유한회사, 상호보험회사와 보험협동조합으로 제한되어 있다.

보험자는 그들의 활동을 수행하기 위하여 2개의 다른 법인체의 도움을 필요로 한다. 이들은 사적인 보험 중개자이고 2형태로 귀속될 수 있다: 대리계약에 의하여 보험자와 연결되어 대리권을 갖고 행동하는 보험대리인, 보험자와 아무런 연계 없이 중개활동을 수행하며 그들의 업무는 전적으로 자문인 보험중개인.

(2) 보험계약자

보험자와 계약을 체결하고 계약에 서명하는 사람으로 보험료를 지불한다. 일반적인 용어로, 보험계약자는 그 자신의 이름으로 계약을 체결하고 그래서 법적인 피보험자의 지위에 있다고 상정된다. 그러나 그는 또한 다른 사람을 위하여 보험을 계약할 수 있고, 그 경우 이 2 법적인 지위는 - 보험계약자와

피보험자 - 다른 실체를 구성한다. 이 경우 보험을 든 사람이 중요한 의미를 가지게 되는데, 그는 보험자에 대하여 직접적인 책임이 있는 사람이고 계약에 근거한 의무가 귀속되며 심지어는 보험료를 지불하여야 하는 사람이기 때문이다. 그러나 소송의 경우, 보상을 받는 사람은 피보험자가 될 것이다. 보험계약자는 피보험자의 지위가 없을 때에는 법적인 권리를 실행할 수 없다.

(3) 보험 수익자

이는 보험에 의하여 발생한 권리로부터 이익을 받는 자이다.

3.2 금전적 요소

두 가지 금전적 요소가 있다: 보험료와 보험이익

(1) 보험료

보험자에 의하여 상정된 위험에 대한 대가이다. 이는 보험의 필수적인 요소를 구성하고 당사자들이 보험료에 관한 합의에 도달하지 아니하면 계약이 존재할 수 없다.

보험료는 보험자에 의하여 독자적으로 결정되지 않는다. 그 계산은 설정된 준거규정에 의하여 공공당국에 의하여 통제된다.

보험법은 보험료에 관한 두가지 시스템을 인정하는데, 단일 보험료와 기간보험료이다. 첫 번째 시스템은 보험료 액수는 보험의 전체 지속기간동안 하나이고, 한번 지불된다. 두 번째에서는 정기적인 기간에 대하여 지불된다.

보험료는 미리 지불될 수 있고, 위험 보장이 끝나고 계약의 효력발생이 중단되었더라도 한 번 지불되면 보험자는 책임을 안게 될 수 있다는 의미에서 불가분이다.

(2) 보험 이익

이 경우 부보 되어 있는 것은 자산 그 자체가 아니라 오히려 피보험자가 자산에서 위험에 노출된 이익이다.

이익은 정당하여야 하는데, 만일 법, 윤리, 사회질서에 반하는 것이라면 부보 될 수 없다. 일체의 이익의 부재는 계약의 무효를 수반한다.

보험 이익은 경제적인 용어로 수량화될 수 있어야 하거나 적어도 귀납적으로 평가할 수 있는 가능성이 있어야 한다.

보험 이익의 가치와 보험료를 계산하기 위하여 사용될 수 있는 보험금액과 사이에는 혼동이 없을 것이다. 이는 또는 보험자에 의한 최대한의 지급의 한도(보상)을 나타낸다.

이는 다음을 구별할 때 우리에게 도움이 된다.

- 완전 보험 : 보험 이익의 가치가 이전에 합의된 보험금액과 일치할 때
- 초과 보험 : 보험금액이 보험 이익보다 클 때
- 미달 보험 : 보험금액이 보험이익보다 작을 때

실무에서 완전 보험의 경우는 생명보험을 제외하고는 희귀한데, 이익이 달려 있는 자산의 가치가 일반적으로 시간에 따라 변하기 때문이다. 그러므로 최종적인 가치는 보험금액보다 적을 것이다.

실무에서 가장 많이 발생하는 것은 미달 보험이다. 이는 보험계약자가 적은 보험료를 지불하기를 원하기 때문이다. 그러나 이는 보험자가 보험금청구 시에 유효 손해를 보상하지 않는 위험을 무릅쓰는 것과 연관되어 있다.

최종적으로, 이중 보험, 다중 보험과 상호부조에 대하여 간단히 논의한다.

이중 보험은 보험계약자가 여러 보험자와 같은 이익을 부보 하는 다른 계약을 체결하는 상황에서 존재한다. 이 경우 보험계약자는 체결한 다른 계약의 각 보험자에게 통지하여야 한다. 이 의무를 충족시키지 못하면 제재가 주어지고 보험자는 보험금 청구 시에 더 이상 보상을 지불할 의무가 없다.

다중 보험은 보험계약자가 여러 보험자와 각 보험증권이 사고에 의하여 발

생한 손해를 부분적으로 커버하는 보험증권들을 계약할 때 존재한다고 간주된다.

최종적으로, 상호 보험은 보험계약자가 다른 보험자와 하나 또는 여러 개의 계약으로 그들의 각자가 감당할 위험 참여에 관하여 기존에 합의에 도달한 계약을 체결할 때 존재한다고 간주된다.

3.3 공식적 요소

(1) 보험증권

대체로, 대부분의 입법은 계약은 서면으로 작성될 것을 설정하나, 유효하기 위하여 오로지 서면으로 작성되어야 할 것을 요구하지는 않는다. 이러한 상황은 보험증권은 계약의 존재 보다는 단지 증거로서의 기능을 충족시키는 것에 의하여 지위가 유지될 수 있다는 것을 보장한다. 그럼에도 불구하고, 보험증권이 서명되지 않는 한 계약은 효력이 발생하지 않는다. 보험계약은 본질에 있어 형식적이라고 결론지을 수 있는데, 보험증권이 작성되지 않는 한 보험계약은 실제로 그처럼 존재할 수 없고, 양 당사자에게 어떤 의무도 발생하지 않기 때문이다.

보험계약이 기재된 보험증권은 보험판매 활동을 개시하거나 새로운 분야로 확장하기 위하여 인가가 요구되는 경우를 제외하고는 공공당국에 의하여 사전 승인이 요구되지 않는다.

일반적인 실무는 각 개별적인 보험 상품에 독립된 별개의 보험증권이 발행된다. 그러나 어떤 분야에서는(예를 들어 운송), 보험자는 약정된 기간 동안 설정한 위험에 관한 한 보험계약자가 부보한 모든 이익을 커버한다. 이러한 종류의 보험증권은 지불보험증권 또는 부동보험증권으로 알려져 있다.

보험증권 자체와는 별개로, 이러한 형태의 보험은 다음의 어느 하나에 해당할 수 있는 보충적인 서류를 - 각 이해관계에 대하여 - 발행 한다: 지불선언, 통지, 또는 쿠폰, 보험증명서.

(2) 다른 서류들

보험증권에 덧붙여, 계약 기간 중 일정한 시간에 특별한 역할을 하는 다른 서류가 있다:

- *보험제안서*: 장래에 계약을 체결하는 당사자가 계약을 완성시키려는 그의 의향을 담은 서류. 오로지 보험자만이 이 서류를 발행할 수 있고, 계약에 대한 취소할 수 없는 청약으로 간주되어 보험자는 15일간 이에 구속된다. 그래서 상대방이 일단 이 서류에 서명하면, 계약이 완성되었다고 말해질 수 있다. 이로부터 보험회사는 단독보험을 적용하는 것을 더 선호하는 것이 뒤따른다;
- *임시 부보 노트*: 보험증권을 발행하기 이전에 부보범위를 제공하는 서류;
- *부록 또는 보충*: 보험증권의 일정 조건을 수정한 서류; 그리고
- *보험 증명서*

3.4 우연한 요소 : 위험

피보험자가 지는 의무의 근거는 보험자에 의한 제공이다. 보험은 일방 당사자가 상대방(또는 그에 의하여 지명된 사람)에게 위험한 사건의 결과에 대하여 보상하는 것으로 규정된다. 이로부터 위험 즉, 일정한 상황이 발생할 가능성은 계약적 원인의 추정을 구성하고 계약의 필수적인 요소라는 것이 뒤따른다. 위험한 사건의 발생 가능성의 부재는, 보상할 손해가 없을 것이고 계약은 원인이 없게 될 것이다. 게다가, 위험은 각 계약에서 개별적으로 구체화되는 것이 필요한데, 일체의 위험을 고려하는 보험은 무효이기 때문이다.

더 나아가 부보되는 위험의 본질은, 그 특별한 상황 때문에 원인으로서 위험의 보편성을 갖고 있는 해사보험을 제외하고는, 보험증권에 기록될 것이 요구된다. 원인과 관련하여, 사건들은 자연적인 사실(예를 들어, 사망, 질병), 자발적인 인간 행동(예를 들어 도난, 전쟁), 비자발적인 인간 행동들(사고),

물리적인 인간 행동들(살인) 또는 법적인 인간 행동들(채무인수)로부터 발생할 수 있다.

모든 경우에, 위험은 실재해야 하고, 계약이 체결된 그 때부터 기간 내내 유효하게 존재해야 한다.

계약은 하나의 또는 여러 개의 위험을 커버할 수 있으나, 커버할 수 없는 위험들이 있다. 이것들은 불법적인 위험인데 이는 법 또는 윤리에 반하거나 보험계약자 자신에 의하여 저질러진 것(법적인 보험불가능체)이기 때문이다. 그러나 법적인 보험불가능체는 또한 본질에 있어 기술적인 것일 수 있는데, 예를 들어 그 중요성이나 예외적인 본질 때문에 수량화하기 어려운 일정한 경우이다(전쟁, 혁명, 화산, 지진 등의 위험).

모든 형태의 보험에서 위험이라는 요소가 갖고 있는 중요성을 고려할 때, 입법자는 보험계약자에게 보험자와의 협력의 의무를 부여한다. 이것은 보험계약자가 알고 있는 위험 요소에 영향을 미칠 수 있는 모든 것은 고지되고, 모든 고지는 정확하여야만 하는 방식으로 위험이 판정 되도록 한다. 계약 당사자에 의한 이러한 요구들 중 첫 번째에 대한 일체의 이행의 실패는 그들을 유보의 지위에 있게 할 것이다; 두 번째에 대한 일체의 이행의 실패는 그들을 부정확의 지위에 있게 할 것이다. 양쪽 모두 결과는 같을 것인데, 즉 보험자에 의한 계약의 취소 가능성이다.

그러나 유보 또는 부정확이 관여되는 모든 경우가 계약의 취소로 이어지는 것은 아니다. 이것이 발생하기 위하여서는, 유보 또는 부정확이 위험을 평가할 수 있는 능력과 관련될 수 있는 상황과 연관되어야 한다. 그러므로 이미 보험자에게 알려진 상황과 관계되어 있는 유보 또는 거짓의 경우는 고려될 수 없는데, 이 경우에는 위험이 적당하게 평가될 수 있기 때문이다. 이 의무의 위반을 정하는 것은 고려해 달라고 법원에 제출하는 사실의 문제와 연결되어 있다.

4) 계약의 내용

4.1 보험계약자의 의무

(1) 위험을 고지할 의무

계약을 체결하기에 앞서, 보험계약자는 보험자에 의한 위험의 평가와 차후의 악화와 관련되어 있을 수 있는 알려진 상황을 모두 고지할 의무를 갖고 있다. 신의성실의 최대한이 보험계약의 성격이라는 것을 고려할 때, 보험계약자는 피보험자의 상황에 대하여 어떤 누락이나 유보 없이 정확하고 엄밀한 정보를 제공할 의무가 있다.

유보나 부정확의 경우, 보험자는 이 사실을 알게 될 1달의 기간을 가질 것인데, 이 기간에 계약을 취소할 수 있다. 보험자는 그들 자신이 중대한 실수를 저지르지 않는 한 보험료를 보유할 것이다.

(2) 위험의 악화의 보고

피보험자 또는 보험계약자는 가능한 한 빨리, 위험성을 악화시키거나, 보험자에게 알려졌다면 피보험자에게 보다 더 부담스러운 상황으로 계약이 체결될 수 있는 본질의 모든 상황을 보고할 의무가 있다.

피보험자 또는 보험계약자는 위험을 감소시킨 상황에서 위와 똑같은 권리를 보유한다. 그와 같은 상황에서 보험자는 추후 기간에 대한 보험료를 줄여야 한다. 그렇지 아니하면 보험계약자는 계약을 종료시키고 보험료의 차액의 요구할 수 있다.

(3) 보험료의 지불

반대의 약정이 없는 한, 단일 또는 첫 회분 보험료는 계약이 체결된 순간부터 보험자의 주소지에서 어느 때라도 요구될 수 있다. 이 경우 선불과 이미 개시된 기간 전체에 대하여 보험료를 분할하지 못하는 원칙이 만연해있다.

보험료를 지불하지 아니하는 경우, 보험자는 보험증권에 기초하여, 계약을 해지하는 것 또는 법적 절차를 통하여 지불을 요구하는 것을 선택할 수 있다. 반대의 약정이 없는 한, 보험증권을 통한 커버는 중단된다. 만일 보험자가 법적으로 설정된 일정한 기간에 지불을 요구하지 아니하면, 계약은 대상 기간이 경과된 후에 자동적으로 만료된다.

계약이 해지되거나 만료되지 아니하면, 보험료를 지불한 순간부터 24시간이 후에 커버가 재설정될 것이다.

(4) 청구의 경우 통지와 알릴 의무

청구를 보고하는 것 자체는 의무가 아니나, 보험증권 자체에 설정될 수 있음에 따라 피보험자 또는 보험계약자의 책무 또는 부담이 된다.

이를 준수함에 어떤 지체라도 피보험자의 권리의 만료나 손상을 가져오지는 않는다. 보험자는 여전히 계약에 의한 보상을 지불하여야 하고, 그것으로 인하여 발생하였을 수도 있는 손해에 대하여 청구할 권리를 갖는데, 독립된 별개의 절차로 구현되어야만 한다. 당연히, 이 권리는 어떤 방법을 통하여서라도 보험자가 청구에 대하여 직접적으로 알았을 때 소멸된다.

청구에 이르는 사건이 발생하였다면, 보험계약자 또는 피보험자는 보험자에게 그 사건의 상황이나 결과에 대하여 여러 가지 정보를 제공하여야만 할 것이다. 이 의무의 위반은 피보험자 측의 부실고지 또는 중대한 과실의 경우를 제외하고는 보상을 받을 권리를 무효화하지는 않는다.

(5) 청구 사건의 결과를 최소화할 의무

이 의무는 손해보험의 경우에만 적용된다. 이는 주로 청구에 이르는 사건의 결과를 최소화시키기 위하여 피보험자 또는 보험계약자의 영역 내에서 구조하거나 가능한 방법을 사용할 의무로 구성된다. 이 의무의 위반은 보험자로

하여금 손해의 범위와 피보험자 측의 과실의 정도에 따라 비율적으로 보상 지불을 감소시키는 것을 가능하게 한다.

비록 결과가 긍정적이지 않더라도, 구조비용은 부적절하거나 불균형하지 않는 한 보험자에 의하여 충족되어져야 한다. 그 비용은 계약에 의하여 설정된 한도까지 확장될 수 있고, 합의가 없는 경우 보험금액의 한도까지 실질적으로 초래된 비용이 된다.

4.2 보험자의 의무

보험자는 피보험자와 보험계약자에 관하여 다음의 의무가 있다:

- 위에서 언급한 대로, 보험증권의 보상지불에 관하여 문서를 작성하고, 보험증권 기록부에 그에 관한 기록을 할 의무.
- 계약 기간 동안 커버를 제공할 의무.
- 청구 사건이 발생하였을 때, 그 사건이 피보험자 측의 신의성실에 반하여 발생하지 아니한, 합의된 한도 내에서 보상을 지불할 의무.

5) 손해보험

5.1 개념과 조항들

이 범주에 해당하는 2형태의 계약이 있다.

- 물건 보험: 보험자가 보험료에 대한 대가로 보험계약자에 의하여 이전에 지정되었던 특정한 물건 또는 물건들에 대하여 불확실하거나 예상치 못한 사건에 의하여 발생한 손해를 보상하는 계약이다; 그리고
- 경제 보험: 계약에 의하여 설정된 재무거래의 결과로, 공공책임 또는 피보험자의 특별한 재산에 대한 예상치 못한 손해에 대하여 계약에서 설정해 둔 사실 또는 사실들에 의하여, 보험자가 보험료에 대한 대가로 피보험자가 제3자에게 야기한 손해를 보상하는 보험이다.

5.2 물건 보험

(1) 화재 보험

이 형태의 보험 하에서는, 보험자는 화재에 의하여 부보 한 물건에 발생한 손해를 보상할 의무가 있다.

예상치 못한 상황에 의하여 발생한 화재에 의하여 보험증권에 기술된 장소에서 계약에서 기술한 물건들에 발생한 모든 손해로 계약은 확대된다. 청구에 이르는 사건이 발생한 장소에 있던 상품이나 재화의 가액에 초래된 손해는 커버하지 아니하나, 화재를 진압하기 위한 노력의 결과 초래된 손해는 커버한다.

(2) 도난보험

이 형태의 보험은 제3자에 의한 불법적인 제거(도난 또는 강도)로부터 발생한 부보 한 물건에 대한 손해와 저질러진 불법행위의 결과 발생한 손해를 커버한다. 피보험자 측의 중대한 천려(淺慮)의 결과 초래되거나 또는 보험계약자의 가족 또는 동거인들에 의하여 저질러진 강도나 도난은 커버하지 아니한다.

(3) 운송보험

이 형태의 보험은 보험자가 운송중인 상품이 운송 중에 또는 그 결과로 입을 수 있는 물적 손해에 대하여 보상할 의무가 있다. 이동과 준비 단계 뿐 아니라 정기 기간 동안, 사용된 운송 도구들과 부보 한 다른 물건들을 포함한다.

보상이 지불될 때, 운송한 물건을 위한 구조비용과 상품을 재선적한 비용을 커버할 것이다.

보상은 상품을 배달한 운송회사에 지불한 비용과 보험계약자에 의하여 지불되었다면 보험비용을 포함하여 선적지에서의 상품의 가액을 커버할 것이다. 만일 운송된 상품이 팔렸다면, 보상은 도착지에서와 동일한 가액으로 계산될 것이다.

부록 1

의향서를 위한 제안 모델

부록 1
의향서를 위한 제안 모델

'AAA'와 'BBB'간의 의향서

기업들 'AAA'(이하 '고객 (CUSTOMER)'으로 지칭함)와 'BBB'(이하 '운영자 (OPERATOR)'로 지칭함) [이하 총괄적으로 '당사자들 '로 지칭함]는 최근 물류계약서 (이하 '계약서'로 지칭함)의 작성에 대한 대화를 나누었다. 본 문서는 당사자들이 도달한 합의의 기반을 확립하고, 최대한 짧은 기간 안에 계약서 작성에 관한 협상을 규제할 원칙들을 제시하기 위한 목적을 가진다. 이러한 원칙들은 다음과 같다:

1. 당사자들은 본 문서에서 고려된 조건과 내용을 통합하는, 장래 서명될 (즉, 계약서의 서명일에 서명될 것으로 예정된) 계약서에 대해 협상할 것이다. 운영자는 이 계약서를 통해 서비스들을 제공하거나 포함시킬 것이다.
2. 계약서의 최초 존속 기간은 서명일로부터 수 년 (또는 계약서에 규정된 기간)이 될 것이다. 당사자 일방은 계약서를 갱신하지 않기 위해 계약 종료일보다 수 개월 (또는 이미 결정되어 있는 기간)에 앞서, 서면으로 다른 당사자에게 통지함으로써, 계약 기간이 끝나기 전 (또는 계약 종료

일)에 계약서를 종료시킬 수 있다. 만약 당사자 일방이 합의된 기간 내에 이 권리를 행사한다면, 계약서는 추가로 수 년 (또는 이미 결정되어 있는 기간) 동안 자동 갱신될 것이다.

3. 본 의향서의 종료일까지 운영자에 의해 제공될 서비스들의 가격 목록이 부록 1에 첨부되어 있다.
4. 이 가격 목록을 기반으로 삼은 활동 예측이 부록 2에 첨부되어 있다.
5. 관세를 기반으로 삼은 운영이 부록 3에 첨부되어 있다.
6. 활동이나 사업 규모에 상당한 변동이 있을 경우에 가격 목록은 재검토될 것이다. 계약서는 당사자들의 합의에 의해 수용될 수 있는 것으로 여겨지는 변동의 한계뿐만 아니라, 재검토를 위한 조건들을 규정할 것이다.
7. 어떠한 경우에도 가격 목록은 인플레이션을 고려하기 위해 적어도 매년 한 번 재검토될 것이다.
8. 이전에 운영자에 의해 서면으로 합의되지 않거나 통지되지 않은 활동과 사업 규모의 변동으로 인해 서비스들이 수행될 수 없다면, 운영자는 고객에 대한 책임을 인수하지 않는다.
9. 고객에게 제공되는 서비스들을 위한 송장은 송장 일자로부터 일정한 기간 (또는 지불기간)까지 지불되어야 한다.

당사자들이 합의하여 본 문서에 포함된 원칙의 유효성은 협상에 따르며, 경우에 따라 계약서 작성에 따른다. 어떠한 경우에도 계약서의 조건들은 본 문서의 조건들과 일치해야 하며, 양 당사자들을 만족시켜야 한다. 각 당사자에게 속하는 권리와 의무는 계약서에 규정될 것이다.

'AAA'	'BBB'
....	....
Mr [ ]	Mr [ ]

부록 2

계약서의 제안 모델

부록 2

계약서의 제안 모델

'AAA'와 'BBB' 간의 물류 서비스 계약

00년 00월 00일 00에서

계약당사자

Ⅰ. 제1당사자 [ ], 보유하고 있는 국적 서류 번호 [ ], 주소 [ ]

Ⅱ. 제2당사자 [ ], 보유하고 있는 국적 서류 번호 [ ], 주소 [ ]

다음과 같이 행동한다.

제1당사자는 [ ]의 주소와 [ ]의 납세자 번호를 가지는 'AAA'의 명의를 사용하거나 'AAA'(이하 '고객'으로 지칭함)를 대리하여 활동한다. 그의 대리 행위는 [ ]일에 공증인 앞에서 작성된 증서 (공인기록 번호 [ ])에 따라 그의 권한에서 [ ]로 입증된다.

제2당사자는 [ ]의 주소와 [ ]의 납세자 번호를 가지는 'AAA'의 명의를 사용하거나 'AAA'(이하 '운영자'로 지칭함)를 대리하여 활동한다. 그의 대리 행위는 [ ]일에 공증인 앞에서 작성된 증서 (공인기록 번호 [ ])에 따라 그의 권한에서 [ ]로 입증된다.

이하의 내용을 보증한다.

Ⅰ.

운영자는 제 3자들에게 물류 서비스를 제공하는 운송 운영자로서, 관련 리소스를 가지고 상품들의 창고저장과 운송, 유통 활동을 추구한다.

Ⅱ.

고객은 효율적 물류 망을 필요로 하는 [ ]에 전념하는 회사이다.

Ⅲ.

고객은 운영자에 의해 제공되는 서비스들의 고용에 관심을 가지고 있으며, 따라서 두 당사자는 다음을 기반으로 운영자의 창고저장과 운송, 유통 서비스를 이행하기 위한 본 물류 서비스 계약을 체결하였다.

조항

제 1조 - 정의

1.1 자산: 본 계약서상의 서비스들을 제공하기 위해 운영자에 의해 서명되거나 체결되어야 할 계약들 (특히 금융리스 계약들)을 포함하여, 계약 종료시에 고객에게 양도되거나 이전되어야 하는 자산들을 의미한다.

1.2 운송장: 적어도 수신인 이름과 목적지, 인도지, 인도일, 그리고 탑재된 상품들이 기재되어 있는 운영자 발행의 운송 증서를 의미한다.

1.3 운영 년도: 첫 번째 운영 년도의 개시일은 플랫폼이 운영된 일자이며, 그 일자가 속한 역년의 말일에 끝난다. 후속적 운영 년도의 개시일은 그 직전 운영 연도의 종료일과 일치한다.

1.4 간접비용: 약속된 서비스들을 제공하면서 운영자에 의해 발생한 간접적 비용을 의미한다.

1.5 운영비용: 서비스들을 제공하면서 운영자에 의해 발생한 모든 형태의 비용을 의미하며, 여기서 간접비용과 관리보수는 제외된다.

1.6 관리계정: 운영 예산에 따라 각 운영 기간 동안 지출되었거나 지출이 예상되는 모든 비용과 지불금을 의미한다.

1.7 수수료: 고객이 운영자에게 지불하는 관리비이다.

1.8 패킷, 상자, 팰릿: 인도 장소까지 운송되기 위해 고객에 의해 운영자에게 일반적으로 전달되는 상품들의 단위를 의미한다.

1.9 영업 기간: 한 달의 기간, 또는 고객의 회계 일정에 따른 기간을 의미한다.

1.10 중앙 플랫폼: [ ]에 건설되어 운영자에 의해 관리되는, [ ] 소속의 물류 센터

1.11 플랫폼: 중앙 플랫폼을 의미한다.

1.12 공장과 장비: 3개월을 초과하는 기간 동안 계약에 따라 인수되거나 임대되거나 리스된 것들로서 경제적 특성을 가지는 자산들을 의미한다. 이러한 자산들의 인수나 계약은 고객에 의해 승인되었으며, 그러한 경우 당사자들은 효력 발생을 합의하였다.

1.13 운영 예산: 서비스들의 제공에 필요한 비용과 투자비, 투자 회수비 등에 대한 계획으로서, 플랫폼이 운영된 날부터 매년 작성되어야 한다.

1.14 초기 예산: 서비스들의 제공에 필요한 비용과 투자비, 투자 회수비 등에 대한 계획으로서, 플랫폼이 운영된 날부터 일정한 기간 동안 본 계약서에 서명한 당사자들에 의해 작성되어야 한다.

1.15 착수 예산: 초기 예산을 의미한다.

1.16 인도지: 운영자가 상품들을 운송하여 최종적으로 인도해야 하는 장소를 의미한다.

1.17 저장품: 중앙 플랫폼에 정당하게 저장된 상품들이나 물품들을 의미한다.

1.18 장부가액: 감가상각을 위한 공제 후 자산의 역사적 가치를 의미한다.

제 2조 – 본 계약서의 목적

2.1 본 계약서의 목적은 운영자가 제 4조에서 언급되는 상품들에 대한 제 6조에 정의된 서비스들을 제 3조에서 정의된 지리적 영역 내에서 고객

에게 제공하는 것이다. 위의 서비스들에 대한 대가로, 고객은 본 계약서의 제 7조에 규정된 요금과 수수료를 운영자에게 지불해야 한다.

제 3조 - 계약서의 범위

3.1 운영자는 아래에 기재된 서비스들을 [ ] 영역에서 수행한다.

3.2 아래에서 정의된 서비스들은 [ ]에 있는 중앙 플랫폼(이하 플랫폼으로 지칭됨)으로부터 인도지들까지 제공될 것이다. 계약서가 서명되면, 인도지들은 고객의 다양한 [ ]과 지역 플랫폼들을 구성한다.

3.3 표 번호 [ ]은 계약서의 범위 내에 포함되어야 할 센터들(이하 '인도지들'로 지칭함)의 공개 목록을 구성한다. 그 외에 표 번호 [ ]는 운영자 아래에서 정의된 상품들을 받는 플랫폼에 대한 설명이다. 위의 표들은 양 당사자들에 의해 서명된 문서들에서 확대될 수 있다.

제 4조 - 상품들

4.1 본 계약서에 속하는 상품들은 [ ] 상품들이다.

4.2 앞서 규정된 내용에도 불구하고, 당사자들은 그 외 다른 상품들을 정의할 수 있다.

4.3 운영자는 중량이나 크기, 그 외 다른 특성들에 대한 제한을 받지 않은 채, 본 계약서에 속하는 서비스들을 제공하기 위해, 앞선 조항에서 정의된 상품들을 저장, 취급, 운송, 전달해야 한다.

제 5조 - 효력 발생일과 기간

5.1 본 계약서는 서명일에 효력이 발생한다.

5.2 효력은 계획된 [ ]을 위해 플랫폼이 운영되는 날부터 [ ]년 동안 유지될 것이다. 플랫폼의 착수를 기록하기 위해, 양 당사자들은 본 계약서에서 표 번호 [ ]로 첨부된 문서에 서명해야 한다.

5.3 어느 당사자도 최초 [ ]년 기간의 종료에 앞서, 또는 이후 각 후속적 갱신 기간의 종료에 앞서, 적어도 [ ]개월 이내에 서면으로 다른 당사자에게 계약서 종료의 의도를 통지하지 않는다면, 본 계약서는 추가로 1년 동안 자동 갱신된 것으로 간주된다.

제 6조 - 운영자의 서비스들과 의무들

6.1 고객에 의해 제공될 것으로 예상되는 규모를 고려하여, 운영자는 상품들을 저장, 취급, 운송, 전달해야 한다.

6.2 운영자는 지정된 인도지들까지 전달될 상품들을 위해, 플랫폼에서 창고저장 서비스들을 제공해야 한다. 이러한 저장 서비스들은 다음을 포함한다.:

6.2.1 플랫폼에서 상품들의 접수와 하역

6.2.2 상품들의 접수시, 당사자들에 의해 합의된 절차에 따라 다음을 보장하기 위해, 운송인에게 상품들의 증명서가 전달되어야 한다.:

6.2.2.1 상품들이 전달되는 문서에 적힌 것과 일치한다는 내용

6.2.2.2 눈에 띄는 손상이 없다는 내용, 그리고 상품들이 이러한 손상을 확인하기 위한 추가적인 검사를 필요로 하지 않는다는 내용

6.2.3 운영자는 상품들의 식별과 분류, 계산을 포함하여, 상품들에 대한 정확한 조건과 수량의 관점에서 상품들의 전달을 감독해야 한다. 명백하게 빈약한 조건이나 눈에 쉽게 띄는 손상은 물류에서 거부될 것이며, 고객에게 즉시 통지될 것이다. 플랫폼에서 결함이 있는 상품들을 받을 때마다, 이와 동일한 절차가 수행되어야 한다.

6.2.4 운영자는 플랫폼에서 이용될 수 있는 물리적 변수들 내에서, 즉 최적의 공간에서 상품들을 저장하고 관리해야 한다.

6.2.5 운영자는 발송 및 운송을 위해 상품들을 패킷이나 케이스, 팰릿에 담아야 하며, 고객으로부터 받은 인도 명령에 따라 그러한 포장 상태로 상품들의 상태와 배치를 감독해야 한다.

6.3 운영자는 플랫폼에서 인도될 상품들을 위해 고객에게 물류 서비스를 제공해야 하며, 상품들을 인도지들로 운송해야 한다. 이러한 물류 서비스들은 다음을 포함한다.:

6.3.1 플랫폼으로부터, 고객에 의해 지시된 다양한 인도지들로 전달될 상품들에 대한 적재와 운송

6.3.2 고객에 의해 지시된 다양한 인도지들에서 상품들의 인도 및, 이러한 목적을 위한 각 인도지들의 부두 입구에서 상품들의 하역

6.3.3 관련 운송장의 서명에 따라, 목적지에서 전달된 상품들에 대한 관리

6.3.4 목적지에서 전달된 결함 있는 상품들에 대한 클레임을 위한 정식절차의 수행

6.4 서비스들을 제공할 때, 운영자는 그러한 서비스들의 -특히 상품들의 운송 및 저장 - 제공에 영향을 미칠 수 있는 모든 법률을 준수해야 한다. 운영자의 요청시, 고객은 그러한 법률의 준수에 필요한 모든 문서들을 제공해야 한다.

6.5 특히 운영자는 상품들이 고객의 소유라는 사실을 인정해야 하며, 본 계약서상의 일부 권리를 행사할 수도 있는 가설적 상황에서 감독기관이나 제 3자들에게 이러한 사실을 말해야 한다.

6.6 위에서 열거된 서비스들을 제공하기 위해, 운영자는 고객의 사전 승인을 받은 후, 전문적 근로자들을 고용해야 한다. 시장 조건에 따라 변동되는 고객 요구에 대한 수용과 정규직 창출 정책 간의 균형을 확립하기 위해, 운영자는 고객이 적절한 사회적 틀을 만들어내는데 기여할 수 있는 인원을 선택해야 한다. 이러한 목적을 위해, 운영자는 고객의 승인을 받은 후, 모든 사회적 부문들에게 -특히 실업자나 장애인, 여성, 청년층을 우선시하는 부문들- 기회를 제공할 수 있는 안정적 일자리의 창출을 추구해야 한다.

제 7조 - 재정 조건들

7.1 비용

7.1.1 고객은 제 6조에 규정된 서비스들의 제공에서 운영자에게 발생하거나 발생할 수 있는 모든 비용들을 -고객에 의해 승인되었지만 예산으로부터 배제된 비용들과 보험 비용을 포함한다- 운영자에게 보상해야 한다. 그러한 비용은 본 조항에 규정된 조건에 따라 보상되어야 한다.

7.2 예산

7.2.1 운영자는 물류 서비스들의 제공을 위해, 제 5조에 따라 본 계약서의 효력 발생일 부터 플랫폼의 운영 기간까지 소요될 착수 예산(이하 '초기 예산'으로 지칭함)과 플랫폼이 운영되는 순간부터 1년 동안 소요될 연간 운영 예산(이하 '운영 예산'으로 지칭함)의 세부 사항들을, 고객과 함께 작성해야 한다.

7.2.2 운영자의 예산은 본 조의 7.2.5항에 따라 고객에 의해 승인되고 통지된 수량과 일치하도록 작성되어야 한다. 오직 단 하나의 연간 운영 예산만이 작성될 것이다. 연간 운영 예산은 양 당사자들에 의해 승인되어야 한다.

7.2.3 매년 운영자는 고객의 승인을 받기 위해 다음해의 운영 예산을, 그 운영 년도의 시작에 앞서 2개월 전에 고객에게 제출해야 한다. 첫 번째 운영 년도의 개시일은 제 5조에 따라 고정되어야 한다. 후속적 운영 년도의 개시일은 그 직전 운영 년도의 종료일과 일치한다. 다음해 운영 예산이 제출된 일자가 속한 그 달에 운영 예산이 합의될 수 있도록, 당사자들은 선의의 모든 노력을 기울여야 한다.

7.2.4 운영 예산은 각 영업 기간 동안 운영자의 송장 작성을 위한 기반을 제공하는 동시에, 운영자에 의한 서비스들의 제공에서 예상되는 모든 비용들과 관리를 위한 보수를 상세히 기재해야 한다. 이러한 목적을 위해 고객은 운영 년도 개시일에 앞서 3개월 전에, 예산의 작성에 필요한 모든 정보 및 세부사항들을 제공해야 한다.

7.2.5 당사자들이 운영 예산에 대한 합의에 도달하지 못한다면, 그들이 합의에 도달하거나 이러한 문제가 제 20조에 따라 해결될 때까지 기존에 적용되는 운영 예산이 계속 효력을 발휘할 것이다.

7.2.6 당사자들은 착수 예산에 대한 합의를 유지하기 위해 모든 노력을 기울여야 한다. 어떠한 상황에서도 고객은 본 계약서 목적의 착수에 의해 운영자에게 발생하는 손해를 인수해야 한다.

7.3 회계와 송장

7.3.1 운영자는 고객의 회계 일정에 따라 매달 영업 기간 동안 관리 회계를 작성해야 한다.

7.3.2 각 영업 기간의 개시 전에 운영자는 그 기간 동안의 예정된 비용을 고객에게 청구해야 한다. 지불금은 본 조에 규정된 대로 제공되어야 한다.

7.3.3 운영자는 매 영업 기간이 끝난 후 [ ]일 이내에 다음을 고객에게 제공해야 한다.

7.3.3.1 관리 회계장부

7.3.3.2 제출된 관리 회계와 예산 간의 차이를 분석하고 설명하는 보고서

7.3.3.3 운영자에 의해 계획된 비용과 실제로 소요된 비용 간의 차이에 대한 송장이나 신용장. 이러한 신용장은 그 다음 영업 기간을 위해 제출되는 총 송장으로부터 제외되어야 한다.

7.4 관리 보수

7.4.1 관리 보수는 -이른바 수수료- 본 계약서에 규정된 서비스들을 제공한 대가로 운영자에게 제공되는 금액이다.

7.4.2 이러한 보수는 제공된 모든 서비스들의 [ ]%로 계산된다. 단, [ ]%의 수치가 적용되는 운송은 제외된다. 이러한 내용에도 불구하고, 관리 보수는 제 5조를 참고하여 첫 번째 운영 년도에 최소 [ ]유로를 구성한다.

7.4.3 관리 보수는 위 7.4.2항의 이행으로부터 발생하는 총액의 상하 [ ]%까지 변동할 수 있다. 그러한 변동은 비용 통제를 위한 50%의 기준과, 합의된 서비스 레벨의 달성을 위한 50%의 기준에 따라 결정된다.

7.5 장기적 의무들

7.5.1 운영자는 고객의 사전 동의 없이 [ ]유로를 초과하는 경비를 포함한 장기 계약이나 자본 투자를 수행하지 못한다.

7.5.2 당사자들 간의 사전 합의에 따라, 운영자는 본 계약서에 규정된 서비스들의 제공에서 필수적으로 요구되지만, 예산에 포함되어 있지 않은 비용을 인수해야 한다. 이러한 내용에도 불구하고, 고객은 언제라도 운영자에게, 그러한 비용의 인수를 자제할 것을 요청할 수 있다. 그러한 경우 운영자는, 비용을 인수하지 못함으로써 일어나는 서비스들에 대한 불리한 결과를 고객에게 보고해야 한다. 어떠한 상황에서도 운영자는 이와 관련된 모든 책임으로부터 면제된다.

7.5.3 고객은 서비스들의 제공에서 자신의 요청으로 인해 운영자에게 발생하는 모든 비용을 보상해야 한다.

7.5.4 그 외에도, 고객은 이전에 자신에 의해 받아들여진 근로자 해고에 대해, 운영자에게 보상해야 한다.

7.6 지불

7.6.1 본 조에 따라 발행된 송장은 송장에서 언급된 각 영업 기간의 개시 후 [ ]일 이내에 지불되어야 한다. 나머지 송장은 송장 제시 후 [ ]일 이내에 고객에 의해 지불되어야 한다. 모든 송장은 어떠한 공제나 보상 없이 고객에 의해 지불되어야 한다.

7.6.2 본 계약서에서 언급되거나 지불되어야 하는 총액은 VAT를 포함하지 않는 것으로 간주된다. VAT는 본 계약서에 규정된 금액에 적용되는 비율로 계산되어야 한다.

7.6.3 미지불되거나 만기가 된 총액은 [ ]% + 3%의 이자율로 이자가 생긴다.

7.7 특별 계정

7.7.1 운영자는 본 계약서에 따라 서비스들을 제공하기 위한 모든 활동들과 운영들을 위한 특별 계정을 유지해야 한다.

7.8 미지불로 인한 서비스의 중단

7.8.1 지불 금액에 대한 미지불은, 운영자가 고객에게 클레임을 제기할 수 있음을 의미한다. 그러한 클레임이 제기된 후 7일 후에, 운영자는 본 계약서상의 권리를 방어하기 위한 다른 법적 조치들을 침해하지 않은 채, 청구된 금액이 완전히 지불될 때까지 전체 서비스들이나 일부 서비스들을 중단할 수 있다.

7.8.2 전체 서비스들이나 일부 서비스들이 중단된 동안, 고객은 운영비용과 관리 수수료의 지불에 대한 책임을 계속 부담한다.

제 8조 – 당사자들의 책임

8.1 본 계약서의 조건들을 균형적이면서도 효과적으로 이행하기 위해, 당사자들은 계약서상에서 요구되는 상당한 주의를 가지고 밀접한 협력을 추구해야 한다.

8.2 운영자는 자신의 근로자들이나 하청업자들, 대리인들의 태만으로 인한 저장품이나 상품의 손상과 분실에 대해 책임을 부담한다. 그렇지만 고객은 본 합의서의 이행에 앞서 존재하는 경험과 고객 자신의 사전 경험을 기반으로, 각 연간 예산에 규정되어 있는, 저장품이나 상품에 대한 일정한 레벨의 손상이나 분실을 받아들이고 상정해야 한다.

8.3 어떠한 상황에서도 운영자는 다음 상황들로부터 발생하는 서비스들에 대한 불이행이나 부적절한 이행, 그 외 다른 것에 대해 책임을 부담하지 않는다.

8.3.1 운영자가 적절한 절차를 준수하는 한, 상품 인도지들까지 운영자의 접근이 제한되거나 제약을 받는 경우

8.3.2 물류를 위한 상품 집하가 제한되거나 제약을 받는 경우, 또는 운영자의 귀책사유에 의하지 않고서 상품의 재고부족이(flaw in availability) 발생한 경우

8.3.3 운영자가 고객의 지시로 채택된 절차나 작업 리소스, 인원을 기능적이거나 조직적으로 변경하는 경우(그러한 변경이 운영자의 서비스 제공에 위험을 일으킬 수 있다는 사실을 알고 있더라도 마찬가지이다)

8.3.4 제 10조에 규정된 조건들에서 불가항력이나 천재지변

8.3.5 4시간의 영업시간을 초과할 때까지 고객의 컴퓨터 시스템이 고장나거나 오작동을 일으키는 경우

8.3.6 예상치 못한 요건들을 충족시키기 위해 고객에 의해 요청되는 서비스들과 리소스들의 적용이 변경된 경우

8.3.7 서비스가 운영자에 의해 정확히 제공되었더라도, 수령인에 의한 수령 거부나 중단으로 인해 인도가 지연되는 경우

8.3.8 고객에 의해 새로운 목적지가 부여되었지만 운영자에게 미리 합리적으로 통지되지 않은 경우

8.3.9 예산의 작성 기반으로 사용되거나 가정되었던 운송 조건들이 -예를 들어 수량이나 규모, 일정표- 상당히 다른 경우

8.3.10 수출항이나 수입항이 제 3조에서 언급된 지리적 영역에 없는 경우

8.3.11 결함이 있는 포장으로 인한 상품의 손상이 운영자의 귀책사유로 일어나지 않은 경우

8.3.12 운영자에게 제공된 고객의 정보나 지시에 오류가 있거나 누락이 있는 경우

8.4 운영자는 다음에 대해 책임을 부담하지 않는다.:

8.4.1 상품이 운송을 위해 운영자에게 전달될 때, 판매를 위한 완벽한 조건에 있지 않고 손상이나 손실이 있는 경우

8.4.2 상품이 인도지에서 인도된 후 24시간 이내에 서면으로 운영자에게 어떠한 클레임도 통지되지 않은 경우. 양 당사자들은 수령인에게, 운송장에 기재된 적절한 지시에 따라 인도시에 상품의 손실이나 분실을 통지하도록 요구해야 한다.

8.4.3 수령인의 내용물이나 포장, 봉인된 용기가 개봉되지 않는 것이 운영자의 저장이나 운송 서비스로 인한 것이 아닌 경우

8.4.4 운영자의 태만에 의하지 않은 채 상품의 저하나 퇴화로부터 손실이 발생하는 경우

8.4.5 부적절하거나 불충분한 포장으로 인해 저장품이나 상품이 손실되거나 분실되고, 그러한 손실이나 분실이 운영자의 상당한 주의로도 회피될 수 없었던 경우

8.4.6 운영자에게 잘못 전달된 인도 명령이나 취소로 인해 인도지에서 상품이 공급된 경우

8.4.7 수령시에 명백히 손실되지 않았던 팔레트(pallet)를 열었을 때, 그 안에 있던 상품이 손실된 경우

8.5 본 조의 제 2항 (8.2)에 따라 고객은 저장과 운송을 위한 최고의 관리조건에서 저장품이나 상품에 대한 일정한 레벨의 손실과 분실을 받아들인다. 따라서 운영자는 그처럼 허용된 레벨의 손실과 분실을 초과하는 가치에 대해서만 책임을 부담한다.

8.6 저장품이나 상품의 손실과 분실에 대한 운영자의 책임은, 그러한 상품을 보관하는 순간부터 인도지들에서 인도될 때까지 확장된다.

8.7 저장품이나 상품의 손실과 분실에 대한 금전적 가치는 다음과 같다.:

8.7.1 분실의 경우에는, 대체비용이 금전적 가치가 된다.

8.7.2 손실의 경우에는, 고객에 대한 대체비용이나 수리비용이 금전적 가

치가 된다. 만약 수리비용이 더 적다면, 복구되거나 사용될 수 있는 일부분을 공제한 가치가 금전적 가치가 된다.

8.8 고객은 운영자에게 다음을 보장한다.:

8.8.1 운영자에게 전달된 상품이, 본 계약서상의 서비스들을 제공하기 위해 운영자에 의해 이루어지는 저장과 취급에 적당하다는 사실

8.8.2 전달된 상품이 불법적이지 않고 위험하지 않으며, 유해하지 않다는 사실

8.8.3 고객은 상품의 저장 절차와 저장 종료일에 대한 세부사항들을 제공해야 한다. 본 조항의 조건에 따라, 고객은 이러한 보장의 위반으로 인해 발생하는 모든 책임과, 운영자에 의해 운송된 상품들의 손실이나 분실로 인해 운영자에게 제기되는 모든 클레임으로부터 운영자를 면책시켜야 한다.

8.9 운영자가 보관을 위해 인도된 상품의 일부나 인도 내용에 동의하지 않는다면, 그 부분을 분리시켜 인도를 연기할 수 있으며, 고객과 운영자는 그 부분에 대한 공동 조사를 수행해야 한다.

8.10 일반적으로 각 년도가 끝난 후 [ ]개월 이내에, 운영자는 상품에 대해 허용된 레벨의 손실과 분실을 초과하는 정도까지 고객에게 보상해야 한다. 이러한 내용에도 불구하고, 운영자는 각 연간 예산의 고정액과 비교하여 명백하게 상당한 것으로 증명된 손실과 분실을 보상해야 하며, 그러한 보상은 손실과 분실이 알려진 순간부터 [ ]개

월 이내에 이루어져야 한다.

8.11 1년 단위로 운영자는 손실이 증가된 상품에 대해 보상할 수 있다. 그렇지만 이익이 손실을 초과하여 장래 손실에 대한 보상 가능성을 침해하지 않는다면, 보상은 이루어지지 않는다.

8.12 간접손해: 당사자의 불이행이나 태만 또는 그의 근로자들이나 대리인들의 불이행이나 태만으로 일어난 사망이나 부상을 제외하고, 어느 당사자도 이익의 상실이나 간접손해에 대해 다른 당사자에게 책임을 부담하지 않는다.

8.13 책임의 한계: 본 조에 규정된 내용에도 불구하고, 운영자가 본 계약서상에서 요구되는 보험에 가입하고 있다면, 어떠한 상황에서도 연대보험의 적용 범위를 넘어서는 모든 손실이나 간접손해, 원인, 소스에 대해서는 책임을 부담하지 않는다.

제 9조 – 보험

9.1 운영자는 본 계약서상의 기간 동안 아래에서 지시된 보험들을, 고객에 의해 받아들여진 국내외 선도적 보험회사와 계약하고 유지해야 한다. 이와 유사하게 다음 보험의 계약과 관련된 모든 보험증권과 보험료, 그 외 다른 비용들은 고객에 의해 승인되어야 한다.

9.1.1 운영자는 저장된 상품에 대해 제기될 수 있는 모든 클레임을 보장하는 전위험저장 보험('all risk'storage insurance) 계약을 체결한다. 여기서 고객은 피보험자이자 보험수익자로 지정된다. 보험증권에 기재된 보유초과금액은 고객의 계정에 속할 것이다. 그러한 보유초과

금액에 대한 보험증권 소지자나 피보험자의 수정은 고객에게 통지되어야 하며, 이러한 조건은 계속 지켜져야 한다. 운영자는 본 계약서의 효력 기간과 연장 기간 동안 본 조항에서 언급된 보험을 유지해야 하며, 적용 중인 보험에 영향을 미칠 수 있는 변동이나 변경을 고객에게 통지해야 한다.

9.1.2 운영자 플랫폼에서 인도지까지 상품의 운송을 보상하는 전위험상품운송보험('all risk' goods transport insurance policy)에 가입해야 한다. 여기서 고객은 피보험자이자 보험수익자로 지정된다. 보험증권에 기재된 보유초과금액은 고객의 계정에 속할 것이다. 그러한 보유초과금액에 대한 보험증권 소지자나 피보험자의 수정은 고객에게 통지되어야 하며, 이러한 조건은 계속 지켜져야 한다. 운영자는 본 계약서의 효력 기간과 연장 기간 동안 본 단락에서 언급된 보험을 유지해야 하며, 적용 중인 보험에 영향을 미칠 수 있는 변동이나 변경을 고객에게 통지해야 한다.

9.1.3 운영자는 기계류와 컴퓨터 시스템, 가구, 설비, 그리고 서비스의 제공에 필요한 자산이나 플랫폼의 다른 자산의 가치를 보상하는 전위험보험과 손해보험, 도난보험, 화재보험에 가입해야 한다.

9.1.4 운영자는 자신의 근로자들과 인원들의 귀책사유로 발생하는 위험들을 보상하는 민사책임보험에 가입해야 한다.

9.2 위에서 언급된 보험을 위한 보험료(단, 민사책임보험을 위한 보험료는 제외됨)는 비용으로 간주되며, 따라서 운영자에 의해 고객에게 상환되어야 한다.

9.3 운영자에게 전달된 상품에 대해 제기된 클레임에 보험회사가 지불하는 보상금은, 운영자에게 직접 제공되어야 한다. 운영자는 클레임으로 인해 보험회사가 지급하기로 동의한 금액을 지불하지(또는 선불하지) 않아야 한다.

9.4 의무 이행에 대한 기만으로 인해 운영자와 그의 근로자들이나 하청업자들에게 민사책임이 발생하더라도, 앞선 조항들은 당연한 것으로 여겨진다.

9.5 이와 마찬가지로 고객은 결함 있는 상품들에 대해 운영자와 동일한 조건의 민사책임을 부담한다.

9.6 고객은 운영자가 적절한 보험 계약을 체결하도록, 전달된 상품들의 현 가치 및 그러한 가치의 변화, 그리고 그 상품들의 킬로그램당 평균 가치를 운영자에게 통지해야 한다. 고객만이 그러한 가치평가와 통지에 대한 실수나 오류, 불규칙성에 책임을 부담한다. 이와 관련하여 운영자는 고객으로부터 받은 통지에 따라 상품들의 가치를 유지해야 한다. 운영자는 고객과 보험회사에 대해, 고객에 의해 통지된 상태로 상품들을 유지하기 위한 책임을 부담한다.

제 10조 불가항력

10.1 당사자들은 자신들이 예상할 수 없었던(또는 예상할 수 있었지만 불가피했던) 상황이나 조건에 의해 발생한 본 계약서의 위반에 대해 책임을 부담하지 않는다.

10.2 앞선 조항에도 불구하고, 각 당사자는 그러한 상황이나 조건으로 인

해 당사자들에게 일어나는 재정적 효과를 최소화시키기 위해, 본 계약서에서 발생하는 의무를 충족시키려는 모든 합리적 노력을 기울여야 한다.

10.3 불가항력적 사건이 발생한 후, 운영자는 서비스를 지속하기 위한 모든 합리적 조치를 채택해야 한다. 고객은 본 계약서에서 언급된 비용뿐만 아니라, 그러한 조치의 채택과 관련된 추가적 비용을 지불해야 한다. 그러한 추가적 비용이 운영자에게 발생하면, 운영자는 가능한 한 신속하게 고객에게 통지해야 한다. 고객은 언제라도 운영자에게, 그러한 추가적 비용의 중단을 지시할 수 있다. 그러한 경우 운영자는 고객에게, 그러한 중단으로 인해 서비스들에게 일어날 수 있는 부정적 결과에 대해 조언을 제공해야 하며, 어떠한 상황에서도 운영자는 그러한 결과에 대해 책임을 부담하지 않는다.

10.4 본 조의 목적상, 파업과 폭동은 불가항력의 원인으로 간주된다.

10.5 본 조에 규정된 원인들로 인해 계약적 의무의 이행이 불가능하거나 지연되거나 정지된 당사자는 즉시 그러한 상황에 대한 설명과, 의무의 불이행이나 지연의 범위에 대한 예상을 다른 당사자에게 통지해야 한다.

10.6 불이행이나 지연의 원인이 종료되는 즉시, 전체적으로나 부분적으로 의무를 불이행하거나 지연하고 있는 당사자는 다른 당사자에게 상황의 전개를 신속히 통지해야 한다.

10.7 불가항력적 원인으로 인한 당사자 일방의 의무 불이행이 다른 당사자

에게 사업상의 불리한 영향을 미치고 이러한 영향이 통지 후 [ ]일 이상 지속된다면, 그리고 사전 통지에 의한 본 계약서의 종료가 그처럼 불리한 영향을 감소시킬 수 있다면, 영향을 받은 당사자는 30일 이내에 통지를 하여 본 계약서를 종료시킬 수 있다.

제 11조 검사와 통제

11.1 운영자는 고객과 그에 의해 합법적 권한을 부여 받은 대표자들이 상품들의 저장과 운영, 관리 조건을 점검하기 위해 플랫폼으로 들어와서 머무는 것을 허용해야 한다. 이러한 목적을 위해 고객은 운영자에게, 적어도 24시간 이전에 미리 그러한 검사 수행에 대한 의도를 통지해야 한다. 그러한 검사는 작업 시간 동안 수행되어야 하며, 운영자의 정상적 활동을 방해하는 조건 하에서 수행될 수 없다. 이러한 목적을 위해 관련 인원들은 언제나 운영자의 대표자들에 의해 동반되어야 한다.

11.2 고객의 경영자들과 권한을 부여 받은 대표자들, 그리고 회계감사관들은 운영자의 서비스 제공과 관련된 회계 사본 및 다른 파일들을 조사하고 보관할 수 있다.

제 12조 - 기밀성

12.1 각 당사자는 본 계약서의 수행에 필요한 것으로 여겨지는 모든 정보를 다른 당사자에게 제공해야 한다.

12.2 양 당사자들은 다른 당사자의 운영 및 활동에서 얻은 모든 정보의 기밀성을 유지해야 하고, 그러한 정보의 공개를 막기 위한 모든 합리적

조치를 취해야 하며, 그러한 정보에 접근이 허가된 사람을 제외하고 누구에게라도 알리지 않아야 한다.

12.3 본조에 규정된 의무들은 본 계약서의 종료 후 5년 동안 준수되어야 한다.

제 13조 – 위임과 양도, 대리

13.1 본 계약서는 위임되거나 양도될 수 없으며, 어느 당사자도 다른 당사자의 서면 동의 없이 제 3자의 이익을 위해 본 계약서상의 권리와 의무에 대한 대리권을 부여할 수 없다.

13.2 그렇지만 당사자는 동일 그룹의 계열 회사들을 위해 본 계약서상의 권리와 의무를 위임하거나 양도하거나 대리권을 부여할 수 있다. 위임을 하거나 양도를 하거나 대리권을 부여한 당사자는 이로 인해 발생하는 모든 의무에 대해 다른 당사자에게 책임을 부담한다.

13.3 이러한 내용에도 불구하고, 운영자는 의무의 전체나 일부를 수행하기 위해, 언제라도 제 3자들의 서비스를 이용하거나 하청을 줄 수 있다.

제 14조 – 종료

14.1 본 계약서에서 본질적인 것으로 여겨지는 의무들의 수행에 대한 의도적이면서 반복적인 방해를 제외하고, 본 계약서는 당사자 일방에 의해 종료되지 않는다.

14.2 당사자 일방이 계약을 위반한다면, 의무를 이행한 당사자는 위반 당

사자에게, 그러한 위반으로 인해 발생할 수 있는 손실과 손해, 그리고 클레임에 대한 세부사항들을 전달해야 한다. 이러한 설명을 기반으로 당사자들은 상호 승인된 우호적 해결책에 도달하기 위한 노력을 기울여야 한다.

14.3 본 조의 제 1항 (14.1)에 규정된 내용에도 불구하고, 양 당사자들은 계약 이행에 대한 청구가 언제라도 선호되기 위해, 계약 해제가 의무를 이행하기 위한 다른 법적 조치들과 비교하여 최종적인 해결책이라는 점에 동의한다.

14.4 계약 위반의 경우, 당사자들은 갈등의 해결을 위해 본 계약서의 제 20조를 준수해야 한다.

14.5 양 당사자들의 명시적인 서면 근거가 부재한 상태에서 계약 해제는 본 계약서의 제 20조에 의해서만 합의될 수 있다. 계약 해제를 명령하는 중재 판정일자가 계약 효력 기간의 종료로 인한 계약적 기간 이후라면, 본 계약서를 해제하기 위한 서면 통지일이 고려되어야 한다. 다시 말해 위의 서면 통지일과 중재 선언일자 사이에 계약 해제가 실행되어 제 5조에 따라 본 계약서가 종료되더라도, 그러한 계약적 종료는 위의 서면 통지일에 완전한 효력을 발휘한다. 계약의 해제일자와, 중재기관에 의한 그러한 해제의 선언일자 간에, 당사자들은 본 계약서를 계속 이행해야 한다. 그렇지만 본 조항의 조건들은 제 7조의 7.1과 7.4의 위반에 적용되지 않으며, 영향을 받은 당사자는 계약 해제를 신청하여 이미 지불된 서비스만을 이행해야 한다.

14.6 당사자 일방이 법정관리를 신청하거나 파산을 선언하거나 청산절차

를 개시하면, 본 계약서는 종료한다.

14.7 회사 경영권의 상실을 의미하는 당사자 일방의 합병이나 다수 지분의 변동, 또는 모기업의 기존 지분 보유 구조의 변동(단, 그룹 내 구조조정의 결과는 제외됨)의 경우에도 본 계약서는 종료한다. 그러한 경우에 다른 당사자는 본 계약서의 존속이나 종료를 선택할 수 있으며, 합병되거나 매각된 회사로부터 통지를 받은 지 15일 이내에, 자신의 결정을 통지해야 한다.

14.8 이와 유사하게 본 계약서는 당사자들이 합의한 계약 연장을 침해하지 않은 채, 제 5조에 규정된 계약 기간이 끝나면 종료한다.

14.9 본 계약서를 종료시키기 위한 통지는 제 17조에 규정된 통지에 따라 서면으로 제공되어야 하며, 관련 당사자가 종료일로 여기는 일자를 기재해야 한다.

제 15조 – 종료의 결과

15.1 본 계약서에 규정된 기간의 종료이든, 계약 해제에 의한 종료이든, 계약을 지속할 수 없는 상황이거나 계약의 종료를 암시하는 다른 상황에 의해 계약이 종료된 경우, 당사자들은 종료일 후 일주일 이내에 한 번의 회합으로 미지불된 잔금을 최종적으로 해결해야 한다.

15.2 제 5조에 규정된 상황에서 본 계약서의 종료에 대한 통지 후 [ ]개월 이내에, 또는 어떠한 원인으로든 계약이 종료되는 경우 늦어도 본 계약서 종료일에, 당사자 일방은 다른 당사자에게, 서비스들의 제공

을 위한 공장과 장비, 그 외 다른 자산들의 순 장부가액(0을 초과하는 경우)을 지불한 후, 본 계약서상의 종료일에 고객에게로 이전될 것을 요구하는 서면을 통지할 수 있다. 본 조에 따라 공장과 장비가 고객에게 이전된다면, 고객은 자신의 계산과 승인에 따라 운영자에 의해 체결된 계약이나 대출(단, 본 조의 15.3항에서 언급된 플랫폼에 대한 계약은 제외됨)의 양도나 대리, 갱신을 받아들여야 한다. 위에서 언급된 통지를 받은 날부터, 고객은 그러한 계약과 관련하여 본 계약서 종료일부터 계약의 양도시나 갱신시까지 운영자를 면책시켜야 한다. 고객에 대한 모든 공장과 장비, 자산의 물리적 인도는, 그러한 공장과 장비, 자산에 대한 지불이 있은 후 즉시 이루어져야 한다. 고객이 위에서 언급된 조건에 따라 운영자를 면책시키는 의무를 위반한다면, 본 계약서의 조건에도 불구하고 운영자는 적절한 것으로 입증된 다른 법적 조치들을 침해하지 않은 채, 양도되거나 임대된 공장과 장비를 회수할 수 있다.

15.3 플랫폼에 대한 다음 규칙들은 준수되어야 한다.:

15.3.1 고객은 플랫폼과 관련하여 언제라도 운영자에게 발생하는 모든 형태의 비용과 책임, 손실, 법적 절차, 청구, 클레임으로부터 운영자를 면책시켜야 한다.

15.3.2 서면 요구를 통해 당사자들은, 운영자에 의해 고객에게 양도된 플랫폼에 대한 임대나 허가 등을 위한 권한을 가진다. 그러한 양도를 위한 가격은 [ ]이다.

15.4 어떠한 경우에도 고객은 플랫폼에서 고용된 모든 인원을 인수하고,

계약 종료일부터 동일한 조건으로 그들의 고용을 유지해야 한다.

15.5 최종기한까지는, 운영자의 수중에 고객의 어떠한 상품도 남아 있지 않을 것이며, 그러한 상품은 고객에 의해 운영자의 창고에서 회수되어야 한다. 고객은 미지불된 모든 송장을 지불해야 하며, 그러한 지불이 처음에 합의되거나 정해진 만기일보다 앞서더라도 그렇게 해야 한다. 운송 중인 상품들의 경우, 고객은 서비스를 완수할 운영자의 의무를 침해하지 않은 채, 그러한 서비스에 대해 현금으로 지불해야 한다.

제 16조 – 당사자들의 대리인들

16.1 고객과 운영자는 본 계약서상의 모든 의무를 준수하기 위해 자신들을 대리하고 대신할 수 있는 충분한 권한을 가진 대리인들을 임명해야 한다. 이러한 대리인들의 결정과 협상은 고객과 운영자를 구속한다.

16.2 자신들의 대리인들을 통해 양 당사자들은, 인도지들에서 적어도 관리 시스템과 저장 클레임, 현황 조사 및 책임과 관련하여, 운영자와 고객, 그들의 공급자를 연결시키는 모든 일상적 절차들에 동의해야 한다.

제 17조 – 통지

17.1 본 계약서상의 통지는 예정된 효과를 발휘하거나 유효성을 얻기 위해, 등기우편이나 공증인을 통해 다음의 받는 사람이나 부서로 전달되어야 한다.

AAA:

<u>받는 사람: [ ]</u>

[ ]

BBB:

<u>받는 사람: [ ]</u>

[ ]

17.2 본 계약서에서 통지를 위해 규정된 최종기한은 등기우편을 발송하거나 공증인에게 연락한 날부터 계산된다.

17.3 그렇지만 모든 업무 통지나 본 계약서의 정상적 이행에 영향을 미치는 통지는 당사자들에 의해 합의된 수단과 형태를 통해 제공되어야 한다.

제 18조 - 수정

18.1 본 계약서는 당사자들의 대리인들이 서명할 경우에만 완전히 수정되거나 부분적으로 수정될 수 있다.

제 19조 - 해석

19.1 당사자들은 본 계약서에 규정된 조항들의 해석으로부터 발생하는 해석적 차이를 해결하기 위해 필요한 모든 협력을 제공해야 한다.

19.2 표들은 본 계약서의 일부분을 형성하며, 본 계약서와 연결되어 해석되어야 한다.

제 20조 - 분쟁의 해결과 중재, 적용 법률

20.1 본 계약서의 해석과 이행에 대한 차이는 최대 한 달 이내에 운영자의 총지배인과 고객의 총지배인 간의 합의로 해결되어야 한다.

20.2 앞선 조항에 따라 해결이 되지 않는 경우, 보충적으로 양 당사자들은 그들에게 이용될 수 있는 모든 경로를 명시적으로 포기해야 하며, 본 계약서의 해석 및 이행과 관련하여 직간접적으로 발생하는 소송이나 의견차이, 문제, 클레임이 중재 행정을 맡고 있는 [ ] 상공회의소 중재심판소(Arbitation Court of the Chamber of Commerce)의 중재 결정에 따라 영구히 해결되는 것에 동의해야 한다. 중재관들의 임명은 규칙과 정관에 따른다. 이에 따라 당사자들은 이미 내려진 중재 결정을 이행할 책임을 특별히 언급한다.

20.3 본 계약서는 [ ] 법률에 따른다. 이에 따라 당사자들은 본 계약서 2통에 서명함으로써, 본 계약서는 서두에서 기재된 일자와 장소에서 효력을 발휘한다.

Mr [ ]	Mr [ ]
....	....
AAA 대신하여 명의상으로	AAA 대신하여 명의상으로
BBB를 대신하여 명의상으로	BBB를 대신하여 명의상으로

부록 3

Table of Carriage of Goods

	Road	*Rail*	*Air*	*Sea*
Object	Merchandise	Merchandise	• Persons • Equipment • Merchandise	Merchandise
Requirements	• Contract • Merchandise • Vehicles (automobiles, articulated vehicles, towage vehicles and semi-towage vehicles) • Remuneration • International – Result of the domicile and nationalities of the parties to the contract, irrespective of the application of the Convention	• International carriage • Lines inscribed in the list of the Central Office	• International carriage • Passengers, equipment or freight • Remuneration • Aircraft • Free carriage is subject to the Warsaw Convention if it is carried out by an air carriage company	• International carriage
Internationality	When the point of origin or delivery of the merchandise to the carrier – designated in the contract – and the place of destination or delivery of the merchandise to the recipient – designated in the contract – are located in different states, of which at least one is a Contracting Party of the CMR	All of those shipments of merchandise that are transported with a direct bill of lading established for journeys that include the territories of at least two states and that exclusively cover lines inscribed in the list of the Central Office	• The departure point and the destination point – designated in the contract – regardless of whether there is an interruption or transhipment, are located in the territory of different High Contracting Parties • The departure point and the destination point – designated in the contract – are located in the territory of the High Contracting Party, and an intermediate stopover in a different country, even though it may not be a High Contracting Party, is planned	Applies to contracts evidenced by a bill of lading or a similar document of title, if: • The bill of lading is issued in a contracting state • The carriage is from in a contracting state • The contract states that these rules apply

	Road	*Rail*	*Air*	*Sea*
Exclusions	• Carriage effected under the regulations for international postal agreements • Funeral carriage • Removals carriage • Carriage effected between the United Kingdom of Great Britain and Northern Ireland and the Republic of Ireland • Carriage subject to private agreements established between states with regard to the goods carried in cross-border trade	• All objects that can be transported by the mail authorities • Objects that, owing to their size, weight or structure cannot be adapted to the form of carriage requested • Objects whose carriage is prohibited • Materials and objects excluded from transport by virtue of the Regulations relating to the international rail transport of hazardous merchandise (IHR)	• Postal shipments	No applicable provision
State transport	Carriage effected by the state, institutions or governmental organisations is subject to the CMR	No applicable provision	Subject to the Warsaw Convention, if it complies with its requirements	No applicable provision
Mixed carriage	Circumstance: The road transport vehicle, loaded with the merchandise, is in turn transferred by train, ship, or aircraft during part of its journey There is no transhipment of the freight from one means of transport to another	See Road Transport 'Mixed carriage'	See Road Transport 'Mixed carriage'	See Road Transport 'Mixed carriage'

Road		Rail	Air	Sea
Legal regime	As a general rule, the rules of the CMR Convention apply, provided that there is no breakage of cargo. One exception are the rules that regulate the liability for the form of transport that is different from that carried by road, when the loss, damage or delay in delivery: – Occurs during the undertaking of another form of transport – Is not due to an act or omission by the road transport company – Is caused by a fact particular to the other form of transport When there are no rules that apply to the other form of transport, the rules of the CMR Convention shall apply			

	Road		Rail		Air		Sea	
System		Liability due to culpability with the burden of proof		Liability due to culpability with the burden of proof	Loss Breakage	Objective liability		Liability due to culpability with the burden of proof
					Delay	Liability due to culpability with the burden of proof		
Generating facts		• Total loss • Partial loss • Breakage • Delay in the delivery		• Total loss • Partial loss • Breakage • Delay in the delivery		• Destruction • Loss • Breakage • Delay		• Total loss • Partial loss • Breakage
Scope	Objective	From receipt of the merchandise until delivery to the recipient		From acceptance of the merchandise for carriage until delivery to the consignor		While it is in the safekeeping of the carrier. This does not cover land, sea or river transport outside the aerodrome		From when merchandise is loaded onto the vessel until it is unloaded
	Subjective	Due to the acts and omissions of employees and other persons employed in order to perform the transport, when acting in order to carry out their duties						
Amount	Loss	Value of the merchandise (refund: carriage and costs)	Loss and breakage	17 SDR per kilogram of weight. Gross limits that may be necessary		17 SDR US$20 according to the conversion by IATA	Loss and breakage	666.67 SDRs per package or 2 SDRs per kilogram, whichever is higher
	Breakage	Depreciation (plus refund of costs: carriage and costs)						
	Delay	Detrimental	Delay	Four times the price of carriage			Delay	No applicable provision
Limits	Loss and breakage	8.33 SDR per kg of gross tonnage missing (carriage and costs)				Limit that cannot exceed the threshold		Limit can be increased by agreement between the shipper and carrier and declared in the bill of lading
	Delay	Price of carriage						

	Road		*Rail*		*Air*		*Sea*
Expiry of limitations	• Misrepresentation • Fault comparable to misrepresentation		• Misrepresentation • Fossible misrepresentation		• Misrepresentation • Possible misrepresentation		• Misrepresentation • Fault comparable to misrepresentation • Act, neglect, or default of the master, mariner, pilot or the servants of the carrier in the navigation or in the management of the ship • Fire, unless caused by the actual fault or privity of the carrier • Perils, dangers and accidents of the sea or other navigable waters • Act of God • Act of war • Act of public enemies • Arrest or restraint of princes, rulers or people, or seizure under legal process • Quarantine restrictions • Act or omission of the shipper or owner of the goods, his agent or representative
	In general, if the generating fact is a consequence of:	• Fault by the party entitled to the merchandise • Instruction of the party entitled to the merchandise not arising from a blameworthy act by the transport company • Particular defects of the merchandise • Unexpected circumstance • *Force majeure*	In general, if the generating fact is a consequence of:	• Culpability of the party entitled to the merchandise • Instruction of the party entitled to the merchandise not arising from a blameworthy act by the transport company • Particular defect in the merchandise • Unexpected circumstance • *Force majeure*	Loss Breakage	Nature or particular defect of the merchandise Packing Act of war or armed conflict Act of a public authority carried out in relation to the entry, departure or transit of the merchandise Culpability of the party that suffers detriment	
Exoneration	Of a specific nature, if the generating fact is a consequence of any of the risks inherent to the following:	• Use of open vehicles • Absence of or defect in the packing • Handling, loading or unloading of the merchandise effected by the forwarder or the recipient	Of a specific nature, if the generating fact is a consequence of any of the risks inherent to the following:	• Use of uncovered rail. • Lack of or defect in packing • Loading or unloading operations effected by the shipper or the recipient	Delay	Proof of diligence (unexpected circumstance or *force majeure*) Culpability of the victim or the party that suffers detriment Nature or particular defect in the merchandise (if there is agreement in this respect)	• Strikes or lock-outs or stoppage or restraint of labour from whatever cause, whether partial or general • Riots and civil commotions • Saving or attempting to save life or property at sea • (m) Wastage in bulk or weight or any other loss or damage arising from inherent defect, quality or vice of the goods

	Road	Rail	Air	Sea
	• Nature of certain merchandise • Insufficiency or non-completion of the markings or numbers of the packages • Carriage of live animals	• Defective loading effected by the shipper • Compliance with customs or administrative formalities by the shipper or recipient • Nature of certain merchandise • Insufficiency or non-completion of objects excluded or accepted, or non-observance of the requirements prescribed for those admitted under certain conditions • Carriage of live animals • Carriage of shipments that require escorts		• Insufficiency of packing • Insufficiency or inadequacy of marks • Latent defects not discoverable by due diligence • Any other cause arising without the actual fault and privity of the carrier, or without the fault or neglect of the agents or servants of the carrier, but the burden of proof shall be on the person claiming the benefit of this exception to show that neither the actual fault or privity of the carrier nor the fault or neglect of the agents or servants of the carrier contributed to the loss or damage
Burden of proof	General exoneration: The transport company has to establish its exoneration Specific exoneration: The transport company has to establish the concurrence of the cause of the generating fact for some specific risks, with the burden of proof being reversed	General exoneration: The railway has to establish its exoneration Specific exoneration: The railway has to establish the concurrence of the cause of the generating fact for some specific risks, with the burden of proof being reversed in this case	The transport company is responsible for proving its exoneration	No applicable provision

	Road			Rail			Air		Sea		
Claim	Losses and breakages	Apparent	At the time of delivery	Losses and breakages	Apparent	At the time of delivery	Breakage	14 days from the date of delivery	Losses and breakages	Apparent	At the time of delivery
		Not apparent	7 days from the date of delivery		Not apparent	7 days from the date of delivery				Not apparent	Within 3 days from the date of delivery
	Delay	21 days from the date of delivery									
	Consequences	Unless there is evidence to the contrary, delivery in conformity is presumed		Delay	60 days from the date of delivery		Delay	21 days from the date of delivery	Delay	No applicable provision	
Action	Time-bar period, that can be interrupted, of 1 year (3 years in the case of misrepresentation)			Time-bar period, which cannot be interrupted, of 1 year (2 years in the case of misrepresentation, possible misrepresentation, etc.)			Expiry period, which cannot be interrupted, of 2 years from the real or expected date, or from the date of detaining the carriage		Expiry period of 1 year from the date of delivery of the goods, or the date when the goods should have been delivered		

	Road	*Rail*	*Air*	*Sea*
Document	Waybill (CMR) – *Consignment note*	Consignment note	• Air waybill (AWB) • Other means that record information relating to the carriage (the shipper may demand a receipt)	• Bill of lading • Other similar document of title
Obligation to ship	Not expressly established, although it can be deduced that it should be issued by the transport company	The railway is obliged to hand over a consignment note to the shipper for its completion	Shipper (the carrier is entitled to request this). • If this is issued by the carrier, it is presumed that it is acting on behalf of the shipper	At shipper's request the carrier is obliged to hand over the bill of lading
Nature	• The appropriate document in terms of the existence of a contract • The appropriate document relating to the terms of the contract of transport • The appropriate document regarding the receipt of the merchandise by the transport company	• The appropriate document in terms of the existence of a contract • Proof of delivery of the merchandise to the railway company and the obligations assumed by the latter	• Execution of the contract • Receipt of the merchandise • Terms of carriage	• The appropriate document in terms of the existence of a contract • Proof of delivery of the merchandise to the carrier and the obligations assumed by the carrier • Security
Requirements	1. The contract must contain at least the following: • Date and place of drafting • Name and address of the forwarder • Name and address of the transport company • Place and date on which the merchandise was loaded • Name and address of the recipient and place of delivery • Denomination of the nature of the merchandise and the form of packing, and this should contain the usual denomination of the merchandise if it is hazardous	The contract must contain at least the following: • Designation of the station of destination • Name and address of the recipient, who shall be a private individual or any person in law • Denomination of the merchandise • The weight of the merchandise or an analogous statement • For detailed shipments: the number of bulk cargoes and a description of the packing; for complete freight: cars that contain one or more elements of freight invoiced in combined rail and sea	The contract must contain at least the following: • Departure and destination points • If the departure and destination points are located in the territory of one single High Contracting Party with one or more stopovers in the territory of another state, a stopover must be indicated • Weight of the freight	The contract must contain at least the following: • The leading marks necessary for identification of the goods as the same are furnished in writing by the shipper before the loading of such goods starts • Either the number of packages or pieces, or the quantity, or weight, as the case may be, as furnished in writing by the shipper • The apparent order and condition of the goods

	Road	Rail	Air	Sea
	• Number of packages, their particular markings, and their numbers • Quantity of merchandise, stated in gross tonnage or in another form • Transport costs (price of transport, accessory costs, Customs duties, and other unexpected costs that might accrue from the concluding of the contract until the time of delivery) • Instructions required by the Customs formalities and others • Statement that the transport is subject to the regime established by this Convention	• For the shipments whose freight is the responsibility of the shipper, the freight car number and in addition, the tare for private freight cars • A detailed numbering of the documents required by the Customs authorities and the other administrative authorities that accompany the bill of lading or that mention that they are at the disposal of the railway at a specific station or at a Customs office or the office of any other authority • The name and address of the shipper together with the handwritten signature. The prescriptions in force at the departure station shall determine the concepts of 'full freight car' and 'detailed shipment' for the whole of the journey		
	2. In addition, as appropriate, it shall also contain the following: • Express mention that transhipment is prohibited • Costs to be assumed by the forwarder • Sum of reimbursement to be received at the time of delivery of the merchandise			

	Road	*Rail*	*Air*	*Sea*
	• Declared value of the merchandise and the sum represented by special interest in the delivery • Instructions from the forwarder to the transport company concerning insurance of the merchandise • Agreed period during which carriage must be effected • List of documents provided to the transport company 3. Any other information that the parties deem appropriate			
Copies	3 original copies (signed by the forwarder and the transport company) 1st: To be delivered to the forwarder. 2nd: Accompanies the merchandise transported 3rd: For the transport company The transport company or forwarder can require the issuing of such waybills as there are vehicles used, batches or classes of merchandise.	1 original and a duplicate copy to be delivered to the shipper	3 original copies 1st: For the transport company, signed by the shipper of the merchandise 2nd: For the recipient, signed by the shipper and the carrier. This accompanies the merchandise 3rd: Signed by the transport company and forwarded to the shipper by the carrier In the case of several bulk loads, the carrier is entitled to demand an original copy, and the shipper is entitled to demand different receipts	No applicable provision

	Road		*Rail*		*Air*	*Sea*
Loss, absence or irregularity	Does not affect the validity and existence of the carriage		No applicable provision		This does not affect the validity and existence of carriage	This does not affect the validity of the contract but carrier loses his rights to limit his liability
Negotiability	In principle, not negotiable		Not negotiable		Not negotiable	Negotiable
Liability	Forwarder	The forwarder is liable for all the costs and damages that the transport company suffers due to inaccuracy and insufficiency in the following statements: 1 (b, d, e, f, g, h, j), 2 and 3 (as regards the statements given by the forwarder)	Forwarder	The forwarder is liable for all the costs and damages that the transport company suffers due to irregular, incorrect or incomplete description of articles not acceptable for carriage or acceptable subject to conditions	• The shipper is liable to the carrier and third parties for the statements and declarations regarding the merchandise in the waybill • The carrier is liable to the shipper and third parties, for the statements and declarations in the receipt and other means used	• The shipper is liable for all loss, damages and expenses arising or resulting from inaccuracies of the marks, number, quantity and weight of the merchandise and shall indemnify the carrier against in such particulars
	Transport company	The transport company is liable for the omission of the statement set out in 1.k	Railway	The railway is liable for loss, damage, wastage and transit time		

	Road		Rail	Air		Sea
Reservations	Number of packets	– Obligation of the transport company to review number of packets and state of merchandise – As applicable, reservations reasoned in the waybill (regarding the impossibility of checking the accuracy of the number of loads or the condition of the merchandise and packing)	The railway is obliged to verify the number of packets, weighing and state of the merchandise according to the provision in force in each state The results of the verification will be recorded in the consignment note	The waybill and the receipt certify, unless there is evidence to the contrary	• Weight • Dimensions • Packing • Number of bulk loads	
	• Apparent state of the merchandise and packing	– Any such reservations made to the forwarder must be expressly accepted in the waybill – Damages and costs due to defective packing shall be paid by the forwarder, except when this is apparent, and the transport company made no reservations		Reservations by the carrier do not certify unless there is verification	• Quantity • Volume • Condition of the merchandise, unless there is apparent evidence to the contrary	
	• Gross tonnage	– The forwarder can demand verification of these aspects by the transport company				
	• Quantity	– The result of the check will be recorded in the waybill				
	• Content	– The costs of verification will be paid by the forwarder				

	Road	*Rail*	*Air*	*Sea*

Jurisdiction	The claimant can choose to exercise their rights only before the court and tribunal:
	• Of the contracting state that the parties have expressly made themselves subject to
	• Of the state – contracting or not – where the claimant (note: the English and French versions of the CMR make reference to the 'respondent'):
	  • Has their habitual place residence
	  • Has their main domicile
	  • Has an agency branch through which the contract of transport has been concluded
	• Of the state – contracting or not – of the place where:
	  • The transport company effectively took responsibility for the freight (and not that agreed on in the contract)
	  • It was contractually agreed to deliver the merchandise to the recipient
		The courts of the state where the railway company is established	The claimant can choose to exercise their rights only before the court and tribunal:
			• Of the territory of the Contracting Part where the transport company:
			  • Has its domicile
			  • Has its main operational domicile
			  • Has an agency branch through which the contract of transport was concluded
			• Of the state of place of destination
				No applicable provision

Arbitration	The case can be admitted to an arbitration court provided: • That this has been expressly agreed in the contract of transport • That the clause first expressly establishes the application of the CMR Agreement by the court	No applicable provision	The case can be submitted to an arbitration court provided: • It makes reference to the transport of merchandise • The arbitration is subject to the rules of the Convention of Warsaw • It is effected in a place where a legal claim could be brought before the jurisdictional competence of the courts and tribunals	No applicable provision

부록 4

Analysis of the Logistics Contracts Structure

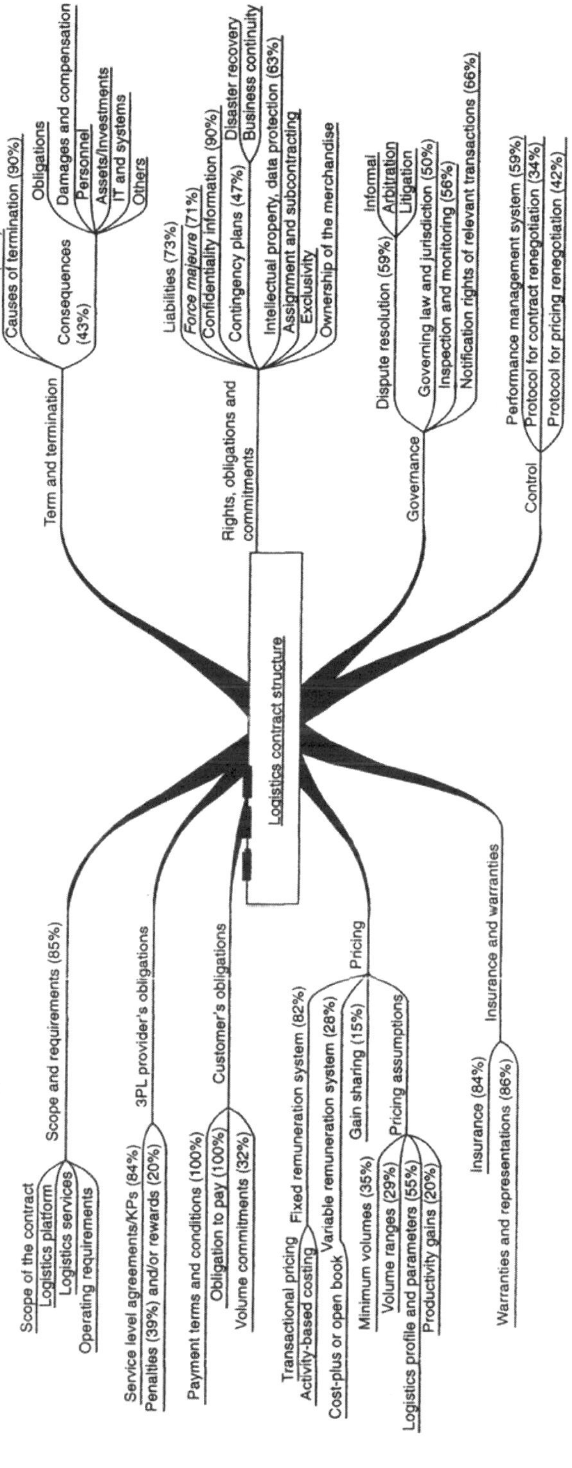

Logistics contract structure
Term and termination
Duration (69%)
Causes of termination (90%)
Consequences (43%)
Obligations
Damages and compensation
Personnel
Assets/Investments
IT and systems
Others
Rights, obligations and commitments
Liabilities (73%)
Force majeure (71%)
Confidentiality information (90%)
Contingency plans (47%)
Disaster recovery
Business continuity
Intellectual property, data protection (63%)
Assignment and subcontracting
Exclusivity
Ownership of the merchandise
Governance
Dispute resolution (59%)
Informal
Arbitration
Litigation
Governing law and jurisdiction (50%)
Inspection and monitoring (56%)
Notification rights of relevant transactions (66%)
Control
Performance management system (59%)
Protocol for contract renegotiation (34%)
Protocol for pricing renegotiation (42%)
Scope and requirements (85%)
Scope of the contract
Logistics platform
Logistics services
Operating requirements
3PL provider's obligations
Service level agreements/KPs (84%)
Penalties (39%) and/or rewards (20%)
Customer's obligations
Payment terms and conditions (100%)
Obligation to pay (100%)
Volume commitments (32%)
Pricing
Fixed remuneration system (82%)
Transactional pricing
Activity-based costing
Variable remuneration system (28%)
Cost-plus or open book
Gain sharing (15%)
Pricing assumptions
Minimum volumes (35%)
Volume ranges (29%)
Logistics profile and parameters (55%)
Productivity gains (20%)
Insurance and warranties
Insurance (84%)
Warranties and representations (86%)

Bibliography

Ackerman, K.B., 'Pitfalls in Logistics Partnerships', *International Journal of Physical Distribution and Logistics*, Vol. 26 (1996).

Ajani, Gianmaria, *The Action Plan on a more Coherent European Contract Law: Response on Behalf of the Acquis Group*, May 2003.

Alba-Ramírez, A., 'How Temporary is Temporary Employment in Spain?', *Journal of Labor Research*, Vol. 19, No. 4 (1998).

Anderson, D., 'Logistical Alliances and Structural Change', thesis No. 470, Linkoping University, 1995.

AT Kearney, 'Strategic Partnerships in Logistics: a Key to Competitive Advantage', EPCA Distribution Meeting, Monaco, 23 October 1995.

Bagchi, Prabir K. and Virum, H., 'European Logistics Alliances: a Management Model', *International Journal of Logistics Management*, Vol. 7, No. 1 (1996).

Barrenechea, J. and Ferrer, M.A., *El Estatuto de los Trabajadores. Texto comentado y concordado con legislación complementaria y jurisprudencia*, Bilbao, Deusto, 2002.

Blanpain, R. (ed.), *Private Employment Agencies: the Impact of ILO Convention 181* (1997) and *The Judgment of the European Court of Justice of 11 December 1997*, The Hague, Kluwer Law International, 1999.

Boyson, S., Corsi, T., Dresner, M. and Rabinovich, E., 'Managing Effective Third Party Logistics Relationships: What Does It Take?', *Journal of Business Logistics*, Vol. 20, No. 1 (1999).

Bryant, Sir Arthur, *Triumph in the West 1943–1946*, Alanbrooke diaries, London, Collins, 1959.

Budgen, P., *Freight Forwarding and Goods in Transit*, London, Sweet & Maxwell, 1999.

Burnet, R., *Outsourcing IT. The Legal Aspects*, Aldershot, Ed. Gower, 1998.

Burnett, A., 'Commission Publishes Amended Proposal on Transfer of Undertakings', European industrial relations observatory on-line – eiroline, 1997.

Byerly, John R., Deputy Assistant Secretary for Transportation Affairs, US Department of State, 'Aviation Policy: the Montreal Convention and the Hague Protocol', testimony before the Senate Foreign Relations Committee, Washington, DC, 2003.

Camps Ruiz, L.M., *La nueva regulación del mercado de trabajo*, Valencia, Atelier, 1994.

Carlos Bertrán, J.M., 'El Outsourcing como técnica de gestión alternativa y su regulación contractual', *Derecho de los Negocios*, February 1998.

Casa Baamonde, M.E. and Palomeque Lopez, C., 'La ruptura del monopolio público de colocación: colocación y fomento de empleo', *Relaciones Laborales*, Nos. 5–6 (1994).

Cavalier, S., Dandridge, N., Jenkins, B., Phillips, V. and Stacey, M., 'TUPE – What Next?', *Thompsons Labour and European Law Review*, No. 17 (December 1997).

Cavalier, S., Arthur, R., Leydon, W., Stacey, M. and Phillips, V., 'TUPE plus ça change?', *Thompsons Labour and European Law Review*, No. 24 (July 1998).

Christopher, M., *Logistics and Supply Chain Management, Financial Times*, Pitman Publishing, 1992.

Christopher, M., *Strategies for Reducing Cost and Improving Service, Financial Times*, Pitman Publishing, 1998.

Clarke, Malcolm A., *International Carriage of Goods by Road: CMR*, London, Sweet & Maxwell 1991.

Coia, A., 'Distributors and CMs Ramp Up Logistics Roles', *Electronic Business*, Vol. 29 (2003).

Cruz Villarón, J., 'El nuevo régimen jurídico de la colocación de trabajadores', *Temas Laborales*, Madrid, Vol. 32 (1994).

Cuartero, A., 'Una visión global de la cadena de suministro, Logística y Transporte', *Expansión* (20 December 1999).

Davidow, T.H. and Malone, M.S., *The Virtual Corporations: Structuring and Revitalizing the Corporation for the 21st Century*, New York, HarperCollins, 1992.

De Wit, R., *Multimodal Transport: Carrier Liability and Documentation*, London, Lloyd's of London Press, 1995.

Dimichael, Nicolas J. and Booth, Karyn A., 'Comparison of the Hamburg Rules, Hague-Visby Rules and the MLA Proposal to Reform the Carriage of Goods by Sea Act (COGSA)', counsel for the National Industrial Transportation League, Reading, 1996.

Dolado, Juan J., García-Serrano, C. and Jimeno, Juan F., 'Drawing Lessons from the Boom of Temporary Jobs in Spain', *The Economist*, 112 (June).

Domberger, S., *The Contracting Organization: a Strategic Guide to Outsourcing*, Oxford University Press, 1998.

Drucker, P., 'The Network Society', *Wall Street Journal*, March (1995).

Duran López, F., 'Las empresas de trabajo temporal', *Revista de Trabajo*, No. 69 (1983).

Escudero, R. and Mercader, J., 'Las agencias de colocación y los servicios integrados de empleo', *Relaciones Laborales*, No. 14 (1995).

Fiebig, A., 'Outsourcing under the EC Merger Control Regulation', *17 European Competition Law Review*, No. 123 (1996).

García Fernández, M., 'Posición del trabajador ante la empresa de trabajo temporal y ante la empresa cliente: puntos críticos', *Actualidad Laboral*, No. 34 (1994).

García Murcia, L. 'Una primera aproximación a la ley 10/1994 y normas concordantes: las nuevas normas sobre colocación y cesión de trabajadores', *Temas Laborales*, No. 31 (1994).

García Villaverde, R., 'Tipicidad contractual y contratos de financiación', in *Nuevas entidades, figuras contractuales y garantía en el mercado financiero*, 'Contractual Classification and Contracts of Financing' in [*New Entities, Contractual Types and Guarantee in the Financial Market*] Civitas, 1990.

Glass, David A., *Introduction to the Law of Carriage of Goods*, London, Sweet & Maxwell, 1989.

Gordon, Benjamin H., 'The Changing Face of 3rd Party Logistics, Armstrong & Associates, BG Strategic Advisors Analysis', *Supply Chain Management Review*, March/April (2003).

Gould, Stephen A., 'How to Source Logistics Services Strategically', *Supply Chain Management Review*, Sept/Oct. (2003).

Handy, C., *The Age of Unreason*, Boston, Harvard Business School Press, 1989.

Hannon, D., 'Line Blurs between 3PLs and Contract Manufacturers', *Purchasing*, Vol. 131 (2002).
Hardy, E.R., *Ivamy, Payne & Ivamy's Carriage of Goods by Sea,* 13th edn, London, Butterworths, 1989.
Hertz, S. and Alfredsson M., 'Strategic Development of Third Party Logistics Providers', *Industrial Marketing Management*, Vol. 32 (2003).
Howitt, R. (PSE) 'Written Question P-2200/02' to the Commission, *Official Journal of the European Communities*, C 301 E/265 (12 July 2002).
Jané, J., 'The Effectiveness of Logistics Alliances: a European Research on the Performance Measurement and Contractual Success Factors in Logistics Partnerships between Third-party Logistics Providers and Customers', thesis, Universitat Politècnica de Catalunya, 2005.
Jarrillo, J.C., *Strategic Networks: Creating the Borderless Organization*, Oxford, Butterworth-Heinemann, 1993.
Kaar, R. van Hent, 'New Regulations on Transfer of Undertakings', European industrial relations observatory on-line (February, 2003).
Lacity, M. and Hirschheim, R., 'The Information System Outsourcing Bandwagon', *Sloan Management Review*, No. 34 (1993).
Lambert, Douglas M., Cooper, Martha C. and Pagh Janus D., 'Supply Chain Management: Implementation Issues and Research Opportunities', *The International Journal of Logistics Management*, Vol. 9, No. 2 (1998).
Leahy, S.E., Murphy, P.R. and Poist, R.F., 'Determinants of Successful Logistical Relationships: a Third-party Provider Perspective', *Transportation Journal*, Vol. 35, No. 2 (1995).
Les, Dwight R., 'Why Is Flexible Employment Increasing?', *Journal of Labor Research*, Vol. 17, Fall (1996).
Lewis, J.D., *The Connected Corporation*, New York, Free Press, 1995.
Lieb, R.C., Millen, R.A. and Wassenhove, L.V., 'Third Party Logistics – from an Interorganizational Point of View', *International Journal of Physical Distribution and Logistics Management*, Vol. 30, No. 2 (1993).
Lieb, R.C. and Randall, H.L., 'A Comparison of the Use of Third Party Logistics Services by Large American Manufacturers, 1991, 1994 and 1995', *Business Logistics*, Vol. 17, No. 1 (1996).
McDaniel, Michael S., 'A Presentation of Montreal Protocol 4 to the Warsaw Convention', a presentation to 24 national delegates of the 5th Air Cargo Americas International Congress, 26 October 1999, Miami, Florida.
McDaniel, Michael S., 'A Presentation of the Montreal Convention 1999', a presentation to 190 nations assembled for the FIATA (International Federation of Freight Forwarding Associations) World Congress 2000, 27 September 2000, Rotterdam, The Netherlands.
McMullen, J., 'TUPE Update for In-house Lawyers', C&I Group, 1995.
McMullen, J., *Business Transfers and Employee Rights,* London, Butterworths, 2000.
Martín Valverde, A., 'La superación del monopolio y cesión de trabajadores', *Temas Laborales*, No. 31 (1994).
Mercader Uguina, J., 'La intermediación en el mercado de trabajo tras la reforma laboral: realidades y respuestas', *Revista de Trabajo*, No. 14 (1994).
Murphy, P.R. and Poist, R.F., 'Third-party Logistics Usage: an Assessment of Propositions Based on Previous Research', *Transportation Journal*, Vol. 37, No. 4 (1998).

Murphy, P.R. and Poist, R.F., 'Third-party Logistics: Some User versus Provider Perspectives', *Journal of Business Logistics*, Vol. 21, No. 1 (2000).

Navas Navarro, S., 'El "contrato de logística": una nominación social para un contrato atípico', *Derecho de los Negocios*, May (1999).

Nollen, Stanley D., 'Negative Aspects of Temporary Employment', *Journal of Labor Research*, Vol. 17, No. 4 (Fall 1996).

Peters, Thomas J., and Waterman, Robert H., *In Search of Excellence: Lessons from America's Best-run Companies*, New York, Harper & Row, 1982.

Potnis, A., 'Managing IT Outsourcing Contracts: Issues and Concerns', Working Paper Series of the Computer Security Research Centre, 1995.

Prahalad, C.K. and Hamel, G., 'The Core Competence of the Corporation', *Harvard Business Review*, May–June (1990).

Ramírez Martínez, J.M., 'El proceso de colocación: intervencionismo público e iniciativa privada', *AA.VV La reforma laboral de 1994,* Madrid, 1994.

Razzaque, M.A. and Sheng, C.C., 'Outsourcing of Logistics Functions: a Literature Survey', *International Journal of Physical Distribution and Logistics Management*, Vol. 28, No. 2 (1998).

Rodríguez-Pinero Royo, M., *Las empresas de trabajo temporal en España*, Valencia, Tirant lo Blanch, 1994.

Schulze, R., 'The *Acquis Communautaire* and the Development of European Contract', in Reiner Schulze, Martin Ebers and Hans Christoph Grigoleit (eds), *Informationspflichten und Vertragsschluss im Acquis communautaire* [Information Requirements and Formation of Contract in the *Acquis Communautaire*], COM (2003) 68 final.

Tetley, Q.C., *Marine Cargo Claims*, 4th edn, McGill University Faculty of Law, Montreal, Quebec, Canada (to be published 2008).

Tversky, A., *The Psychology of Risk; Quantifying the Market Risk Premium Phenomenon for Investment Decision Making*, Charlottesville, Institute of Chartered Financial Analysts, 1990.

Valdes Dal-Re, F., 'Las empresas de trabajo temporal: notas sobre un debate no tan lejano para un próximo debate propio', *Relaciones Laborales*, La Ley (1993).

Verhaar, A., 'Logistics Contracts Need Standard Rules', *The American Shipper*, March (1998).

Weber, T., 'Commission Issues Memorandum on Transfer of Undertakings', European industrial relations observatory on-line – eiroline (March 1997).

Index

ㅈ

ㅊ

ㅋ

ㅌ

ㅍ

역 / 자 / 소 / 개

김 천 수

- 서울대학교 법과대학 졸업
- 인하대학교 물류전문대학원 석사
- 인하대학교 물류전문대학원 박사수료
- 제28회 사법시험합격(사법연수원18기)
- 서울서부지방법원 부장판사
- 대법원 재판연구관
- 법률사무소 융평 대표변호사
- 현 인하대학교 법학전문대학원 교수
- 현 인하대학교 법학연구소 소장

도서출판 그린

물류계약의 핸드북

성장 분야에 대한 실용 가이드

Green Pub.

인쇄일 ▶ 2014년 2월 24일
발행일 ▶ 2014년 2월 28일
저 자 ▶ Joan Jané · Alfonso de Ochoa
역 자 ▶ 김 천 수
발행처 ▶ 도서출판 **그린**
발행인 ▶ 윤 덕 우
출판등록 ▶ 제8-161호(1995. 5. 3.)
주소 ▶ 서울특별시 서대문구 연희로5길 50(연희동) (우) 120-828
전화 ▶ 02) 333-2574
Fax ▶ 02) 333-2561
E-mail ▶ greenpress@greenpress.co.kr
Homepage ▶ http://www.greenpress.co.kr

정가 : 17,000원

ISBN : 978-89-5727-209-1 (93360)